Dagur Sigurðsson
mit Fred Sellin

Feuer und Eis

Mit Leidenschaft zum Erfolg

Besuchen Sie uns im Internet:
www.droemer.de

Covergestaltung: ZERO Werbeagentur, München
Coverabbildung: Dennis Grombkowski / Bongarts / Getty Images
Satz: Adobe InDesign im Verlag
Druck und Bindung: CPI books GmbH, Leck
ISBN 978-3-426-27720-1

2   4   5   3

»A gentleman is someone
who can play the accordion,
but doesn't.«

Tom Waits

Inhalt

I
Reykjavík

Wir hatten eine Idee, mein Bruder Lárus und ich. Wir
wollten Geschäftsleute werden. Also überlegten wir
nicht lange und gründeten eine Firma. Wir gaben ihr den
Namen *Sigur*. Das ist das isländische Wort für Sieg und
drückte ziemlich treffend unsere Ambitionen aus. Wir
meldeten *Sigur* ordnungsgemäß beim Handelsregister an.
Als Unternehmenszweck schrieben wir: Die Träume der
Eigentümer verwirklichen. Ich erinnere mich nicht genau, aber Lárus meint, die Formulierung sei so genehmigt
worden. Erst später ersetzten wir sie durch eine, die den
Hauptzweck unseres Geschäfts mit »Investment« beschrieb.

Den Firmensitz von *Sigur* richteten wir in unserem Elternhaus ein. Das stand – und steht noch immer – in Lau-
gardalur, einem für isländische Verhältnisse recht grünen
Stadtteil im Nordosten von Reykjavík. Das Haus, ein
klassisches Einfamilienhaus mit etwa hundertfünfzig
Quadratmetern Wohnfläche, hatte einst unser Großvater,
der väterlicherseits, gebaut. Nicht wie man das heute sagt,
obwohl man in Wirklichkeit bauen lässt, sondern mit den
eigenen Händen, Stein für Stein. Eines der Zimmer im
Haus wurde damals als Abstellkammer genutzt. Das

richteten wir kurzerhand als Büro her. Irgendwo trieben wir ein Regal auf, das stellten wir an eine freie Wand. In die Mitte des Raums schoben wir einen alten Holztisch und zwei Stühle. Auf der Tischplatte, ebenfalls in der Mitte, bekam unsere größte Errungenschaft ihren Ehrenplatz: ein nagelneues Faxgerät. Das Internet, wie man es heute kennt, steckte zu der Zeit noch in der Startphase. Bei uns hatte das niemand, zumindest keiner, den wir kannten. Das Faxgerät hatte ich beschafft. Es war mein Teil des Stammkapitals, das ich in unser kleines Unternehmen einbrachte. Lárus, der im Gegensatz zu mir bereits verdiente, steuerte Geld bei.

Wir schrieben das Jahr 1993. Ich war zwanzig, Lárus zwei Jahre älter. Er war gerade aus Akureyri zurückgekehrt, einer Stadt im Norden Islands, wo er für zwei Spielzeiten bei der ersten Mannschaft von Þór Akureyri im Tor gestanden hatte. Þór spielte damals in der höchsten isländischen Fußball-Liga. Ich hingegen hatte mich für Handball entschieden, obwohl ich zuvor – parallel zum Handball – auch Fußball gespielt und es mit sechzehn Jahren bis in die isländische Junioren-Nationalmannschaft geschafft hatte.

Mein Heimatverein – beim Fußball wie beim Handball – war Valur Reykjavík. Dort hatte ich gemeinsam mit Lárus angefangen, als ich ungefähr acht Jahre alt gewesen war. Das Vereinsgelände von Valur lag viereinhalb Kilometer von unserem Zuhause entfernt. Es gab andere Sportklubs, die schneller und zu Fuß erreichbar gewesen wären. Da aber unsere Eltern schon bei Valur gespielt hatten, war es für uns selbstverständlich, die Familientradition fortzusetzen.

Die Messlatte lag durch die beiden ziemlich hoch. Mutter war Handballerin gewesen, sie hatte als Linksaußen oder in der Mitte gespielt. Mit ihrer Mannschaft brachte

Meine Eltern, Lárus und ich (vorn). Schon als Zweijähriger
war ich ganz begeistert von meinem Ball

sie das seltene Kunststück fertig, zehn Jahre hintereinander die isländische Meisterschaft zu gewinnen – jeweils in der Altersklasse, in der sie gerade war. Wer weiß, zu welchem Ruhm sie das Handballspielen noch geführt hätte, wäre sie nicht mit einundzwanzig schwanger geworden. Zwar kehrte sie nach Lárus' Geburt und später auch nach meiner aufs Handballparkett zurück, aber ihr Fokus war in der neuen Rolle als Mutter natürlich ein anderer geworden. Bjarki, mein jüngerer Bruder, soll an dieser Stelle nicht verschwiegen werden. Er wurde allerdings erst sieben Jahre nach mir geboren, zu diesem Zeitpunkt hatte Mutter ihre Handballkarriere bereits beendet.

Unser Vater hat es als Sportler sogar zu einiger Berühmtheit gebracht. In Island ist er eine Legende. Wobei er das selbst niemals von sich behaupten würde, das entspricht nicht seinem Naturell. Dabei muss er ein Multitalent gewesen sein. Er fing als Leichtathlet an, wechselte zum Handball, spielte recht erfolgreich, bis er für den Fußball entdeckt wurde – durch Zufall, während eines Schulfußballspiels, bei dem er als Torwart für die Lehrermannschaft einsprang. Da war er neunzehn oder zwanzig, also nicht gerade in einem Alter, in dem man eine Fußballerkarriere startet. Aber das Verblüffende kommt noch: Er kämpfte sich nicht nur bei Valur bis in die erste Mannschaft empor, er wurde einige Jahre später sogar ins Nationalteam von Island berufen.

Nun sind wir nicht unbedingt als die stärkste Fußballnation bekannt. Die diesjährige Europameisterschaft in Frankreich war das erste große Turnier, für das sich eine isländische Nationalmannschaft jemals qualifizieren konnte. Wobei das Team die Rolle des Underdogs immer besser zu spielen versteht und auf diese Weise für einige Sensationen sorgt. Man denke nur an die beiden Siege gegen die Niederlande in der Qualifikation. Und vor allem daran, was die Mannschaft dann bei der Europameisterschaft selbst zustande brachte: Die hoch favorisierten Portugiesen mit einem Unentschieden düpiert. Ich war bei dem Spiel im Stadion. Die Jungs fighteten wie früher die Wikinger. Und dann erst das Spiel gegen Österreich! Ich wäre vor dem Fernseher beinahe gestorben. In der allerletzten Sekunde der Nachspielzeit der Siegtreffer zum 2:1, der den Einzug ins Achtelfinale perfekt machte. Als Gruppenzweiter wohlgemerkt, vor Portugal. Es erschien einem fast wie ein Traum. Ganz zu schweigen von der Partie gegen England – kaum zu glauben, dass das wirklich passiert ist: Das kleine Island schickte die Mutternation des Fußballs nach Hause. Dass uns die Franzosen dann im Viertelfinale vorführten – geschenkt. Sicher war das keine Sternstunde, aber wie oft hat es das bei einem solchen Turnier gegeben, dass ein Neuling bis ins Viertelfinale vorstieß? Unsere Mannschaft sollte einen Orden bekommen. Über die Tage von Frankreich wird man in Island noch in hundert Jahren reden.

Solche Nadelstiche wie gegen Portugal, Österreich oder England, die vor allem durch einen unbändigen Willen gelingen, sind eine Spezialität der Isländer. Damit haben sie früher schon so manchen Favoriten gepiesackt, wenn auch nicht in dieser Dimension. Zu Zeiten meines Vaters zum Beispiel die Nationalmannschaft der DDR, die als Olympiadritter von 1972 weitaus stärker eingeschätzt wurde als Island, aber durch ein überraschendes Unentschieden in Magdeburg und eine noch überraschendere Niederlage in Reykjavík aus der Qualifikation für die Europameisterschaft 1976 geschossen wurde. Bei dem Spiel in Reykjavík gelang meinem Vater ein Abstoß, an den sich die älteren Fußballfans in Island bis heute erinnern: Die Ostdeutschen hatten einen Angriff abgeschlossen, der Ball war neben seinem Tor gelandet. Blitzschnell schnappte er sich das Leder, um es mit einem kraftvollen Schuss Richtung gegnerisches Tor zu befördern. Der Ball landete bei Ásgeir Sigurvinsson, der ihn Sekunden später im Netz des DDR-Keepers Jürgen Croy unterbrachte. Ásgeir, den sie in Island als Jahrhundert-Fußballer verehren, stand damals als einer der ersten isländischen Fußballer im Ausland, bei Standard Lüttich, unter Vertrag. Später ging er zu Bayern München und zum VfB Stuttgart, mit dem er 1984 sogar Deutscher Meister wurde.

Und noch zwei andere Begegnungen, an denen mein Vater beteiligt war, gingen in die Geschichtsbücher des isländischen Fußballs ein. Die erste hielt lange – ich glaube, für mehr als vier Jahrzehnte – den Rekord für die meisten Zuschauer bei einem Spiel in Island. Es fand am 18. September 1968 statt, im Laugardalsvöllur, damals wie heute unser Nationalstadion. Dieses Datum nimmt jeder, der bei Valur trainiert – ob Fußball, Handball oder Basketball –, früher oder später auf wie Muttermilch. Denn obwohl es kein Länderspiel war, wurde es ein Ereignis von nationaler Bedeutung. Das Interesse war gigantisch. Bereits Stunden bevor die Eintrittskarten verkauft wurden, standen Hunderte Fußballfans Schlange. Nach nur fünfundfünfzig Minuten waren alle Tickets weg. Was neben der Absicht, die einheimische Mannschaft tatkräftig unterstützen zu wollen, zu einem nicht geringen Teil wohl auch an dem prominenten Kontrahenten gelegen haben dürfte: Benfica Lissabon.

Valur war im Europacup der Landesmeister, der heutigen Champions League, gegen den portugiesischen Serienmeister gelost worden. Benfica allein besaß eine ungeheure Strahlkraft, die durch einen berühmten Spieler jedoch noch um ein Vielfaches verstärkt wurde: Eusébio da Silva Ferreira, der »Schwarze Panther«, einer der besten Fußballer aller Zeiten. In Portugal *das* Sportidol schlechthin, die Menschen dort verehren ihn bis heute, über seinen Tod hinaus, wie einen Gott. Jemanden seines Kalibers verschlug es nicht oft nach Island. Einmal im Leben Eusébio Fußball spielen – ach, was sage ich? – zaubern sehen. Ungefähr das müssen sich meine Landsleute damals gedacht haben.

Bis das Spiel an diesem Septemberabend um 18.15 Uhr angepfiffen wurde, waren 18 309 Zuschauer ins Stadion gepilgert, so viele, wie es Plätze bot, die Stehplätze mit eingerechnet. Für isländische Verhältnisse damals eine fast schon astronomische Zahl. Man darf nicht vergessen, dass in unserem Land nur rund 330 000 Menschen leben. Um in Deutschland den gleichen Prozentsatz zu erreichen, müssten etwa viereinhalb Millionen zu einem einzigen Fußballspiel gehen. Obwohl die Zuschauer auf den Rängen des Laugardalsvöllur in den folgenden neunzig Minuten kein einziges Tor zu sehen bekamen, jubelten nach dem Schlusspfiff alle, die gekommen waren.

Ein Highlight in der Fußball-Karriere meines Vaters:
die Begegnung mit Eusébio im Spiel gegen Benfica Lissabon

Unser Vater erinnerte sich noch Jahre später mit Freude an das Spiel, wohl auch mit ein wenig Stolz. Es gibt ein Foto, auf dem er mit Eusébio zu sehen ist. Es muss während der Partie entstanden sein. Beide Männer lächeln. Eusébio hält mit seiner rechten Hand Vaters Nacken. Man könnte meinen, sie hätten sich einen Augenblick zuvor umarmt und waren gerade dabei, sich wieder voneinander zu lösen. Was immer zu dieser Situation geführt haben mochte, Vater hatte allen Grund, zufrieden zu sein. Eusébio war der torgefährlichste Stürmer seiner Zeit. Im selben Jahr verlieh ihm die UEFA den »Goldenen Schuh« (»Soulier d'Or«), die Trophäe für den erfolgreichsten Torjäger der Saison. Zweiundvierzig Mal hatte er in der Primeira Divisão getroffen. Gegen meinen Vater jedoch war ihm kein einziges Tor gelungen.

In einer der Sporthallen auf dem Valur-Gelände, oben auf der Galerie, hängt eine große Tafel, die an die legendäre Begegnung erinnert. Hinter Glas sind neben dem Vereinswimpel und einem Originaltrikot von Benfica zahlreiche Zeitungsartikel zu sehen. Eine der Überschriften lautet: »Das Spiel endete mit einem Unentschieden, 0:0, und Sigurður Dagsson war der Held«. Damit war der Torhüter gemeint – mein Vater.

Auf das Rückspiel zwei Wochen später im Estádio da Luz in Lissabon spricht man ihn besser nicht an. Noch einmal ließen sich die Portugiesen nicht den Schneid abkaufen. Sie fegten Vaters Mannschaft regelrecht vom Platz. Nach dreiunddreißig Minuten stand es bereits 5:0, und am Ende wurde es ein 8:1. Wobei Eusébio sich gnädig zurückhielt und nur ein Tor beisteuerte.

Über das andere Spiel, das in die Annalen einging, gibt es nicht so viel zu sagen. Es war ein Länderspiel gegen Nordirland um die Qualifikation für die Weltmeisterschaft 1978. Das Hinspiel in Reykjavík hatte Island 1:0

Vater als Torhüter der Nationalmannschaft gegen Nordirland.
George Best (dahinter) beobachtet, wie er den Ball hält

gewonnen. Es war das erste Zusammentreffen der beiden
Nationalteams gewesen. Obwohl das Rückspiel, das im
September 1977 in Belfast ausgetragen wurde, nicht erfolgreich endete – Island kassierte zwei Tore und schoss
selbst keins –, blieb es stärker in der Erinnerung haften als
der Sieg zu Hause. Der Grund hierfür war auch in dem
Fall ein Spieler der gegnerischen Mannschaft. Für ihn
wurden ähnliche Superlative bemüht wie einst für Eusébio. Sogar Pelé soll einmal über ihn gesagt haben, er sei
der beste Spieler gewesen, besser als er selbst. Mit diesem
Lob adelte er niemand anderen als George Best, das nord-
irische Ballgenie, einer der ersten Popstars unter den Fußballern, der dann leider in die Alkoholsucht abdriftete
und daran wohl auch zugrunde ging.

In jenem September absolvierte Best, der beim Hinspiel in Reykjavík nicht auf dem Rasen gestanden hatte,

einen seiner letzten Auftritte im nordirischen Nationaltrikot. Gegen jemanden wie ihn zu spielen, hatte für meinen Vater natürlich einen speziellen Reiz. Best war noch
immer enorm antrittsschnell und konnte mit beiden Fü-
ßen nahezu gleich gut schießen. Immerhin gelang es meinem Vater, sein Tor eine Stunde sauber zu halten. Um
genau zu sein: bis zur 62. Minute. Dann musste er zum
ersten Mal hinter die Torlinie greifen. Und eine knappe
Viertelstunde darauf noch einmal. Doch der Schütze hieß
in beiden Fällen nicht George Best.

Valur besitzt für meine Brüder und mich eine besondere Bedeutung, ich meine, über das Sportliche hinaus.
Ohne den Verein wären sich unsere Eltern wahrscheinlich nie begegnet, jedenfalls nicht so, dass aus den beiden
ein Paar geworden wäre. Und dann gäbe es unsere Familie nicht. Mutter war achtzehn, als sie eines Tages vor der
Sporthalle von einem jungen Mann angerempelt wurde.
Der musste sich sputen, um nicht zu spät zum Training
zu kommen, und hatte sie in der Hektik offenbar übersehen. So klingt die Version aus dem Mund meines Vaters.
Er sei kurz stehen geblieben, um sich zu entschuldigen,
habe ihr dabei ins Gesicht geguckt – und sei von ihrem
Anblick sofort fasziniert gewesen. Wenn er davon erzählt, schmunzelt er immer.

In der Erinnerung meiner Mutter beginnt die Geschichte etwas später. Den unsanften Rempler schien sie
vergessen zu haben, kaum dass er geschehen war. Aber
auch für sie fand der erste Kontakt zwischen ihnen bei
Valur statt, im Vorbereich, den man durchqueren musste,
um zu den Umkleidekabinen und in die Halle zu gelangen. Dort seien sie sich einige Male begegnet. Anfangs
hätten sie lediglich Blicke getauscht, bald aber auch miteinander gesprochen, bis die ersten Verabredungen folgten. Wobei das noch keine richtigen Rendezvous waren.

Sie gingen gemeinsam mit Freunden nach dem Training essen, in der Gruppe, so war das üblich in ihrer Jugend. Gegessen wurde meist Smørrebrød, die dänische Brotspezialität, die auch unter Isländern sehr beliebt ist. Zwei Jahre später heirateten sie.

Fragt man meine Eltern, sagen sie, ich hätte von beiden das Beste mitbekommen: das Ruhige vom Vater, das Temperamentvolle von der Mutter. Na ja, ich weiß nicht … Gern erzählen sie auch, dass ich ein Geburtstagsgeschenk gewesen sei – weil ich am 3. April geboren wurde, einen Tag vor dem Geburtstag meiner Mutter. Aber das war Bjarki, der Jüngste von uns, dann auch, nur eben für unseren Vater. Bjarki kam am 26. September zur Welt, einen Tag vor Vaters Geburtstag. Man hätte es glatt als Absicht auslegen können, als hätten wir beide den entscheidenden Moment bewusst hinausgezögert. Sowohl Bjarkis als auch mein Geburtstermin war von den Ärzten nämlich für deutlich früher errechnet worden. Bjarki kam sogar erst zwanzig Tage nach dem vorhergesagten Datum. Die Wahrheit aber dürfte sein, dass die Geburtsterminberechnungen zur damaligen Zeit einfach um einiges ungenauer ausfielen als heutzutage.

1973, das Jahr meiner Geburt, begann mit gewaltigen Eruptionen, wie sie Island lange nicht erlebt hatte. Auf Heimaey, einer der Westmännerinseln vor der Südwestküste, Luftlinie etwa einhundertzwanzig Kilometer von Reykjavík entfernt, zehn Minuten mit dem Flugzeug, begann am Abend des 21. Januar die Erde zu beben. Über einhundert Erschütterungen wurden in den folgenden Stunden registriert. Allerdings waren sie so schwach, dass niemand ahnte, welch Unheil sich da ankündigte. Erdbeben gehören in Island zum Alltag. Fast ständig brodelt es irgendwo, vor allem im Hochland und besonders im Gebiet des Vatnajökull. Und meist mit einer Stärke von weniger als 3 auf der Richterskala, gelegentlich allerdings auch darüber, was dann fast im gesamten Land zu spüren ist.

Die Beben auf Heimaey lagen zwar im niedrigen Bereich, dafür brach zwei oder drei Tage später auf einer Länge von etwa drei Kilometern die Erdkruste auf. Ausgerechnet in unmittelbarer Nähe des Hauptortes, in dem nahezu alle der rund fünftausend Inselbewohner lebten. Es dauerte nicht lange, und aus dem riesigen Spalt schossen gigantische Lava-Fontänen bis zu einhundertfünfzig Meter in die Höhe. An einer Stelle, wenige Schritte neben einem Gehöft, auf dem eine Kirche stand, war der Ausbruch besonders heftig. Nach nur zwei Tagen hatten sich dort die Lavamassen zu einem etwa einhundert Meter hohen Vulkankegel aufgetürmt.

Die Inselbewohner hatten Glück im Unglück. Ein Großteil von ihnen lebte vom Fischfang. Hätten an den Tagen zuvor nicht orkanartige Stürme getobt, wären die meisten Schiffe auf dem Wasser gewesen. So aber konnte sofort begonnen werden, die Bevölkerung zu evakuieren. Das Wetter war inzwischen umgeschlagen, der Wind abgeflaut. Einige Insulaner, hauptsächlich Kranke und Gebrechliche, die anders nicht zu transportieren waren, wurden mit kleinen Propellermaschinen nach Reykjavík geflogen. Nach sechs Stunden waren fast alle in Sicherheit gebracht.

Viele Isländer versuchten, den Evakuierten beizustehen. Meine Großeltern mütterlicherseits stellten ihr Sommerhaus in Mosfellsbær zur Verfügung, wo wir später als Kinder viele ausgelassene Sommertage verbringen sollten. Zwei Familien fanden dort für einige Monate ein neues Zuhause. Der Vulkan spie noch Lava und Gesteinsbrocken in die Luft, als ich auf die Welt kam. Insgesamt fünf Monate blieb er aktiv. An manchen Orten auf Heimaey bedeckte die niedergegangene Asche meterhoch den Erdboden. Mehr als vierhundert Häuser wurden zerstört, dazu das Kraftwerk der Insel und Teile des Hafens, der für die Fischversorgung ganz Islands von Bedeutung war. Die Aufräumarbeiten dauerten Jahre. Bis heute ist die Temperatur im Inneren der erstarrten Lavaströme so hoch, dass das heiße Gestein zur Stromgewinnung genutzt wird.

Ich wurde in ein typisches Reykjavíker Vorstadtleben hineingeboren. Man könnte es auch Vorstadtidylle nennen. Entlang unserer Straße, die eine etwa zehnminütige Autofahrt von der Innenstadt entfernt lag, reihten sich auf beiden Seiten Ein- und Zweifamilienhäuser. Viele waren von einem kleinen Garten umgeben. Nach Lárus' Geburt war Mutter zu Hause geblieben. Vater arbeitete als Grundschullehrer. Neben den allgemeinen Fächern unterrichtete er Sport. Seine Fußballkarriere betrieb er als

Mit meinen Eltern, Lárus (2.v.r.) und Bjarki (vorn)
Anfang der Neunzigerjahre

23

Freizeitbeschäftigung, was nicht ungewöhnlich war. Selbst heute gibt es bei uns Nationalspieler, die keine Vollprofis sind. Damals war es, soviel ich weiß, keiner. Es war aber auch deshalb nicht ungewöhnlich, weil viele Isländer zwei oder sogar drei Jobs gleichzeitig haben. Warum das so ist? Dazu hat wahrscheinlich jeder seine eigene Philosophie. Ich glaube, abgesehen von der Tatsache, dass es um Geldverdienen geht, sind die meisten Isländer einfach gern beschäftigt. Müßiggang ist nicht ihr Ding. Wie sonst sollte man auch die endlos langen Tage im Sommer herumbringen? Und womit die unzähligen dunklen Stunden im Winter ausfüllen? Aber sagen wir doch einfach: Isländer sind ein fleißiges Völkchen und traditionell recht geschickt darin, sich auf mehr als nur eine Sache zu konzentrieren. Das ist jedenfalls nicht die schlechteste Gabe, wie ich selbst noch erfahren sollte.

Außer meinen Eltern, Lárus, mir und später Bjarki lebte noch mein Großvater väterlicherseits mit in dem Haus, das er einst erbaut hatte. Großmutter, seine Frau, habe ich leider nie kennengelernt, sie war in dem Jahr vor meiner Geburt gestorben. Die beiden waren nicht die leiblichen Eltern meines Vaters, sie hatten ihn als Baby adoptiert. Vater sagt immer, er habe großes Glück gehabt, er hätte sich keine besseren Eltern wünschen können.

Großvater hieß Dagur. Von ihm habe ich meinen Namen. Den Namen an seine Nachfahren weiterzugeben, ist keine Pflicht, aber eine alte Tradition in Island. Auch Lárus, der noch einen zweiten Vornamen hat, Blöndal, ist auf diesem Weg zu seinem Namen gekommen, er wurde nach dem Vater unserer Mutter benannt. Mutters Eltern wohnten auch in Reykjavík. Ihr Vater besaß auf der Laugavegur, der Haupteinkaufsstraße, einen Buchladen, von dem noch die Rede sein wird. Großvater war kein ausgebildeter Buchhändler. Das Wissen, das er für das Geschäft benötigte, hatte er sich selbst angeeignet. Auch so eine Geschichte, die typisch ist für Island: Man hat eine Idee und packt's einfach an. Der Laden lief viele Jahre gut. Erst als Bücher auch in Supermärkten vertrieben wurden, wurde die Konkurrenz zu groß, und er verkaufte ihn. Aber da war er auch schon siebzig Jahre alt.

Die Sache mit den Namen sollte ich genauer erklären. Sie ist etwas gewöhnungsbedürftig, zumindest für Fremde. In Island existieren nämlich keine traditionellen Familiennamen. Wenn man geboren wird, bekommt man ganz normal einen Vornamen, oder auch zwei. Der Nachname jedoch wird nicht von den Eltern übernommen, sondern aus dem Vornamen des Vaters gebildet, in Ausnahmefällen aus dem der Mutter. Das nennt man Patronym beziehungsweise Metronym. Eltern und Kinder haben also unterschiedliche Nachnamen, und die Eltern selbst auch. Das ändert sich nicht einmal durch die Eheschließung, sonst würde das System keinen Sinn machen. Da mein Vater mit Vornamen Sigurður heißt, erhielt ich den Nachnamen Sigurðsson – Sigurðurs Sohn. Genau wie Lárus und Bjarki. Hätten wir eine Schwester gehabt, trüge sie den Nachnamen Sigurðardottir – Sigurðurs Tochter. Eigentlich ganz einfach. Wer mal nach Island kommt, wird schnell merken, dass die Nachnamen im alltäglichen Umgang kaum eine Rolle spielen. Das Telefonverzeichnis zum Beispiel ist nach Vornamen sortiert. Selbst der Präsident, das Staatsoberhaupt, oder der Premierminister werden mit ihren Vornamen angesprochen.

Wenn ich an meine Kindheit zurückdenke, fällt mir als eines der ersten Dinge ein Ball ein, den ich ständig und überall mit mir herumschleppte. Ich vermute, er stammte aus dem Sportgeschäft, das meinem Onkel Guðjón gehörte. Jedenfalls waren wir beide, der Ball und ich, unzertrennlich. Es war ein Fußball aus schwarz-weißem Leder, der später natürlich auch mit zur Schule musste – und zwar jeden Tag. Meine Mutter erinnert sich gut an einen Elternabend, bei dem ihr mein Lehrer sein Leid klagte: Ich würde in den Pausen mit dem Ball immer als Erster nach draußen flitzen und am Ende immer als Letzter wieder an meinem Platz erscheinen. Und jedes Mal würde ich schwitzen wie ein … Moment, dieses Wort will mir gerade nicht einfallen. Ich glaube, er meinte ein grunzendes Tier. Und dann – er schien etwas verzweifelt zu sein – fragte er meine Mutter, ob sie mich nicht in einer Musikschule anmelden wolle. Nun ist Musik eine großartige Sache und eine wunderbare Beschäftigung noch dazu, ich liebe Musik, aber das entdeckte ich erst später – und ganz ohne Zwang.

Unser Schulhof war auch nach dem Unterricht ein beliebtes Revier. Anders als in Deutschland sind Schulgelände und deren Sportplätze in Island den ganzen Tag zugänglich, und das auch in den Ferien. Erst lief ich zum Mittagessen schnell nach Hause. Der Weg war ein Klacks, es dauerte keine fünf Minuten, bis ich vor unserem Haus ankam. Und anschließend zog ich wieder los, um noch ein paar Stunden mit Schulkameraden zu spielen. Wenn man das heute jungen Leuten erzählt, hört es sich an, als käme man aus einer anderen, sehr fernen Epoche: Handys, Tablets, Computerspiele – all das gab es nicht, und fernsehen durften wir nur am Wochenende, eine halbe Stunde Kinderprogramm.

Der Ball erinnert mich aber auch an die herrlichen Sommer, die unsere Familie in Mosfellsbær verbrachte. Mutters Eltern besaßen ihr Sommerhaus dort schon länger. Vater baute eins für uns, als ich ungefähr fünf Jahre alt war, ganz in der Nähe. Nichts Luxuriöses – vier Wände, ein Dach, ein paar Fenster, eine Tür. Zum Duschen gingen wir zu den Großeltern. Wenn ich daran denke, bekomme ich Gänsehaut – die Dusche befand sich nämlich draußen. Nur einen Steinwurf von unserem Häuschen entfernt gab es eine große Wiese – oder besser gesagt ein Feld, dessen Boden eben genug war, um darauf Fußball zu spielen. Lárus und ich konnten den Tag immer kaum erwarten, an dem die Eltern unseren Saab vollpackten und es endlich losging. Da wir meistens über die gesamten Sommerferien blieben, die fast drei Monate dauerten, von Anfang Juni bis Ende August, war es jedes Mal wie ein kleiner Umzug.

Wenn uns dort draußen auf dem Land jemand beobachtet hätte, er hätte vermutlich gedacht: Diese armen Kinder, sie müssen monatelang angekettet gewesen sein. Den ganzen Tag tobten wir durch die Gegend. Oder wir jagten Stunde um Stunde dem Ball hinterher. Oder wir spielten Indianer. Großvater bastelte uns Flitzebogen aus Bambus. Irgendwann fanden wir die Kieferknochen von einem Schaf – das wurden unsere Pistolen. Lárus war der Häuptling, ich hatte ihm zu folgen. Wobei ich das nicht lange gut fand, dann wäre ich gern selbst der Anführer gewesen. Aber darüber ließ mein Bruder nicht mit sich diskutieren.

Vielleicht lag es daran, dass wir zu unterschiedlich waren, charakterlich meine ich. Vielleicht war es aber auch, weil wir ständig zusammenhockten, von morgens bis abends. Was auch immer die Gründe gewesen sein mochten – es gab Momente, in denen es mit Lárus und mir einfach nicht funktionierte. Mutter meint, ich sei jemand, der schnell mal explodiert, sich dann aber fast genauso schnell wieder einkriegt. So sei ich als Kind schon gewesen. Klingt ein wenig nach Klischee, von wegen brodelnder Vulkan und Eisberg und so. Aber wenn sie das sagt, werde ich mich nicht hinstellen und das Gegenteil behaupten. Sie ist meine Mutter, sie kennt mich am längsten. Und schließlich gibt sie ja selbst zu, dass ich ihr Temperament geerbt habe.

Niemand von unserer Familie kann sich an den Grund erinnern, ich auch nicht, obwohl es mich am meisten betraf. Trotzdem scheint es für alle eine Geschichte zu sein, die sich ins Gedächtnis gebrannt hat. Mit Ausnahme von Bjarki, er war noch zu klein und kennt sie deswegen nur vom Hörensagen. Sobald wir bei irgendeiner Gelegenheit auf unsere gemeinsamen Sommer in Mosfellsbær zu sprechen kommen, ist es meist nur eine Frage der Zeit, bis sie jemand hervorkramt. Ich muss neun oder zehn Jahre alt gewesen sein. Lárus und ich hatten miteinander gespielt und waren uns dabei in die Haare geraten. Worum es ging, ist wie gesagt inzwischen ein Rätsel. Auf jeden Fall muss ich ganz schön wütend gewesen sein, mehr als üblich wenn wir stritten. Ich stiefelte los, schnappte mir das erstbeste Fahrrad, an dem ich vorbeikam, es war das meiner Tante, setzte mich drauf und trat in die Pedale, was das Zeug hielt.

Ob ich sofort entschied, wohin ich verschwinden wollte, oder erst nachdem die schlimmste Wut verraucht war, weiß ich nicht mehr. Den ersten Teil, wie ich mit zornesrotem Kopf von unserem Grundstück stapfte, bekamen meine Eltern noch mit. Da das nicht zum ersten Mal vorkam und Lárus und ich manchmal auch so stundenlang durch die Botanik stromerten, dachten sie sich nichts weiter dabei. Wahrscheinlich glaubten sie, ich würde zu den Großeltern hinübermarschieren und mich spätestens dort abreagieren.

An dem Tag zog sich das Abreagieren allerdings etwas länger hin, fast fünfundzwanzig Kilometer – bis zu unserem Zuhause in Reykjavík. Anderthalb bis zwei Stunden dürfte ich für die Strecke gebraucht haben, es ging ein paarmal bergauf und bergab, was mit dem Rad gar nicht so leicht zu bewältigen war. Zu meinem Verdruss bekam ich noch am gleichen Tag die – zugegeben unfreiwillige – Gelegenheit, den Asphalt der Straße ein zweites Mal zu vermessen, diesmal in die entgegengesetzte Richtung. Nachdem ich nicht wieder aufgetaucht und auch bei den Großeltern nicht zu finden war, herrschte in Mosfellsbær Alarmstimmung. Ich war schon ein Weilchen zu Hause, als auf einmal das Telefon läutete – mein Vater war dran. Er war extra zum nächsten Hospital gefahren, da weder wir noch die Großeltern im Sommerhaus einen Telefonanschluss hatten. Zwar klang er erleichtert, als er meine Stimme hörte und erfuhr, dass mir nichts geschehen war. Dann aber fand er, dass es nun reichte mit meinen Mätzchen. Ich sollte mich aufs Rad schwingen und schleunigst zurückkommen.

Etwa zu der Zeit war es auch, als meine Begeisterung fürs Ballspielen zusätzlich angestachelt wurde. Lárus meldete sich bei Valur an, und ich wollte natürlich unbedingt dabei sein. Mein Bruder meint, wir seien aufgewachsen wie Zwillinge. Wenn er irgendwo hinging, hatte er mich im Schlepptau. Ob ihm das immer gefiel? Ich kann es mir kaum vorstellen. Aber er war nun einmal der Älteste von uns Kindern und somit verantwortlich für seine jüngeren Geschwister. Meine Eltern jedenfalls sahen darin seine Pflicht. Ich fand diese Regelung perfekt. Für mich gab es nichts Aufregenderes, als mit den größeren Jungs zusammen zu sein. Und nicht nur mit ihnen Zeit zu verbringen, sondern ihnen bei dem, was sie trieben, möglichst ebenbürtig zu sein. Am Anfang war das eine mächtige Herausforderung, aber genau das muss mich gereizt haben. So sehe ich es heute, damals habe ich mir darüber keine Gedanken gemacht. In dem Alter dürften solche Prozesse eher im Unterbewusstsein ablaufen.

Wie auch immer. Meinem Ehrgeiz schien diese Konstellation, die ich selbst herbeiführte, jeden Tag aufs Neue, nicht abträglich gewesen zu sein. Es dauerte nicht lange, dann durfte ich im Verein bei den Älteren mitspielen.

Einige Monate nachdem wir mit dem Fußball begonnen hatten, kam Handball hinzu. Das fügte sich zwangsläufig so, aufgrund des isländischen Klimas. Damals gab es so gut wie keine Fußballhallen, und auch Kunstrasenplätze waren äußerst rar, sodass nur in den wärmeren Monaten Fußball gespielt wurde. Wobei »wärmer« in diesem Zusammenhang als ein relativer Begriff zu verstehen ist. In Island sagt man, es gibt nur zwei Jahreszeiten: Hoffnung und Enttäuschung. Manche nennen es auch Dauerherbst. Mit Hoffnung sind jene Monate gemeint, in denen sich die Sonne am Tag höchstens für zwei, drei Stunden blicken lässt oder zumindest hinter dicken Wolken dafür sorgt, dass es nicht vollkommen nachtfinster bleibt. Die restlichen Monate fallen unter Enttäuschung. Zwar ist es dann länger hell, doch Sonnenscheindauer und Höhe der Temperaturen liegen in einem Bereich, der einen nicht wirklich zufrieden stimmt. Richtig warm wird es selbst im Hochsommer nicht. Es sei denn, man findet fünfzehn Grad richtig warm. Dafür wird es durch den Golfstrom aber auch fast nie richtig kalt. Zumindest wenn man sibirische Winter als Maßstab für Kälte nimmt. Wobei ich das gar nicht so dramatisch sehe. Ich mag das raue Klima, es hat Charakter. Das isländische Wetter ist eine robuste Kämpfernatur, eine Urgewalt.

Es war also der normale Lauf der Dinge, dass wir Fußballer als Handballer überwinterten, um im Frühjahr den kleineren Ball wieder gegen den größeren zu tauschen und die beheizte Halle gegen den zugigen Fußballplatz. In den Übergangsphasen überlappte es sich manchmal, sodass wir für einige Wochen beide Sportarten parallel trainierten. Aber das störte mich nicht, im Gegenteil. Wäre es nach mir gegangen, ich hätte jede freie Stunde bei Valur verbracht. Wobei ich nicht hätte sagen können, was mir mehr Spaß bereitete. Ob ich lieber Tore warf oder schoss. Ich spielte sogar auf ähnlichen Positionen, beim Fußball im Mittelfeld, beim Handball im mittleren Rückraum. Was vermutlich kein Zufall war. Naturgemäß gibt es die unterschiedlichsten Spielertypen. Ich war einer, der gern von hinten heraus agierte, Spielzüge aufbaute und dabei möglichst noch den Überblick behielt. Und das funktionierte auf diesen Positionen am besten.

Im Nachhinein lässt sich da vieles hineininterpretieren. Einer meiner damaligen Mitspieler beim Handball behauptet, man habe bei mir schon früh erkennen können, dass ich taktisches Verständnis besaß, ein Spiel gut lesen konnte und somit wie geschaffen war für eine Führungsrolle. Wenn es so gewesen sein sollte, wunderbar, das würde mich freuen. Das heißt aber nicht, dass ich mit dem Vorsatz zum Fußball oder Handball gegangen wäre, ein Führungsspieler zu werden. Oder weil ich erpicht darauf war, mir eines Tages eine Kapitänsbinde über den Arm streifen zu dürfen. Ich hatte einfach Spaß am Sport. Und der Spaß war immer dann am größten, wenn wir ein Spiel gewannen. Also war es nur eine logische Konsequenz, dass ich alles unternahm, um meinen Teil zum Erfolg beizusteuern. Das musste mir nicht erst jemand sagen. Und es machte für mich auch keinen Unterschied, ob wir ein Trainings- oder Freundschaftsspiel absolvierten oder eins, bei dem es um Punkte in der Meisterschaft ging. Wer anfängt, dazwischen zu unterscheiden, sägt selbst den Ast ab, auf dem er sitzt. Mag sein, dass ich ein wenig übertreibe, aber ein Siegertyp wird nur der, der immer gewinnen will, ausnahmslos. Dass das – immer zu siegen – niemandem gelingt, ist eine andere Geschichte.

Trotzdem muss erst mal der Wille da sein, sonst klappt es von vornherein schon nicht.

Meine Mitspieler, zumindest die beim Handball, müssen das ähnlich empfunden haben. Vielleicht trügt die Erinnerung, aber ich habe es so gespeichert, dass wir in manchen Spielzeiten – und das waren nicht wenige – keine einzige Partie verloren. Wahrscheinlich haben wir uns ein paar Unentschieden eingehandelt, aber die verhinderten nicht, dass wir ein ums andere Mal isländischer Meister wurden. Jetzt, da ich mir die alten Bilder anschaue, fällt mir auf, dass ich gleich in meinem ersten Jahr bei den Handballern am Erfolg schnuppern durfte. Da spielte ich noch mit Lárus in einer Mannschaft. Auf dem Foto, das anlässlich unseres Gewinns der Meisterschaft aufgenommen wurde, hocken wir beide in der vorderen Reihe. Lárus trägt auf seinem roten Valur-Trikot die Nummer 10, ich hatte die 8, die meine Nummer blieb, bis ich in die

Meine erste Handball-Mannschaft:
Ich bin der mit der Nummer 8, Lárus hat die 10,
links unser Trainer Magnús Blöndal

Männermannschaft aufrückte. Aber das war Zukunfts-
musik, ungewiss und weit entfernt.

Natürlich gab es auch Spielzeiten, in denen wir weniger
erfolgreich waren und manche Niederlage kassierten.
Allerdings, das gebe ich zu, war ich nie gut darin, mich
damit abzufinden. Einmal verloren wir kurz vor Ende der
Saison ein Auswärtsspiel, was uns die Meisterschaft ver-
masselte, also doppelt ärgerlich war. Heute könnte ich
den Frust, der nach dem verpatzten Spiel in mir hoch-
kochte, verbergen. Wer mich nicht so gut kennt wie meine Familie, würde kaum merken, wie es in mir brodelt.
Obwohl ich innerlich genauso kochen würde wie damals.
Ich wünschte, es wäre anders, aber das hat sich in all den
Jahren kein bisschen geändert. Eine Niederlage ist wie ein
fieser Schlag in die Magengrube, der einen üblen Schmerz
auslöst, der einen quält und nicht so bald nachlässt. Oder
kurz gesagt: einfach Bullshit. Ich hasse es, zu verlieren,
das frisst mich auf.

Und jetzt muss man sich vorstellen, dass ich ein Teen-
ager war, ein Heißsporn wie er im Buche stand. Ich war
stocksauer. Nicht nur, dass unsere Mannschaft besiegt
worden war. Ich hatte es nicht verhindern können, deshalb war es auch meine ganz persönliche Niederlage. An
dem Tag hatte sich die ganze Welt gegen uns verschwo-
ren, so kam es mir vor. Nicht jedes Detail von dem, was
anschließend geschah, ist mir präsent geblieben. Aber ich
muss ganz schön geflucht haben und wie ein angestoche-
nes Tier durch die Kabine gesprungen sein. Und hinterher sah eine Tür nicht mehr aus, wie sie hätte aussehen
sollen. Dafür entschuldige ich mich nachträglich, ich
fürchte, das war mein Fuß.

Þorbjörn Jensson, der früher selbst spielte, für Island
bei den Olympischen Spielen 1984 antrat und später mein
Trainer werden sollte, erzählte einmal, ich hätte nach

manchen Niederlagen sogar Tränen vergossen, und das im Alter von zwanzig Jahren noch. Ich könnte jetzt leicht sagen: Da muss sich der gute Þorbjörn verguckt haben, das waren keinen Tränen, sondern Schweißtropfen. Jeder weiß, dass beim Handball Sturzbäche an Schweiß fließen. Doch warum sollte ich lügen? Wenn man etwas aus vollster Überzeugung und mit ganzem Herzen tut, ist es für einen in dem Moment die wichtigste Sache der Welt. Man wirft alles, was einem zur Verfügung steht, in die Waagschale, um es zu einem guten Ende zu bringen. Und wenn das dann schiefgeht, all die Mühen und der Aufwand nicht belohnt werden – also, wenn man in einer solchen Situation keine Gefühle zeigen darf, dann weiß ich auch nicht.

Es ist schwer zu beschreiben. Der Verein, die Leute, das Drumherum – irgendwie übte das Ganze einen besonderen Zauber auf mich aus. Und der steigerte sich, je länger ich dabei war. Unser Jahrgang war eine eingeschworene Truppe. Jeden von uns trieb auf seine Weise der Ehrgeiz an, aber wir spürten nie so etwas wie Zwang oder Druck. Wir spielten nicht für den Trainer oder sonst wen im Verein, wir spielten für uns. Wir mussten nicht gewinnen, sondern: Wir wollten gewinnen. Vielleicht war das der Grund unseres Erfolgs. Neben der Tatsache natürlich, dass wir gute Handballer waren und noch bessere werden wollten.

Hätte mich zu der Zeit jemand gefragt, welches Ziel ich habe, was ich als Handballer einmal erreichen möchte, die Antwort wäre mir leichtgefallen. Weder träumte ich davon, viel Geld zu verdienen, was in Island ohnehin ein vergebliches Unterfangen gewesen wäre. Handballer waren bestenfalls Halbprofis und weit davon entfernt, Reichtümer anzuhäufen. Noch schwebte mir vor, in die Welt hinauszuziehen, um in Deutschland oder Spanien oder sonst wo auf dem Planeten bei einem namhaften Klub anzuheuern. Das Größte, was ich mir als zwölf- oder vierzehnjähriger Junge vorstellen konnte, war: eines Tages in der ersten Männermannschaft zu spielen – hier in Reykjavík, bei meinem Heimatverein. Und vielleicht noch, mit etwas Fantasie: im Nationalteam, mit der Flagge unseres Landes auf der Brust. Wie das Geir Sveinsson tat, der heute die isländische Nationalmannschaft trainiert, oder Valdimar Grímsson, Guðmundur Hrafnkelsson, der Torhüter, Jakob Sigurðsson, Júlíus Jónasson und wie sie alle hießen. Diese Männer waren unsere Helden. Sie trainierten mehr und härter als alle anderen. Sie steckten Verletzungen weg, als würden sie die gar nicht spüren, Prellungen, Verstauchungen, selbst Rippenbrüche. Und sie hatten erreicht, wovon wir kaum zu träumen wagten. Ihnen eiferten wir nach. Wie sie wollten wir werden.

Für mich war es schon ein riesiger Ansporn, mit älteren Jungen in einer Mannschaft trainieren und spielen zu dürfen. Aber das war nichts im Vergleich zu der Motivation, die in uns wachgekitzelt wurde, weil wir bei Valur unseren Helden so nah sein konnten. Wir trainierten in derselben Halle wie sie, wir benutzten die gleichen Umkleidekabinen. Im Foyer liefen sie an uns vorüber, als wäre es die normalste Sache der Welt – und das war es ja auch. Wir grüßten sie und bemühten uns dabei, nicht schüchtern zu wirken, nicht wie kleine Jungs. Und während wir ihnen hinterherguckten, bewunderten wir sie still für ihren letzten Sieg.

Mag sein, dass mein Blick in die Vergangenheit etwas romantisch wirkt. Dabei beschreibe ich nur, wie wir es in dem Alter empfanden. Und ich glaube, dass sie heute nicht viel anders funktioniert, die Sache mit den Vorbildern und der Motivation. Ein Weltmeistertitel oder gar ein Olympiasieg als Ziel ist in diesem Stadium viel zu abstrakt, um daraus einen besonderen Antrieb zu entwickeln. Was man sich vornimmt, sollte zur eigenen Vorstellungswelt passen. Es bringt nichts, dabei gedanklich in Bereiche emporzuschweben, die einem selbst utopisch erscheinen. Das müssen wir damals instinktiv erkannt haben. Die erste Mannschaft, das war unser Ziel, ambitioniert – nicht jeder schaffte den Sprung –, aber kein Hirngespinst. Ansonsten dachten wir von Spiel zu Spiel, getreu dem Motto: Es gibt nur ein Spiel, das wirklich wichtig ist – das nächste. Aber das war dann auch das allerwichtigste überhaupt, an dem Tag und in jeder Minute, die man auf der Platte stand. Oder auf dem Rasen, beim Fußball galt das genauso.

Als Fußballer im Nachwuchs-Nationalteam: Ich stehe in der hinteren Reihe, genau in der Mitte

Ich wusste, irgendwann würde der Tag kommen, an dem ich mich entscheiden müsste: Handball oder Fußball? Je älter ich wurde, umso schwieriger war beides unter einen Hut zu bekommen. Dreimal in der Woche Training, am Wochenende Spiele. Und das, was sie in der Schule von mir erwarteten, erledigte sich auch nicht von allein. Ich war inzwischen sechzehn, mochte nach wie vor Handball so gern wie Fußball und hatte in beiden Mannschaften einen Stammplatz. Eine komfortable Situation, hätte man meinen können, doch in Wahrheit war es verzwickt. Wonach sollte ich abwägen? Im Handball waren wir der erfolgreichste Jahrgang seit langem. Und Handball war Volkssport Nummer eins. In beinahe jedem größeren Dorf gab es mittlerweile einen Verein. Und wenn man weiterdachte, an die Nationalmannschaft, sie war das sportliche Aushängeschild Islands schlechthin. Also, die der Männer. Sie hatte an mehreren Olympischen Spielen und Weltmeisterschaften teilgenommen, zwar nie eine Medaille gewonnen, sich aber einige Male achtbar geschlagen und Platzierungen unter den ersten zehn erreicht. Im Fußball wurden definitiv kleinere Brötchen gebacken. Dass es einmal einen Auftritt wie bei der Europameisterschaft in diesem Jahr geben würde, konnte damals niemand ahnen. Andererseits schienen mir auch beim Fußball alle Türen offen zu stehen. Mit der Vereinsmannschaft von Valur rissen wir zwar keine Bäume aus, dafür war ich immerhin in die Jugendnationalmannschaft aufgenommen worden.

Dass ich mich am Ende für Handball entschied, ist kein Geheimnis. Vielleicht wäre ich ein ebenso guter Fußballer geworden, oder sogar ein besserer, wovon Lárus und einige meiner Freunde überzeugt waren. Kann schon sein, ich hatte trotzdem nie das Gefühl, eine falsche Entscheidung getroffen zu haben. Und ist es nicht das, worauf es letztlich ankommt? Dass man nicht nur eine Entscheidung fällt, sondern danach mit sich im Reinen ist? Darin bin ich ganz gut. Durch Entscheidungen schafft man Tatsachen – und die sind dann, wie sie sind. Als Spieler muss man ständig Entscheidungen treffen, mitunter im Sekundentakt. Da kann man nicht erst eine Vollversammlung einberufen, um abstimmen zu lassen, wer wofür ist und welcher Weg vielleicht der bessere wäre. Das ist eine gute

Schule. Auch dafür, dass man mit seiner Entscheidung mal danebenliegen kann, ohne gleich das Gefühl haben zu müssen, die Welt geht dadurch unter. Das hilft, die Dinge mit etwas mehr Gelassenheit zu betrachten. Womit ich nicht sagen will, dass ich nicht am liebsten die richtige Entscheidung treffe.

Es gab nicht *den* einen Grund, aber mehrere Faktoren, die das Pendel in eine Richtung ausschlagen ließen. Einer dieser Faktoren war sicher unsere Mannschaft. So unterschiedlich wir außerhalb der Halle waren – einer der stille Grübler, der andere eher vom Kaliber Draufgänger, einer spielte nebenbei noch Querflöte, der andere Gitarre, der eine mühte sich durch die Schule, dem anderen flogen die guten Noten nur so zu –, sobald wir auf dem Parkett standen, waren wir eine Einheit und verstanden uns fast blind.

Ein weiterer Faktor war Theódór Guðfinnsson, unser Jugendtrainer, der uns fast acht Jahre lang betreute. Er war selbst mit Valur groß geworden und nicht viel älter als wir. Er spielte in der ersten Männermannschaft, schon aus diesem Grund genoss er unseren Respekt. Theódór war ein lässiger, ruhiger Typ. Er ließ uns beim Training meistens spielen, was meinen Intentionen sehr entgegenkam. Ich fühlte mich mit einem Ball in der Hand am wohlsten. Dagegen hielt sich meine Begeisterung fürs Krafttraining in Grenzen. Aber damit quälte er uns auch nicht übermäßig. Ansonsten legte er großen Wert darauf, dass wir als Team zusammenhielten. Wir verbrachten viel Zeit mit ihm, auch neben dem Training, veranstalteten Pizzapartys, gingen zusammen ins Kino oder ins Schwimmbad. Und er wusste, als wir in das gefährliche Alter kamen, wie er uns vom Trinken abhalten konnte. Meine Mutter ist heute noch begeistert von seiner Methode. Die Isländer sind seit jeher ein Menschenschlag,

In der Jugend-Mannschaft von Valur, mit Trainer Theódór (l.), Ólafur (Nr. 11) und Óskar Bjarni (Nr. 4). Ich habe die Nummer 8

der gern feiert und dabei gern auch einen Schluck Alkohol trinkt – oder auch ein bisschen mehr. Wenn es einen besonderen Anlass gibt – umso besser. Den braucht es aber nicht. Denn viele vertreten die Meinung, dass der Freitagabend per se ein guter Anlass ist, jede Woche wieder. Und der Samstagabend gleich dazu – einfach, weil man am Wochenende nicht arbeiten muss. Man kann fast sagen, diese Einstellung ist Bestandteil der isländischen Kultur.

Theódór stellte es geschickt an. Er setzte einfach für samstagmorgens eine Trainingseinheit an, neun Uhr dreißig. Wie er darauf kam, hat er nicht verraten. Vielleicht hatte er in unserem Alter einen Trainer, der das genauso machte. Natürlich band er uns nicht auf die Nase, was er damit bezweckte. Es war normal, dass wir am Wochenende trainierten, wenn wir kein Spiel hatten. Also warum

39

nicht am Samstagmorgen? Drei Jahre zog er das durch. Und wir standen jedes Mal pünktlich um neun Uhr vor der Halle. Vielleicht nicht immer die komplette Mannschaft, aber der harte Kern, für den Handball das Wichtigste war. Und Theódór ging mit gutem Beispiel voran, setzte die Spuren, denen wir folgten. Trotz der fürs Wochenende frühen Stunde war er immer topfit. Nie rochen wir bei ihm eine Fahne.

So viel zum Stichwort: Vorbild. Hätte Theódór mit erhobenem Zeigefinger inbrünstige Reden geschwungen, um uns die Gefahren des Alkohols für die Gesundheit und überhaupt vor Augen zu führen und uns vor diesem Teufelszeug zu warnen – ich vermute, er hätte nicht einmal die Hälfte von uns erreicht, geschweige denn überzeugt. Dadurch aber, dass er kein Aufhebens darum machte, uns stattdessen einfach vorlebte, wie ein Sportler zu sein hatte, war es für die meisten von uns fast selbstverständlich, die Finger davon zu lassen. Sollten die anderen doch am Wochenende bis zum Morgengrauen durch die Kneipen und Bars der Altstadt ziehen, wir hatten andere Pläne. Soweit ich mich erinnere, war ich über zwanzig, ehe ich das erste Mal ein Glas Bier trank.

Ich versuche gerade, mich an irgendeine Situation in meiner Jugend zu erinnern, in der ich durch Zwang oder Druck etwas Entscheidendes gelernt hätte, also etwas, ohne das man nicht durchs Leben kommt beziehungsweise nur sehr beschwerlich. Zum Beispiel Disziplin oder Selbstvertrauen oder Leidenschaft. Aber mir fällt keine solche Situation ein. Das muss nicht heißen, dass es die nicht gegeben hat. Dagegen ist die Wahrscheinlichkeit groß, dass ich es dann nicht als ein Erzwingen empfunden habe, sondern als etwas, wofür ich mich selbst entschieden habe. Das ist in meinen Augen auch die bessere Methode.

Mit sechzehn wurde mein Dasein bei Valur noch ein Stück aufregender. Einige aus unserer Mannschaft durften bei den Männern mittrainieren. Zu den Auserwählten gehörten außer mir unter anderem Óskar Bjarni Óskarsson – heute Chefcoach bei Valur und ein guter Freund – und Ólafur Stefánsson, der von uns allen der berühmteste Handballspieler werden sollte. Ólafur und ich waren derselbe Jahrgang. Wir kannten uns seit der Kindheit. Er hatte wie ich mit Fußball und Handball begonnen, bevor wir uns beide für Handball entschieden. Jetzt spielte er Rückraum rechts, die Position direkt neben mir.

In einem Team mit unseren Helden – man kann sich vorstellen, wie sehr das unseren Ehrgeiz anstachelte. Sicher waren wir oft genug übermotiviert, aber das war bei unseren Vorgängern nicht anders gewesen. Die Trainer kannten das und waren in dem, was sie taten, vor allem eins: konsequent. Sie veranstalteten für keinen von uns einen Schnupperkurs, in dem man sich allmählich an die neue Situation hätten gewöhnen können. Ihre Methode war ein wenig brachialer. Sie warfen uns einfach ins Haifischbecken. Weil sie davon überzeugt waren, dass wir auf diese Weise am schnellsten lernten, uns durchzusetzen. Und weil sie so am besten beurteilen konnten, wer das Zeug dazu hatte, in einer Mannschaft zu spielen, die regelmäßig um den Sieg in der Landesmeisterschaft kämpfte. Ich kann nicht für andere urteilen, aber ich hatte an ihrer Methode nichts auszusetzen. Und wenn ich heute entscheiden muss, wie ich einen neuen Spieler ins Team integriere, wähle ich den gleichen Weg. Ein guter Spieler kann damit umgehen.

Es ist schwierig, seine eigenen Leistungen zu bewerten, deshalb halte ich mich an die Fakten: Ungefähr ein Jahr später rückten Ólafur und ich ins Männerteam auf. Dort waren wir die Jüngsten. Trotzdem spielten wir weiter in der Mannschaft unseres Jahrgangs und trainierten auch mit ihr. Bei den Männern bekamen wir es mit einem neuen Trainer zu tun, Þorbjörn Jensson, ich erwähnte ihn bereits. Mit ihm trainierten wir fünfmal in der Woche, nur Donnerstag und Sonntag waren frei. Es sei denn, am Sonntag war ein Spiel angesetzt. Am Montag und Dienstag fanden die härtesten Trainingseinheiten statt. Þorbjörn ließ uns richtig schwitzen: eine Stunde Krafttraining mit Gewichten, dazu Ausdauer. Den Ball kriegten wir nur für die letzte Viertelstunde in die Hände.

Die Meistermannschaft von 1993 – stehend: Trainer Þorbjörn (2.v.l.), Ólafur (5.v.l.), ich (5.v.r.), Óskar Bjarni (2.v.r.)

Überhaupt nahm Þorbjörn seinen Job sehr genau. Er interessierte sich sogar für meine Ernährung. Anscheinend war ihm aufgefallen, dass mein Pausensnack auf dem Weg von der Schule zum Training nicht selten aus Cola und Schokolade bestand. Daraufhin sollte ich ihm einen Monat lang aufschreiben, was ich an Lebensmitteln zu mir nahm. Die Liste gab er einem Ernährungsexperten. Dessen Urteil fiel deutlich aus. Sinngemäß sagte er: Wenn der

Bursche Sportler sein will, muss er seine Ernährung ändern, sonst wird das nichts.

Und dann war da noch Boris Akbachev, Þorbjörns Co-Trainer. Boris stammte aus der Sowjetunion. Dort hatte er Anatoli Jewtuschenko assistiert, als der Trainer der Nationalmannschaft war. Jewtuschenko gilt in seiner Heimat als lebendes Denkmal. Er steht für die goldenen Zeiten des sowjetischen Handballs. Unter seiner Führung wurde das Nationalteam zweimal Olympiasieger, einmal Vize und einmal Weltmeister und zweimal Vize. Ich halte jede Wette, dass Boris einen nicht unerheblichen Anteil an den Erfolgen hatte. Er ist ein Taktikfuchs, hatte ein unglaubliches Auge für kleinste Details und für die Art und Weise, wie man Handball spielen sollte. Als Trainer war er ein harter Knochen, hat viel gefordert, aber selten gelobt. Seine Spezialität war der Einzelunterricht. Er nahm sich einen Spieler und ging mit ihm ins Detail: Bewegungsabläufe in der Abwehr, Reaktionen auf den Gegner und so weiter. Das konnte manchmal eine ganze Stunde dauern. Da wir seine Fähigkeiten schätzten, saugten wir jede Information, jeden Tipp auf und hängten uns richtig rein. Da floss eine Menge Schweiß. Aber von ihm bekam man hinterher bestenfalls zu hören: »Na ja, ein kleines bisschen besser ist es schon.«

Abgesehen davon, war Boris ein Unikum, ein Original, wie man sich einen typischen Russen vorstellte. Er rauchte wie ein Schlot und ließ in Gesellschaft ungern ein Glas aus. Was er aber am häufigsten machte, mit einer Inbrunst, die ich bisher bei niemandem sonst erlebt habe: fluchen. So viele russische Schimpfwörter, wie er durch die Gegend schleuderte, hat die isländische Sprache gar nicht zu bieten.

Ich war inzwischen auch selbst unter die Trainer gegangen. Als Spieler der ersten Mannschaft bekam man offiziell kein Geld, konnte sich aber ein paar Kronen verdienen, indem man eine Nachwuchsmannschaft übernahm. Durch diese Regelung war auch Theódór unser Trainer geworden. Mir hatten sie die Mädchenmannschaft der D-Jugend anvertraut. Ich fand es spannend, die andere Seite zu erleben, die Position des Lehrmeisters. Man bekam einen neuen Blick aufs Spiel, auf taktische Dinge und das große Ganze. Als Trainer lag das Spielfeld wie ein Schachbrett vor einem. Dabei merkte ich schnell, dass meine Einstellung, immer gewinnen zu wollen, nicht nur für die Zeit reserviert war, wo ich selbst spielte. Auch als Coach war das mein oberstes Ziel, es schien in meinen Genen zu stecken. Und offenbar ist es mir ganz gut gelungen, diese Botschaft an die Mädels weiterzugeben. Gleich in einem der ersten Jahre meiner Trainertätigkeit gewannen sie in ihrer Altersklasse die Meisterschaft.

Es wird viel darüber diskutiert, ob man Sportlern so etwas wie eine Siegermentalität anerziehen kann. Wenn vorher keine Basis vorhanden ist, nicht das berühmte Samenkorn, das gedeihen kann, dann wird es schwierig. Wenn man das aber in sich hat, kann eine prächtige Pflanze daraus werden. Allerdings nicht über Nacht, das muss wachsen, und das Umfeld muss stimmen, die Kultur im Verein. Ein erster Schritt ist, Niederlagen nicht zu akzeptieren. Man muss sie hinnehmen, wenn sie einem widerfahren, das schon, aber nicht mit der Einstellung: Pech gehabt, die anderen waren halt besser. Das sollte auf keinen Fall der Gedanke sein, der sich im Kopf festsetzt. Vielmehr sollte man sich umgehend mit der Frage beschäftigen: Wie können wir eine Niederlage verhindern, was müssen wir ändern, um den Erfolg zu unserem Freund zu machen? Darum geht's: das Team auf Erfolg einzuschwören, den Erfolg zu seinem besten Freund zu machen. Das gilt für alle Ebenen, nicht erst im Profisport.

Es ist sogar besser, wenn man das Glück hat, das schöne Gefühl des Erfolgs so früh wie möglich zu inhalieren. Wenn man Erfolg quasi als Normalzustand erlebt, wie wir beim Handball mit unserer Jugendmannschaft, baut das ein anderes Selbstvertrauen auf. Erfolg ist dann nicht die riesengroße Hürde, der man sich voller Ehrfurcht nähert, sodass es einen fast schon wieder lähmt. Dieses Selbstvertrauen darf nur nicht in Selbstgefälligkeit umschlagen. Man kann noch so oft gewinnen, es gibt niemals eine Garantie, dass man beim nächsten Mal wieder als Sieger vom Platz geht.

Blieb noch die Schule, sie verschlang nach wie vor den größten Teil meiner Zeit. In Island geht die Grundschule – oder Primarstufe – bis zur zehnten Klasse. Danach kann man entscheiden, ob man noch vier Jahre auf einem Gymnasium dranhängt oder zur Berufsschule geht. So gut es beim Handball lief, mein Plan war nicht, Profi zu werden. Deshalb hatte ich mich fürs Gymnasium entschieden. Da ich mich neben Sport vor allem für Wirtschaftsthemen interessierte, Betriebswirtschaftslehre und alles, was man wissen musste, um im Geschäftsleben zu bestehen, suchte ich mir eine Schule mit diesem Schwerpunkt aus.

Es wurde kein Spaziergang, ich musste mächtig kämpfen – vor allem, um meinen eigenen Ansprüchen gerecht zu werden. Ich wollte Leistungssport auf höchstem Niveau betreiben, gleichzeitig in der Schule glänzen und möglichst auch nichts von dem verpassen, was meine Freunde trieben, die nichts mit Handball zu tun hatten. Irgendwo war immer etwas los. Der Schulverein organisierte alle möglichen Aktivitäten, Sportwettkämpfe und Musikveranstaltungen. Es gab auch einen Chor. Und obwohl keiner von meinen Freunden in einer Band spielte, machten wir nebenbei Musik. Ich hatte angefangen, mir das Gitarrespielen beizubringen. Ein Kumpel vom Handball, Jason Òlafsson, lieh mir einige Songbooks, die er selbst gebastelt hatte, mit Texten und Akkorden. Die meisten Songs stammten von isländischen Musikern wie Bubbi Morthens, Kristján Kristjánsson, der unter seinem Kürzel KK auftrat, oder Megas, wohinter sich Magnús Þór Jónsson verbarg. Die drei kennt bei uns jeder, der sich ein bisschen für Musik interessiert. Aber auch Stücke von Neil Young und Bob Dylan waren dabei. Und natürlich der Klassiker für jeden, der mit dem Gitarrespielen anfängt: *House of the Rising Sun* von den Animals.

Kein Wunder, dass ich in meiner Erinnerung während der Jahre auf dem Gymnasium ständig müde war. Statt der üblichen vier Jahre wurden es bei mir dann auch ein paar mehr, bis ich meinen Abschluss in der Tasche hatte. Nicht, weil ich sitzengeblieben wäre. Sitzenbleiben gibt es in Island nicht, weder in der Grundschule noch am Gymnasium. Ich teilte mir das Pensum, das man zu absolvieren hatte, zeitlich nur etwas großzügiger ein. Andere hätten wahrscheinlich irgendwann hingeschmissen, ich wollte aber unbedingt das Abitur. Dafür musste man am Ende eine Wirtschaftsprüfung ablegen, mit den Schwerpunkten Buchhaltung und Marketing. Danach hätte ich an einer Uni studieren oder direkt einen Job in der Wirtschaft annehmen können.

An dieser Stelle kommt *Sigur* wieder ins Spiel, unsere kleine Firma, die Lárus und ich zu Hause in der Rumpelkammer gegründet hatten. Das war zwar noch vor meinem Abitur gewesen, beweist aber, dass ich mich durchaus für die Sachverhalte interessierte, die wir in der Schule beigebracht bekamen. Was will man mehr von einer Schule verlangen, als dass sie einem das Rüstzeug fürs Leben gibt? Umgekehrt sollte es für die Lehrer eine Ge-

Geschafft! Ingibjörg freut sich mit mir
über das bestandene Abitur

nugtuung gewesen sein, wenn sie sahen, dass man die Theorie gleich in die Praxis umsetzte. Das Faxgerät hatte ich übrigens über Valur beschafft. Der Verein wurde von einigen Sponsoren unterstützt. Von dem Geld sahen wir Spieler nicht viel, erhielten aber ab und an Prämien, häufig in Form von Sachleistungen. Nicht etwa Autos oder so, eher kleinere Dinge, vor allem preiswertere. Als ich mal wieder bedacht werden sollte, beschäftigten Lárus und ich uns gerade intensiv mit den Planungen für *Sigur*. Also sagte ich, ein Faxgerät wäre nicht schlecht. Mein

Wunsch wurde prompt erfüllt. Heute schmunzelt man darüber – wer benutzt noch ein Faxgerät? Damals, als ich den Karton nach Hause trug, war ich ganz schön stolz.

Wir machten uns gleich daran, das Gerät anzuschließen und in Gang zu setzen. Schließlich wollten wir mit unseren Geschäften loslegen. Uns schwirrten unendlich viele Ideen durch den Kopf, womit wir Geld verdienen könnten. Wir grübelten ständig, fast im Wochentakt kam eine neue hinzu. Mit der Zeit wurden es so viele, dass ich nicht mit Sicherheit sagen könnte, welche von Lárus stammten und welche von mir. Meistens war es so, dass einer von uns den Grundimpuls lieferte, wir dann gemeinsam darauf herumdachten, abwägten und diskutierten, um die Idee am Schluss entweder anzugehen oder zu verwerfen. Wobei die Zahl der Ideen, die im Papierkorb landeten, um ein Vielfaches höher lag. Aber das spricht ja nur dafür, dass wir nicht leichtfertig waren und auch nicht unkritisch uns selbst gegenüber.

Eine Idee, an die wir glaubten, war der Import von Bier. Lárus hatte irgendwo ein englisches Buch über Bierherstellung aufgestöbert, dadurch kamen wir darauf. Dazu muss man wissen, dass Bier in Island bis 1989 verboten war. Das Gesetz ging auf die Prohibition von 1915 zurück, zu der sich die Isländer per Volksabstimmung selbst verdonnert hatten. Es stellte den Genuss jeglichen Alkohols unter Strafe, verhinderte jedoch nicht, dass trotzdem getrunken wurde. Es fanden sich immer Wege, Alkohol auf die Insel zu schmuggeln. Außerdem gab es genügend Leute, die sich ihren Fusel schwarz brannten. Aus verschiedenen Gründen wurde das Gesetz mit der Zeit aufgeweicht, irgendwann durften Wein und Schnaps wieder verkauft werden, nur für Bier galt das nicht. Bier sei eine Einstiegsdroge, hieß eines der fadenscheinigen Argumente, vor allem Kinder und Jugendliche müssten davor geschützt werden, durch Bier in Versuchung zu geraten. Andererseits durften Piloten bei jeder Landung auf Island eine Kiste Bier einführen. Und bald auch jeder Normalbürger, der von einer Auslandsreise zurückkehrte. Trotzdem fieberte die Nation der Aufhebung des letzten Überbleibsels der Prohibition entgegen. Für die Leute war das eine große Sache. Wie das so ist, wenn man etwas verboten bekommt. In dem Fall umso mehr, da Isländer ausgemachte Biertrinker sind, trotz der Vorgeschichte, oder – was ich mehr glaube – gerade deswegen.

Auf mich traf das zwar nicht zu. Was Alkohol betraf, hielt ich mich weiter an das, was Theódór, unser Trainer, uns vorgelebt hatte. Aber durch die Schule hatte ich begriffen, wie das Gesetz des Marktes funktioniert: Angebot und Nachfrage. Und Bier war definitiv ein begehrtes Produkt, das Gewinn versprach, vor allem gutes, also starkes Bier.

Seit Bier wieder offiziell erlaubt war, wurde es hauptsächlich über staatliche Firmen importiert. Aber davon ließen wir uns nicht beirren. Ich sehe noch vor mir, wie wir in unserer »Firmenzentrale« saßen und – ganz Geschäftsmänner – Schreiben an ungefähr dreißig ausländische Bierbrauer aufsetzten. Darunter befanden sich riesige Unternehmen und weltweit bekannte Marken, deren Verwaltungsapparat personell vermutlich etwas großzügiger ausgestattet war als unserer. Aber hätten wir eine Biersorte vertreiben sollen, die niemand kannte? Unsere Schreiben verschickten wir per Fax, das schien uns professioneller. Wir hatten sogar einen Firmenstempel, den wir vorher aufs Papier drückten. Von den meisten Unternehmen hörten wir nie etwas, aber zwei, drei reagierten doch. Eins schickte sogar einen Mitarbeiter nach Reykjavík.

Wir mögen davon geträumt haben, mit unserer Idee ein gutes Geschäft zu machen und uns etwas für die Zukunft aufzubauen. Das verleitete uns jedoch nicht dazu, Luft-schlösser zu bauen. Im Gegenteil, wir gingen die Sache überaus pragmatisch an. Dazu zwang uns schon unsere finanzielle Ausgangssituation. Wir wollten das Geschäft langsam aufbauen, wenig investieren und gesund wach-sen, ohne Schulden und Kredite. Und das war offenbar das Missverständnis zwischen den Bierfirmen und uns: Sie wollten immer gleich ganze Containerladungen mit Bier schicken. Uns dagegen schwebten für den Anfang erst mal nur ein paar Kästen vor, höchstens eine Euro-palette.

Ein paar Monate hielt uns die Geschichte auf Trab, dann buchten wir sie als Erfahrung ab. Schließlich hatten wir längst eine neue Idee – und diesmal war es eine, die funktionierte.

II
Selbst gesetzte Ziele

**Fleiß und Lässigkeit – Sommer auf dem Land –
Großvaters Buchladen – Onkel Toms Hütte –
Der Deutsche im Café – Ein mystischer Berg – Ingibjörg
und die Liebe – Die erste Weltmeisterschaft**

Es gibt Menschen, die sich für ihr Leben einen Master-plan zurechtschneidern und dann versuchen, ihn Schritt für Schritt umzusetzen: Schule, Ausbildung, ein Beruf mit Aufstiegschancen, Immobilienbesitz, ein eigenes Haus oder wenigstens eine Wohnung – und Familie natürlich. Mein Weg war das nie. Ich bin eher einer von der spontanen Sorte. Mir will so recht auch kein Grund einfallen, was gut daran sein könnte, bereits heute zu wissen, wo man in fünf oder zehn Jahren stehen wird. Einmal vorausgesetzt, es trifft so ein, wie man es sich ursprünglich ausgemalt hat. Aber selbst dann bliebe die Frage, ob es einen in dem Moment überhaupt erfüllt. Wobei ich niemanden verteufeln würde, der sein Leben auf diese Weise bestreitet. Wenn ihm das Sicherheit verleiht, oder was auch immer er sich davon verspricht, bitte schön, jeder muss selbst seinen Weg finden. Möglicherweise würde ich das auch anders sehen, wäre ich nicht auf dieser Insel weit oben im Norden aufgewachsen.

Seit die deutsche Handball-Nationalmannschaft im Januar Europameister wurde, mit mir als Bundestrainer, bekomme ich häufiger die Frage gestellt, was uns Isländer von den Deutschen oder anderen Mitteleuropäern unterscheidet, was wir anders machen als sie. Hintergrund der Frage dürfte der Umstand sein, dass es vor der Europameisterschaft vermutlich niemanden gab, der mit unserem Triumph in Polen gerechnet hätte. Und dass manche Medien in mir denjenigen sahen, der dieses Wunder möglich machte. Ausgerechnet jemand aus einem Land, in dem die Leute an Elfen und Trolle und solche wundersamen Dinge glauben.

Um ehrlich zu sein: Ich hätte vor der EM auch keine Wetten darauf abgeschlossen. Ich wusste zwar, dass sich die Mannschaft, wenn es ihr gelingen würde, ihr Potenzial abzurufen, gegen jeden der Konkurrenten behaupten konnte. Aber bei so einem Turnier kommen viele Dinge zusammen. In den entscheidenden Momenten muss alles passen – und ein wenig Glück gehört natürlich auch dazu. Ich sage immer: Man muss die Welle erwischen. Eine Welle, die die Mannschaft trägt und nach vorn powert. Wenn einem das gelingt, ist alles möglich.

Um aber auf die Frage zurückzukommen: Abgesehen davon, dass es *den* Isländer in meinen Augen so wenig gibt wie *den* Deutschen, sind wir Nordlichter vermutlich eine ganz passable Mischung aus europäischen und amerikanischen Einflüssen, was schon rein geographisch bedingt sein dürfte. Einerseits können wir sehr fokussiert sein. Damit meine ich, dass wir uns einer Sache, wenn sie uns denn wichtig erscheint, mit Leidenschaft und höchst konzentriert widmen. In dieser Hinsicht sind wir den Deutschen wahrscheinlich nicht unähnlich. Wir können wie sie unglaublich diszipliniert sein. Und fleißig sind wir sowieso. Andererseits ist dieses Strebsame – und das zeigt wohl den amerikanischen Einfluss – mit einer gewissen Lässigkeit gepaart. Wir hauen uns rein, als würde es um Leben und Tod gehen. Sind die Würfel dann aber gefallen und es hat trotzdem nicht funktioniert oder ist gar schiefgegangen, verzagen wir nicht bis zum Sankt-Nimmer-leins-Tag, sondern widmen uns einer neuen Aufgabe. Wenn man sein Bestes gegeben hat, ist das keine Schande.

Das sehe ich übrigens in Hinblick auf meinen Posten als Bundestrainer nicht anders. Ich werde mein Menschenmögliches tun, damit die Mannschaft weiterhin erfolgreich ist. Weil ich es als eine großartige Herausforderung betrachte und weil es Spaß macht, mit den Jungs zu arbeiten, und mit dem Team drum herum, den Co-Trainern, Physiotherapeuten, der gesamten medizinischen Abteilung. Und dennoch: Wir werden auch Niederlagen erleben und Rückschläge hinnehmen müssen, die sind – leider – unausweichlich, so ist der Lauf der Dinge. Wer ein solches Amt antritt, muss sich im Klaren darüber sein, dass es früher oder später zu einem Schleudersitz werden kann. Selbst die größten Erfolge sind keine Lebensversicherung, sie schützen einen nur, solange sie nicht zu weit zurückliegen. Aber das macht mir keine Angst. Wenn andere Leute das, was ich tue und wie ich es tue, nicht mögen, ist das okay.

In Island gibt es einen – wie ich finde – schönen Brauch, durch den Kinder bereits im Schulalter auf das spätere Leben vorbereitet werden. Er geht auf die Zeit zurück, als der Großteil der Bevölkerung noch von Landwirtschaft und Viehzucht lebte. Daher stammt auch die Regelung, dass die Sommerferien Anfang Juni beginnen und bis Ende August dauern. Das hatte mit den Schafen zu tun. Das Schuljahr musste zu Ende sein, wenn die Lämmer geboren wurden, damit Mann und Maus auf den Bauernhöfen helfen konnten. Danach wurden die Herden mit ihrem Nachwuchs von den Schäfern in die Berge getrieben, wo sie den Sommer über blieben. Viele Schulkinder, die in Städten lebten, kamen zu Verwandten aufs Land, um sie bei der Arbeit zu unterstützen. Diese Tradition wurde bis in die Gegenwart beibehalten, obwohl es längst nicht mehr so viele Bauern gibt.

Ingibjörg, meine Frau, war neun Jahre alt, als sie in den Sommerferien das erste Mal zu einer befreundeten Familie aufs Land geschickt wurde. Sie kümmerte sich um die Kinder der Bauersleute, während die im Kuhstall zu tun hatten, die Pferde versorgten oder andere Arbeiten auf dem Hof erledigten. Das jüngste der Kinder war sechs Monate alt, die anderen beiden drei und fünf Jahre. Der Bauernhof lag ungefähr einhundertfünfzig Kilometer von ihrem Zuhause entfernt, aber sie schwört, sie habe nie Heimweh gehabt, außer sonntags, für eine halbe Stunde, da rief immer ihre Mama an. Bis Ingibjörg vierzehn war, verbachte sie Sommer für Sommer auf dem Land. Das nächste Mal half sie den Erwachsenen schon beim Arbeiten, zum Beispiel wenn Weidezäune versetzt werden mussten. Man traut sich kaum, das zu erzählen. Seit die EU strenge Richtlinien gegen Kinderarbeit erlassen hat, geht man bei uns nicht mehr so locker mit dem Thema um. Ich bin der Letzte, der will, dass Kinder ausgebeutet oder als Arbeitssklaven missbraucht werden. Jeder, der sich dessen schuldig macht, gehört bestraft. Wenn solche Bestimmungen jedoch dazu führen, dass jegliche Beschäftigung von jungen Leuten unter Generalverdacht gerät, läuft auch etwas verkehrt.

Ingibjörg wurde nicht dazu verdonnert, bei den Bauern zu helfen, es war ihr Wunsch – wie der vieler ihrer Schulfreunde, die es genauso machten. Schon Tage bevor sie auf die Reise gingen, bekamen sie nachts kaum ein Auge zu, so aufgeregt waren sie. Auf dem Land angekommen, schickten sie sich gegenseitig Postkarten. Und nach den Ferien erzählten sie einander die Abenteuer, die sie dort erlebt hatten. Ohne Eltern und weit weg von zu Hause –

das allein war schon ein großes Abenteuer. Und eine interessante Erfahrung obendrein, die sie sonst nicht gemacht hätten. Sie bekamen von ihren Gasteltern kleine Aufgaben übertragen und waren dafür verantwortlich, dass sie erledigt wurden. Ich kann daran nichts Falsches erkennen.

Wer keine Verwandten oder Bekannten hatte, die noch mit Landwirtschaft ihren Lebensunterhalt bestritten und besonders im Sommer Unterstützung brauchten, konnte sich an die Stadtverwaltung wenden, um einen Ferienjob zu ergattern. Es gab viele Einsatzmöglichkeiten: Rasen mähen, Unkraut jäten, Straßen fegen, in Altersheimen aushelfen, alles Mögliche. Soweit ich mich erinnere, musste man dafür mindestens vierzehn Jahre oder älter sein. Die Arbeit wurde entlohnt, wie die Einsätze auf dem Land auch.

Unsere Familie hatte zwar keine Verwandten mit Landwirtschaft, aber auch meine Brüder und ich hielten an der Tradition fest, einige Wochen der langen Ferienzeit zu nutzen, um ins Arbeitsleben der Erwachsenen hineinzuschnuppern. Ich war zwölf oder dreizehn, als ich anfing, im Buchladen meines Großvaters auszuhelfen und kurze Zeit später im Sportgeschäft von Onkel Guðjón. Lárus und ich teilten uns die Arbeit. Wenn er Großvater unterstützte, half ich im Laden unseres Onkels – und umgekehrt. Nun war es nicht so, dass wir gleich am ersten Tag die Registrierkasse übernommen hätten. Wir wurden langsam an die verschiedenen Aufgaben herangeführt, die in einem Geschäft zu erledigen waren, angefangen beim Fensterputzen bis zum Sortieren der Waren im Lager. Je älter wir wurden, desto größer wurde die Verantwortung, die man uns übertrug. Und wenn wir uns bei dem, was wir zu erledigen hatten, einigermaßen geschickt anstellten, durften wir auch mal Kunden betreuen, das war die Königsdisziplin.

Ich arbeitete gern bei Großvater und Onkel Guðjón, nicht nur in den Ferien, auch wenn sonst viel zu tun war, an manchen Wochenenden und vor allem in der Weihnachtszeit. Das war immer die absolute Hochsaison, da hatten die Geschäfte bis spätabends geöffnet. Es machte Spaß, war interessant, man lernte eine Menge, und irgendwie fühlte man sich dabei fast erwachsen. Die Arbeit im Sportgeschäft hatte den zusätzlichen Reiz, dass nicht selten bekannte Sportler zum Einkaufen kamen, Handballer und Fußballer, die bei Valur oder einem anderen Verein spielten oder in der jeweiligen Nationalmannschaft.

Als ich siebzehn war, besorgte mir meine Mutter einen Ferienjob in der Firma, in der sie damals arbeitete. Die Firma importierte deutsche Produkte nach Island und exportierte isländische nach Deutschland. Ich hatte gerade meinen Führerschein gemacht und mich damit anscheinend für einen speziellen Arbeitsauftrag qualifiziert: Ich sollte losfahren und alle möglichen Geschäfte abklappern, die sich für deutsche Waren interessieren könnten. Ich kurvte wie ein Vertreter von Laden zu Laden und gab mein Bestes, um Badarmaturen, Batterien, Uhren, Süßigkeiten und was es sonst noch gab, an den Mann zu bringen. Weder hatte ich eine Ausbildung dafür noch wurde ich geschult, wie man so etwas am geschicktesten anstellt. Ich wurde einfach ins Wasser geworfen. Aus meiner Sicht die ehrlichste Methode und die effektivste. So konnte ich mich ausprobieren, Erfahrungen sammeln und gleichzeitig lernen, Verantwortung zu übernehmen und eine gewisse Selbstständigkeit zu entwickeln.

Ohne die Arbeit in den Ferien hätte ich mich vermutlich nicht für das Gymnasium mit dem Schwerpunkt Wirtschaft entschieden. Und es hätte unsere Firma *Sigur* wohl nie gegeben. Auch bei Lárus war durch die Sommereinsätze das Interesse am Geschäftsleben geweckt worden. Vor allem aber hätten wir ohne diese Vorgeschichte kaum unser nächstes Projekt in Angriff genommen, schon gar nicht mit der Selbstverständlichkeit, die wir an den Tag legten und die mir aus heutiger Sicht recht mutig erscheint. Wir hatten uns in den Kopf gesetzt, stolze Besitzer eines Cafés zu werden.

Zu der Zeit gab es in Reykjavík nicht viele davon. In den meisten verkehrten Künstler und ältere Leute. Es fehlte ein Treffpunkt für die Jüngeren und für Sportler, einer, wo wir und unsere Freunde selbst gern hingehen würden. Uns spukten viele Ideen durch den Kopf, wie unser Café einmal aussehen sollte. Wir erkundigten uns, was man brauchte, um ein Lokal zu eröffnen. Nicht mehr als eine Genehmigung vom Gewerbeamt, wie sich herausstellte. Was uns jetzt noch fehlte, war ein geeignetes Objekt.

Eines Tages kreuzten Lárus und ich wieder einmal durch die Stadt, um nach einem Ladenlokal Ausschau zu halten, das günstig lag, also möglichst zentral, frei war und auch sonst unseren Vorstellungen entsprach. Wir steuerten das Zentrum an, bis wir in der Nähe des Busbahnhofs Hlemmur auf die Laugavegur stießen, die jeder in Reykjavík kennt wie seine Westentasche. Dort fuhren wir weiter in westliche Richtung, in den Abschnitt, der an den Wochenenden zur Ausgehmeile wurde. Das ist heute noch so. Wir sahen uns jedes einzelne Schaufenster an, der eine die, die rechts von uns lagen, der andere die auf der linken Straßenseite. Als wir ungefähr auf der Höhe waren, wo sich Großvaters Buchladen befand, stoppten wir. Diese Ecke war uns natürlich besonders vertraut. Deswegen fiel uns sofort auf, dass etwas anders war als sonst: In der Fleischerei gegenüber brannte kein Licht, und auch die Auslagen fehlten. Obwohl es mitten am Tag war, hatte das Geschäft geschlossen. Wir kannten es gut, auch seinen Besitzer, er hieß Tómas. Als wir Großvater früher im Buchladen halfen, schickte er uns mittags oft hinüber, um etwas zu essen zu holen. Fleischbällchen, Fladenbrot mit Shrimpssalat oder Fisch mit Kartoffeln – es schmeckte alles gut. Wenngleich es ungewöhnlich war, dass eine Fleischerei warme Mahlzeiten verkaufte. Damit dürfte sie der erste Take-away in der Stadt gewesen sein, wahrscheinlich im ganzen Land.

Modernes Denken, das passte wunderbar, auch wir wollten mit unserem Café etwas Neues kreieren. Dazu die Lage, nicht bloß mitten im Zentrum, sondern genau an der Ecke, wo sich Laugavegur und Skólavörðustígur trafen, eine andere Einkaufsstraße, die einen Hügel hinaufführte, auf dessen Kuppe die Hallgrímskirkja thronte, die größte Kirche Islands und zugleich das Wahrzeichen der Stadt. Eine bessere Location hätten wir für unser Vorhaben nicht auftreiben können. Jetzt mussten wir nur noch herausfinden, was es mit der geschlossenen Fleischerei auf sich hatte, und vor allem, ob die Räumlichkeiten zu haben waren.

Und noch etwas mussten wir klären, das nicht ganz unwichtig war: die Finanzierung. Wie gesagt, ich ging noch zur Schule. Lárus hatte angefangen zu studieren. Nachdem er von seinem zweijährigen Gastspiel in Akureyri zurückgekehrt war, hatte er bei Valur als erster Torhüter die frühere Position unseres Vaters eingenommen. Dadurch verdiente er zwar ein bisschen etwas, aber das hätte vorn und hinten nicht gereicht. Vielleicht sollte ich an dieser Stelle erwähnen, dass wir unsere Eltern bisher mit keiner Silbe in unsere Pläne eingeweiht hatten. Die wollten wir ihnen erst offenbaren, wenn wir den Mietvertrag in der Tasche und damit Tatsachen geschaffen hatten.

Lárus und ich schütteln heute noch voller Unverständnis den Kopf darüber, wie die beiden reagierten. Wir hatten ausgerechnet, dass wir für die Renovierung und eine Erstausstattung an Möbeln etwa so viel brauchten, wie heute fünfundzwanzigtausend Euro sind. Das war für uns eine riesige Summe. Dabei waren wir schon davon ausgegangen, dass wir – um den finanziellen Einsatz so gering wie möglich zu halten – die meisten Arbeiten selbst übernehmen würden, unterstützt von unseren Freunden.

Und was taten unsere Eltern, als wir ihnen unser Geschäftsmodell präsentierten? Sie hörten sich alles aufmerksam an, stellten ein paar Fragen, vermutlich um zu testen, ob wir das Konzept wirklich gründlich durchdacht hatten. Und dann waren sie sofort bereit, mit uns zu einer Bank zu gehen, um für den Kredit zu bürgen, den wir aufnehmen wollten – was uns ganz schön verblüffte. Wir hatten darauf gehofft, aber nicht wirklich damit gerechnet. Sie ließen sich nicht einmal von den Worten des Bankers abschrecken, der sie eindringlich vor dem Risiko warnte. »Machen Sie das nicht! Sie stürzen sich ins Unglück! Das wird Ihre Familie zerstören!«, feuerte er ihnen in einem beschwörenden Ton entgegen, als wolle er sie vor dem direkten Weg in die Hölle bewahren. Die Ratschläge von einigen ihrer Freunde fielen ähnlich aus. Das wunderte unsere Eltern kein bisschen. Sie fanden die Idee mit dem Café ja selbst überaus wagemutig oder, wie Mutter letztens sagte: extrem. Mit dem großen Unterschied, dass sie uns vertrauten. Sie wussten, dass sie ihre Söhne nicht zu leichtfertigen Glücksrittern erzogen hatten.

Unser Vater kannte jemanden, der in einer anderen Bank arbeitete. Auch der belehrte uns über die Risiken, gab uns aber den Kredit, sodass wir loslegen konnten. Wir trommelten unsere Freunde zusammen, die vom Fußball, vom Handball und die aus der Schule. Auch unsere Eltern halfen mit. Vater als fleißiger Handwerker, während sich Mutter vor allem um die Finanzen kümmerte. Die Fleischerei hatte seit etwa 1910 existiert, also über achtzig Jahre. Entsprechend sah es drinnen aus. Wir mussten Wände aufreißen und wieder verputzen, Stromleitungen erneuern, Wasserrohre verlegen … Es gab gefühlt eine Million Handgriffe, die zu tun waren. Wir schufteten vier Monate, fast jeden Tag und oft bis spät in die Nacht.

Im Mai 1994 kam endlich der große Tag: Lárus und ich eröffneten unser Café. *KOFI TÓMASAR FRÆNDA* stand in großen Buchstaben über dem Eingang – Onkel Toms Hütte. Auf den Namen war Ingibjörg gekommen. Wir wollten irgendwie Vergangenheit und Gegenwart verbinden. Die Fleischerei hatte Tómas geheißen, so blieb ein Teil des alten Namens erhalten. Für uns war es das schönste Café der Stadt und das gemütlichste obendrein. Genau wie wir es uns erträumt hatten. Wir waren mächtig stolz.

Mit einem Schlag hatte ich – neben den üblichen Verpflichtungen – drei neue Jobs: Geschäftsführer, Kellner und Putzmann. In den besten Zeiten beschäftigten wir bis zu fünfzehn Mitarbeiter. Drei davon arbeiteten in Vollzeit. Wir öffneten morgens, boten Frühstück an, der nächste Schwung Gäste kam zum Mittagessen, und nachmittags war vor allem der Schokoladenkuchen mit Schlagsahne begehrt, den unsere Großmutter zu Hause backte. Alle aus der Familie halfen mit, sogar unser kleiner Bruder Bjarki. Anfangs war er noch zu jung und musste jedes Mal blitzschnell in der Küche verschwinden, sobald jemand von der Behörde auftauchte, der kontrollierte, ob wir uns an die Vorschriften hielten.

Das Geschäft lief gut. *KOFI TÓMASAR FRÆNDA* entwickelte sich schnell zu einem beliebten Treffpunkt –

Die beiden Geschäftsführer von KOFI TÓMASAR FRÆNDA,
Lárus (M.) und ich (r.), mit Gästen

heute würde man Hotspot sagen. Bekannte Sportler kamen vorbei, aber auch Schauspieler und Musiker ließen sich blicken. Und natürlich die Schönheiten der Stadt wie Linda Petursdottir, die einige Jahre zuvor in der Londoner Royal Albert Hall zur »Miss World« gekürt worden war und inzwischen eine eigene Beauty-Firma betrieb. Besonders an den Wochenenden rannten uns die Leute die Bude ein. Dann ging es oft bis drei Uhr morgens. Und wir brauchten einen Türsteher, der den Gästezustrom dirigierte, damit drinnen niemand erdrückt wurde.

Es dauerte nicht lange, dann konnten wir unseren Kredit zurückzahlen. Wir arbeiteten allerdings auch kaum weniger als während der stressigen Renovierungsphase. Einer von uns musste immer im Café sein. Lárus und ich teilten uns die Tage auf, aber ich war trotzdem beinahe jeden Abend da. Und wenn die letzten Gäste verschwunden waren, ging es für uns weiter, dann war putzen angesagt.

Manchmal machten wir selbst danach nicht Feierabend.

Das Café war gerade einen Monat geöffnet, als der 50. Jahrestag der Unabhängigkeit Islands begangen wurde, am 17. Juni, unserem Nationalfeiertag. Der ist jedes Jahr eine große Sache, und zu solch einem Jubiläum wurde noch mehr veranstaltet als üblich. Als wir das Café schlossen, war es früh am Morgen. Wir sagten uns: genau der richtige Zeitpunkt, um nach Þingvellir aufzubrechen. Þingvellir ist ein historischer Ort ungefähr vierzig Kilometer östlich von Reykjavík, für uns Isländer fast schon ein Heiligtum. Dort wurde vor Ewigkeiten das erste Parlament Europas gegründet, später das Christentum als Staatsreligion beschlossen und eben am 17. Juni 1944 die Republik Island ausgerufen. Es ist aber auch geologisch eine einzigartige Gegend, praktisch die Grenze zwischen Europa und Amerika. Umgeben von vier Vulkansystemen, treffen dort die beiden Kontinentalplatten aufeinander – oder vielmehr: Sie driften auseinander, jedes Jahr ein winziges Stück mehr, was immer wieder zu kleineren Erdbeben führt.

An der Stelle, wo einst die Volksversammlungen abgehalten und Gesetze beschlossen wurden, fand an dem Tag anlässlich des Jubiläums ein großes Festival statt. Tausende Menschen aus allen Ecken des Landes machten sich auf den Weg dorthin. Allerdings blieben viele, die nicht so früh dran waren wie wir, unterwegs im Stau hängen. Wir nutzten die Ruhe der Nacht, erreichten mit meinem alten Fiat Panda, den ich von Großvater geschenkt bekommen hatte, problemlos das Ziel, bauten unser kleines Zelt auf und versuchten noch eine Mütze Schlaf zu bekommen, bevor der Trubel losging. Und am Nachmittag zuckelten wir wieder zurück, um rechtzeitig zur nächsten Schicht im Café zu sein.

Ich merke gerade, dass ich die ganze Zeit von »wir« schreibe und noch gar nicht verraten habe, wer außer mir

*Þingvellir, die nationale Gedenkstätte
unweit von Reykjavík*

dabei war, nämlich Ingibjörg, die den ganzen Wahnsinn mitmachte und genauso viel Spaß daran hatte wie ich. Da sind wir uns sehr ähnlich: Ingibjörg mag es auch nicht, dass man die Dinge unnötig verkompliziert. Wenn wir uns etwas in den Kopf gesetzt haben, machen wir es einfach. Unsere Hochzeit ist ein gutes Beispiel dafür, aber die gehört ins nächste Kapitel. Erst einmal sollte ich erzählen, wie wir uns kennenlernten, das war auch eine recht unkomplizierte Geschichte.

Ingibjörg wurde im selben Jahr geboren wie ich, nur ein paar Monate nach mir. Von der ersten Klasse an gingen wir in die gleiche Schule. Ihre Familie lebte wie unsere in Laugadalur. Und nicht nur das: Das Haus, in dem sie wohnte, und das Haus, in dem ich wohnte, standen in derselben Straße, sogar auf derselben Seite, keine dreißig

Schritte voneinander entfernt, nur ein Grundstück lag dazwischen. Seit ich zurückdenken kann, gab es also dieses Mädchen in der Nachbarschaft. Dadurch dass wir den gleichen Schulweg hatten, sahen wir uns beinahe täglich. Auch in unserer Freizeit waren wir oft zusammen, nicht allein, aber mit derselben Schulclique. Wir verstanden uns gut, wir mochten uns, wir waren Freunde. Irgendwie war alles selbstverständlich. Wir dachten auch nicht groß darüber nach, was wir an dem anderen hatten – jedenfalls ich nicht, nicht zu dieser Zeit. Ingibjörg war da ein bisschen weiter, aber das verriet sie mir erst später.

Meine Mutter erzählt gern, wie sie uns einmal durchs Fenster beobachtete, als wir zusammen aus der Schule nach Hause kamen und vor unserem Haus noch ein Weilchen redeten. Da müssen wir in der neunten oder zehnten Klasse gewesen sein. Nachdem wir uns verabschiedet hatten und ich reinging, empfing sie mich – scheinbar beiläufig – mit den Worten: »Die Ingibjörg, das ist aber eine Liebe.« Wie ich meine Mutter kenne, wollte sie auf diese, wie sie glaubte, unauffällige Weise meine Gefühle ergründen. Also antwortete ich in meinem jugendlichen Überschwang: »Ja, sie ist wirklich lieb – und sie liebt mich auch, aber … sie muss noch warten.«

Nachdem wir beide die Grundschule hinter uns gebracht hatten, wählten wir unterschiedliche Gymnasien. Dadurch sahen wir uns nicht mehr so häufig. Kann sein, dass das den Ausschlag gab. Jedenfalls dauerte es nicht mehr lange, dann wurden wir ein Paar. Wobei es nicht den einen Moment gab, wo wir uns gegenseitig unserer Gefühle versicherten, wie man so schön sagt. Es ging eher Stück für Stück, ganz allmählich, irgendwie so, als hätte es immer nur diese eine Option gegeben. Auch für unsere Freunde und unsere Eltern schien das keine Überraschung zu sein. Wahrscheinlich haben wir auf die meisten, die uns zusammen erlebten, vorher schon so vertraut gewirkt wie ein Pärchen.

Damals gab es zwar noch keine Smartphones, aber Selfies haben wir auch schon hingekriegt

Etwa zu der Zeit, als das Café seine Blütezeit erlebte, bezogen wir unsere erste Wohnung. Genau genommen waren es nur zwei Zimmer im Haus von Ingibjörgs Eltern, die wir vorher renovierten und mit Parkettfußboden ausstatteten. Das Holz hatte ich mir wieder über Valur von einem Sponsor beschafft. Es war eine schöne Zeit, sie war aber auch verdammt anstrengend. Das Café allein wäre ein Fulltimejob gewesen, dabei war Handball nach wie vor meine größte Leidenschaft. Mittlerweile spielte ich nicht nur bei Valur, sondern auch in der Nationalmannschaft, unter anderem mit meinem Vereinskameraden Ólafur Stefánsson, wir gehörten zu den Jüngsten im Team. Überhaupt war es auch in sportlicher Hinsicht eine aufregende Phase. Die nächste Handball-Weltmeisterschaft stand bevor. Sie war für Mai 1995 angesetzt und sollte unsere erste Bewährungsprobe auf großer Bühne werden. Umso mehr, da sie bei uns in Island stattfinden würde, wir also Heimvorteil hätten.

Eines Tages tauchte im Café ein Deutscher auf, der sich neugierig umschaute. Ich schätzte ihn auf Anfang dreißig. Erst dachte ich, ein Tourist, aber dann erfuhr ich, dass der Mann in einer anderen Mission unterwegs war. Jemand hatte ihm erzählt, dass es bei Valur einen super Spielmacher gäbe, der für seine Position ungewöhnlich jung sei und sogar schon eine eigene Kneipe in der Innenstadt betreibe. Mit »Kneipe« war unser Café gemeint, mit dem jungen Spielmacher ich. Und auf meine Fährte gesetzt hatte ihn Viggó Sigurðsson, eine Institution im isländischen Handball. Viggó, der Jahrgang 1954 ist, hatte einst selbst Handball gespielt, unter anderem beim spanischen Top-Klub FC Barcelona und bei Bayer Leverkusen, als die Handballabteilung des Werksvereins noch in der Bundesliga mitmischte. Und Nationalspieler war er auch gewesen. Inzwischen trainierte er die Männermannschaft des UMF Stjarnan in Garðabær, einem südlich gelegenen Vorort von Reykjavík, gegen die wir mit Valur in der Meisterschaft antraten. Ich nehme an, dass er mich daher kannte. Als Trainer guckt man immer, welchen Spieler man gern in seiner Mannschaft hätte. Ólafur war Viggó übrigens genauso aufgefallen, auch von ihm hatte er dem Deutschen vorgeschwärmt. Um sich selbst ein Bild zu machen, kreuzte der bei unserem nächsten Heimspiel in der Halle auf. Seine Beobachtungen in diesem Spiel fasste er kürzlich einmal so zusammen: »Dagur und Ólafur spielten ihren Gegnern an dem Tag eine Wendeltreppe in den Kopf.«

Wie gesagt, das sind nicht meine Worte, aber für ihn sind sie typisch. Wolfgang Gütschow – das war der Deut-

Seit früher Jugend ein Team – und hier gut bewacht in Israel: mit Ólafur bei einer Handballreise Anfang der Neunzigerjahre

sche, der uns unter die Lupe nahm – sagt geradeheraus, was er denkt, bringt die Dinge auf den Punkt, und nebenbei garniert er sie gern mit einer hübschen Pointe, die sich einprägt. Ich schätze, das ist einer der Gründe, warum wir uns seit seinem ersten Besuch in Island und unserer ersten Begegnung nie wieder aus den Augen verloren. Und das, obwohl seither über zwanzig Jahre vergangen sind und wir beide uns in dieser Zeit ziemlich viel in der Weltgeschichte herumgetrieben haben, unabhängig voneinander.

Wolfgang und ich haben nie einen Vertrag geschlossen, aber für mich ist es wie ein Gesetz, dass er mein Berater ist. Obwohl unsere erste Begegnung etwas unterkühlt ausfiel – aus seiner Sicht. Ich fand es völlig normal, dass ich nicht gleich loslegte wie ein Dampfplauderer, der ich auch gar nicht bin. Lieber konzentriere ich mich auf das Wesentliche. Und in dem Moment fand ich eben, dass es nicht viel zu sagen gab. Mich würde nicht wundern, wenn er mich für arrogant gehalten hätte, das passiert mir manchmal bei Fremden. Wir stellten dann aber schnell fest, dass wir gar nicht so unterschiedlich ticken und gut miteinander arbeiten können.

Wolfgang ist ein Phänomen, ein Selfmademan, wie man ihn besser nicht erfinden könnte. Abitur – na klar!, Studium – warum?, ungefähr das muss er sich als junger Kerl gefragt haben, bevor er entschied, nicht erst einen Umweg über eine Universität oder irgendeine Berufsausbildung einzulegen, sondern gleich mit dem Geldverdienen anzufangen. Er arbeitete als Journalist und betrieb eine Werbeagentur, bevor er ins Sportmanagement einstieg. Alles, was er dafür brauchte, brachte er sich autodidaktisch bei, sogar das kaufmännische und juristische Rüstzeug, auf das man als Geschäftsmann schwer verzichten kann. Und dazu noch fünf Sprachen. Wie es ihn zum Handball verschlug, kann ich nicht sagen. Ich weiß nur, dass er in den Neunzigerjahren, als wir uns kennenlernten, Vizepräsident des Russischen Handballverbands war und die Nationalmannschaft managte, die zu seiner Zeit zweimal Weltmeister wurde und jeweils einmal Olympiasieger und Europameister.

Eine andere Passion von ihm ist das Reisen. Er ist ein Wanderer zwischen den Welten. Man könnte auch sagen: zwischen den Extremen. Ingibjörg und ich sind selbst recht reisefreudig, aber das ist nichts im Vergleich zu ihm. Wolfgang war auf allen Kontinenten und hat rund einhundert Länder bereist. Wenn er mal nicht unterwegs ist, wohnt er abwechselnd völlig abgeschieden in der Nähe eines Dorfs in Ostfriesland oder im subtropischen Norden Neuseelands, auch dort pulsiert das Leben nicht gerade.

Für Island scheint er eine besondere Liebe entwickelt zu haben, seit er das erste Mal dort war und wir uns be-

gegneten. Er sagt, er mag die Menschen, ihre unkomplizierte und ehrliche Art und ihren Mut, nein zu sagen.
Diese Fähigkeit würden die wenigsten besitzen. Man
spürt seine Sympathie sofort, wenn man mit ihm in Reykjavík unterwegs ist. Dann kann es schon mal ein langer
Abend werden, der sich bis zum Morgengrauen hinzieht.
Ich war nicht dabei, aber er erzählte mir einmal, wie er
sich nach einer recht ausschweifenden Party inmitten von
Einheimischen am nächsten Morgen auf einer Bank in der
Fußgängerzone wiederfand und etwas unsanft vom kalten Wasser einer Kehrmaschine geweckt wurde.

*Weithin sichtbar: der Snæfellsjökull – anscheinend nicht nur
für viele Isländer ein mystischer Berg*

Wenn Wolfgang es irgendwie einrichten kann, reist er jedes Jahr im Juni nach Island, um den Nationalfeiertag
mitzuerleben und die Sommersonnenwende. Die Nacht
vom 20. zum 21. Juni verbringt er dann am Fuße des Vul-
kangletscherbergs Snæfellsjökull, den Jules Verne in seinem Roman *Reise zum Mittelpunkt der Erde* als Einstieg
in die Unterwelt verewigt hat. Für viele Isländer – und

anscheinend auch für Wolfgang – ist es ein mystischer Berg. Es heißt, er verfüge über spezielle Kraftfelder, deren Energie in der Mittsommernacht besonders intensiv wahrzunehmen sei. Wolfgang meint, er habe sonst nichts mit Esoterik am Hut, aber diese Energie würde auch er spüren. Nach alter Tradition spaziert er in der Nacht dort barfuß übers Moos und durch bunte Gräser, benetzt sich das Gesicht mit frischem Tau und sucht im Licht der Mitternachtssonne einen schönen Stein, den er als Glücksbringer mit auf seine Reisen nimmt.

Durch den Kontakt zu Wolfgang zeigte sich mir plötzlich eine völlig neue Perspektive auf. Bisher hatte ich kaum einen Gedanken daran verschwendet, Island zu verlassen, um anderswo als Profi mit Handball Geld zu verdienen, mehr als das minimale Zubrot, das wir bei Valur bekamen. Irgendwie hing ich an dem Verein. Ich war inzwischen Kapitän geworden, und in dem Jahr gewannen wir zum dritten Mal hintereinander die Meisterschaft. Doch dann, noch vor der Heim-Weltmeisterschaft, meldete sich der Präsident von Wacker Thun bei Wolfgang. Die Schweizer wollten mich für die nächste Saison verpflichten. Erst kam Wolfgang mit ihm nach Island, dann flog ich in die Schweiz, sprach mit dem Trainer, guckte mir die Stadt an und die Halle, in der ich spielen sollte. Sogar eine Wohnung konnte ich mir gleich aussuchen. Zum ersten Mal fühlte ich mich als Handballspieler richtig umworben.

Das Berner Oberland war zwar nicht der Olymp der Handballwelt, aber als erste Auslandsstation nicht der schlechteste Platz, um sich zu akklimatisieren und vor allem, um Deutsch zu lernen. Wenn man als Handballer groß auftrumpfen wollte, musste man nach Spanien gehen oder – noch besser – nach Deutschland, das hatte sich auch bis Island herumgesprochen. Allerdings waren die Möglichkeiten zu dieser Zeit äußerst beschränkt, da in der Bundesliga nur ein Ausländer pro Mannschaft spielen durfte. Noch gab es das sogenannte Bosman-Urteil des Europäischen Gerichtshofs nicht, durch das diese Beschränkung gekippt wurde, zumindest soweit es Spieler aus EU-Staaten betraf. Island gehört zwar nicht zur EU, galt aber – soweit ich weiß, durch die Zugehörigkeit zum Europäischen Wirtschaftsraum – als assoziiert. Aber auch das hing damals noch in der Schwebe. Umso verlockender schien es mir, den ersten Schritt zu wagen. Ich musste einfach als Spieler überzeugen, dann würde es schon weitergehen.

Nun kam die Weltmeisterschaft. Als Gastgeber waren wir in Gruppe A gelost worden und mussten in der Vorrunde gegen die Schweiz, Südkorea, Tunesien, Ungarn und die

Die Heim-Weltmeisterschaft 1995: das isländische Team bei einem Spiel in der Laugardalshöllin

USA antreten. Die Spiele fanden in Reykjavík und in Kópavogur, einem Vorort, statt. Die Halle, in der wir in Reykjavík spielten, die Laugardalshöllin, lag einen Steinwurf von zu Hause entfernt, ich hätte hinlaufen können. Es war die größte Veranstaltungsarena, die es in Island gab, zudem sportpolitisch ein geschichtsträchtiger Ort. In der Halle hatte 1972 die legendäre Schach-Weltmeisterschaft zwischen Bobby Fischer und Boris Spasski stattgefunden, die als »Match des Jahrhunderts« in die Geschichte einging. Mitten im Kalten Krieg standen sich zwei Vertreter der beiden Supermächte gegenüber. Was als Sportwettkampf gedacht war, wurde zum politischen High Noon aufgeblasen, sowohl von den Amerikanern als auch von den Sowjetkommunisten. Spasski sollte nicht nur seinem Konkurrenten, sondern der ganzen Welt die Überlegenheit der sowjetischen Schachschulen und somit der Sowjetgesellschaft dokumentieren. Fischer wiederum, ein Exzentriker vor dem Herrn, sah sich als Einzelkämpfer gegen die erdrückende sowjetische Übermacht. Was er vermutlich hauptsächlich auf sein Fachgebiet Schach bezog. Seit Ende des Zweiten Weltkriegs hatte es immer nur Weltmeister gegeben, die aus der Sowjetunion stammten. Die beiden duellierten sich von Mitte Juli bis Anfang September in einundzwanzig Partien, dann gab Spasski – knapp hinten liegend – auf. Den Schachtisch, die Uhr und die Figuren, die die beiden benutzten, kann man heute noch in Reykjavík besichtigen. Ich hatte mich in der Schulzeit selbst ein bisschen mit Schach beschäftigt und war dabei natürlich auch auf diese Geschichte gestoßen. Sie muss ein Riesenereignis gewesen sein, gerade wegen der politischen Brisanz, überall auf der Welt wurde darüber berichtet.

Unser Auftritt bei der WM dauerte nicht halb so lange wie das Schachduell der zwei Genies. Die ersten drei Partien gewannen wir, doch gegen Südkorea und die Schweiz ging uns die Puste aus. Dennoch genügte Platz drei in der Gruppe, um ins Achtelfinale einzuziehen. Hätten wir uns dort einen Gegner aussuchen können, wir hätten garantiert nicht Russland gewählt. Die Russen waren amtierender Weltmeister, also Titelverteidiger. Um es kurz zu machen: Wir hatten nicht die geringste Chance. Sie fertigten uns eiskalt ab, am Schluss stand es 12:25. In der ersten Halbzeit waren uns acht Tore gelungen, in der zweiten nur noch vier.

Einer von denen, die uns an dem Tag das Leben schwer machten, war Dmitri Filippow, ein Wirbelwind auf Linksaußen, der am Ende zweitbester Torschütze der Weltmeisterschaft wurde. Für Dmitri war es auch fast eine Heim-WM. Er spielte zu der Zeit bei UMF Stjarnan. Dort war Viggó Sigurðsson sein Trainer, und der wiederum war mit Dmitris Berater befreundet, dem Manager der russischen Nationalmannschaft: Wolfgang Gütschow. So schloss sich der Kreis. Die Handballwelt war damals schon ein recht überschaubarer Kosmos.

Trotz unserer krachenden Niederlage mussten wir am nächsten Tag wieder ran. Damals wurden noch die Plätze neun bis zwölf ausgespielt, was bei der nächsten Weltmeisterschaft abgeschafft wurde. Unser Gegner diesmal: Weißrussland. Wir hätten die Weißrussen schlagen müssen, zur Halbzeit stand es 15:15, doch irgendwie war bei uns der Wurm drin. Wir verloren 23:28 und landeten in der Gesamtwertung auf Platz vierzehn. Dabei hatten wir uns so viel vorgenommen. Eine Weltmeisterschaft zu Hause, vor heimischem Publikum, eine solche Chance bekommt man – falls überhaupt – höchstens einmal in seiner Karriere. Wahrscheinlich haben wir uns gerade deswegen selbst zu sehr unter Druck gesetzt. Manchmal ist es einfach so: Man kennt das Problem, weiß, was auf keinen Fall passieren darf, aber dann passiert genau das, und man ist aus irgendeinem Grund nicht in der Lage, das Schicksal umzubiegen.

Für mich kam das dicke Ende aber erst: Kurz nach der Weltmeisterschaft meldete sich der Präsident von Wacker Thun bei Wolfgang. Der Verein sagte meine Verpflichtung ab. Ich hatte bei der Weltmeisterschaft nicht viel gespielt, unsere Mannschaft war in der Endabrechnung sieben Plätze hinter dem Schweizer Nationalteam gelandet und hatte auch im direkten Vergleich eine Niederlage einstecken müssen. Unter solchen Vorzeichen konnte man schon mal zu der Erkenntnis gelangen, dass der ursprüngliche Plan ein Missverständnis gewesen war. Wie auch immer: Auf diese Weise blieb ich Valur erhalten – und unserem Café. Oder anders gesagt: Es stand alles wieder auf Anfang.

III
Eine spontane Entscheidung

Der Bruder des Präsidenten – Fachwerkhäuser in
Wuppertal – Ólafur und das Hochstapler-Syndrom –
Viggós Ansprüche – »Wir sind Sieger!« – Sunna,
die Sonne – Sensation in Kumamoto

Der Gedanke, eines Tages ins Ausland zu gehen, war damit allerdings nicht vom Tisch. Ich beschäftigte mich nicht ständig damit, aber irgendwie hatte sich die Vorstellung in meinem Kopf festgesetzt. Sosehr ich mich mit Valur verbunden fühlte und natürlich mit Island, meiner Heimat, durch die Geschichte mit Thun hatte ich Blut geleckt. Im ersten Versuch hatte es nicht geklappt, aber es schien möglich.

Wenn ich mit der Nationalmannschaft unterwegs war, sprach ich manchmal mit Patrekur Jóhannesson darüber. Er hatte auch schon seine Fühler ausgestreckt. Sein Traum war ein Verein in Deutschland. Damit waren wir schon zwei. Patrekur und ich kennen uns seit der frühen Jugend, nicht von Valur, er spielte damals bei Stjarnan. Wir sind oft mit unseren Mannschaften gegeneinander angetreten. Das waren immer heiße Gefechte, bis zur letzten Sekunde, wir schenkten uns nichts. Später sind wir ungefähr zur gleichen Zeit in die Nachwuchsnationalmannschaft gekommen und dann gemeinsam ins Männerteam aufgerückt. Sozusagen Seite an Seite, er spielte Rückraum links, ich in der Mitte. Zusammen mit Ólafur, der die rechte Seite neben mir besetzte, bildeten wir das Rückgrat der Mannschaft.

Bei den Reisen mit dem Nationalteam teilten Patrekur und ich uns immer das Zimmer. Wer das entschieden hatte, weiß ich nicht mehr, aber wir kamen gut miteinander klar. Außer dass ich zusehen musste, dass ich möglichst vor ihm einschlief, er schnarchte nämlich. Und hin und wieder musste ich ihn in Sachen Ordnung ein bisschen erziehen. Einmal, ich glaube, es war bei der Weltmeisterschaft 1997 in Kumamoto, übertrieb er es ein wenig. Ich wollte an der Rezeption schon nach einer Atemschutzmaske fragen. Man konnte das Bad kaum noch betreten. Er hatte seine verschwitzten Klamotten einfach in die Wanne geworfen und sie dort tagelang liegen lassen – als wollte er eine neue Spezies Lebewesen züchten. Oder als hätte er darauf gewartet, dass jemand kam und sie wusch. Heute lachen wir darüber.

Die zwei sehen ein bisschen aus wie Simon & Garfunkel,
sind aber Patrekur (r.) und ich

Dafür konnte man mit ihm gute Gespräche führen. Und genauso gut konnte man einfach nur dasitzen, seinen Gedanken nachhängen und schweigen, ohne dass man sich unwohl fühlte. Das klappt nicht mit jedem.

Patrekur spielte inzwischen – Mitte der Neunzigerjahre – bei KA Akureyri, wo Lárus zwei Sommer bei den Fußballern als Torhüter ausgeholfen hatte. Akureyri war unser ärgster Konkurrent. Die Spiele gingen immer denkbar knapp aus, meistens gewannen wir. Patrekurs Mannschaft wurde von Alfreð Gíslason trainiert, der auch selbst noch spielte, also Spielertrainer war. Über Alfreð muss man nicht viel sagen, er ist in Deutschland und in der Handballwelt überall bekannt, und seine Erfolge sprechen für sich. Seit er Trainer ist, hat er in Deutschland drei der besten Handballvereine trainiert, ist zig Mal Meister geworden, hat mehrfach den DHB-Pokal gewonnen, die Champions League und viele Trophäen mehr. Allein mit dem THW Kiel hat er so ziemlich alles abgeräumt, was es abzuräumen gibt. Jedenfalls hatte er aus seiner Zeit als Spieler bei TuSEM Essen noch gute Kontakte zu dem Verein, und so kam es, dass Patrekur im Sommer 1996 Akureyri verließ und nach Essen ging.

Was für ein Zufall: Während ich das schreibe, erfahre ich gerade, dass Patrekurs Bruder Guðni Thorlacius Jóhannesson, den ich durch ihn gut kenne, die Präsidentschaftswahl in Island gewonnen hat. In ein paar Wochen wird er das Amt antreten. Ich kann nur sagen: eine sehr kluge Entscheidung. Guðni, der früher auch mal Handball spielte, aber nur kurz, ist ein grundehrlicher, bodenständiger Mensch, ein Vermittler, der an sachlichen Lösungen interessiert ist, und keiner, der Konflikte aufbaut. Er wird unserem Land guttun. Zum Beispiel hat er angeregt, die Verfassung zu modifizieren, damit die Bevölkerung in Zukunft bei umstrittenen Fragen von nationaler

Bedeutung per Referendum mitentscheiden kann. Guðni ist Historiker. Außer in Island hat er an verschiedenen Universitäten in England und Deutschland studiert. In der Zeit, von der ich gerade berichte, beschäftigte er sich neben seinem Beruf damit, einige Bücher von Stephen King ins Isländische zu übersetzen.

Drei »Teamchefs«: mit Patrekur (r.) und seinem Bruder Guðni, seit 2016 Präsident der Republik Island

Aber das nur nebenbei. Ich war bei Patrekurs Wechsel in die Bundesliga.

Patrekur war praktisch der unmittelbare, greifbare Beweis dafür, dass es kein Hirngespinst war, was wir Jungs uns in den Kopf gesetzt hatten.

In der Zwischenzeit hatte der Europäische Gerichtshof das Bosman-Urteil gefällt, wonach EU-Spieler nicht mehr als Ausländer galten. Jean-Marc Bosman war zwar Fußballer, aber die Regelung schloss auch alle anderen Sportarten ein. Allerdings konnte niemand sagen, ob das Urteil auf isländische Sportler angewendet werden durfte. Wolfgang, der sich im Hintergrund fleißig umhörte, ob es einen Verein gab, der für mich infrage käme, wusste das auch nicht. Da er aber generell ein Mensch ist, der Probleme nicht einfach als gegeben hinnimmt, sondern lösungsorientiert vorgeht, war er zuversichtlich, dass Isländer unter die EU-Freizügigkeitsregelung fallen würden.

Und er hatte einen ziemlich verrückten Plan, aber das war genauso typisch für ihn. In Wuppertal gab es zu der Zeit zwei Handballvereine, die beide in der 2. Bundesliga spielten, aber gern mehr erreicht hätten. Um sich stärker aufstellen und vor allem die oberste Spielklasse anpeilen zu können, gründeten die beiden Klubs eine Spielgemeinschaft. Wolfgang kannte einen der Manager, ein Unternehmer, der gleichzeitig als Mäzen einen Batzen Geld in den Verein steckte. Die beiden überlegten, wie man den Aufstieg in die Bundesliga bewerkstelligen könnte, nicht in ferner Zukunft, sondern so schnell wie möglich. Wolfgang brütete eine Idee aus und bekam kurze Zeit später den Auftrag, sie umzusetzen.

Ich erfuhr von alldem im Hótel Borg. Dort steigt Wolfgang immer ab, wenn er nach Reykjavík kommt. Sein Plan war, die Wuppertaler auf einen Schlag mit drei Spielern zu verstärken und dazu gleich noch einen neuen Trainer zu verpflichten. Einer der Spieler sollte ich sein, ich brauchte nur noch ja zu sagen. Die anderen zwei, die er auserkoren hatte, waren Ólafur Stefánsson und Dmitri Filippow. Auch sie wollten bei dem Abenteuer dabei sein. Man ahnt wahrscheinlich, wen Wolfgang für den Trainerposten im Auge hatte – seinen Freund Viggó Sigurðsson. Ihn hatte er als Erstes gefragt, schließlich sollte er der Baumeister des Aufstiegs werden.

Was Wolfgang mir erst später anvertraute: Für seine Dienste hatte er mit dem Wuppertaler Manager ein erfolgsabhängiges Honorar ausgemacht. Sollte uns der Aufstieg auf Anhieb gelingen, würde er das Doppelte bekommen. Falls nicht, wäre er leer ausgegangen. Er schien sich seiner Sache ziemlich sicher gewesen zu sein.

Aber erst einmal musste er noch einen schweren Brocken aus dem Weg räumen. Valur wollte Ólafur und mich nicht ziehen lassen, ohne eine stattliche Ablösesumme zu kassieren. Konnte man verstehen, Sport ist nun mal auch ein Geschäft. Der Wuppertaler Manager allerdings berief sich auf das Bosman-Urteil und wollte nicht zahlen. Ich erwähnte es: Juristisch war unklar, ob Bosman auch für Isländer galt. Um ein Haar wäre der Deal gescheitert. Erst als Wolfgang die European Handball Federation bat, die geforderte Summe dort hinterlegen zu dürfen, bis eine verbindliche Entscheidung getroffen sein würde, gab es von allen Seiten grünes Licht.

Jetzt konnte es losgehen, nur eines war schade: Wir mussten das Café verkaufen. Ich konnte es unmöglich managen, während ich in Deutschland saß. Und Lárus, den es durch sein Studium in Richtung Finanzwesen trieb, wollte es nicht allein weiterführen. Er stieg bald in eine Investmentfirma ein und zog später für zwölf Jahre nach Luxemburg, wo er bei einer Bank arbeitete. Wir brauchten allerdings nicht lange nach einem Käufer für unser Café zu suchen. Es hatte sich herumgesprochen, wie gut es lief. Wer heute nach Reykjavík kommt, kann es sich noch immer ansehen. Unsere Nachfolger gaben ihm einen anderen Namen. Es ist auch nicht mehr so gemütlich wie früher. Aber wenn man dicht vor dem Haus steht und die Fensterscheiben genau betrachtet, kann man sie noch lesen, die kleine Aufschrift: *KOFI TÓMASAR FRÆNDA*.

Wir reisten zu viert ins Ungewisse: Ólafur, seine Freundin, Ingibjörg und ich. Wir hatten vorher auf einer Landkarte geguckt, wo Wuppertal liegt, viel mehr wussten wir nicht. Niemand von uns sprach Deutsch. Der Verein hatte

Lustiges Weihnachtsmützen-Trio in Wuppertal:
mit Ólafur (r.) und unserem Trainer Viggó

uns Wohnungen besorgt, im Stadtteil Cronenberg, Kuchhauser Straße, sie lagen im gleichen Haus. Rundherum gab es viel Wald, also für jemanden, der aus Island kam. Und im Ortskern standen seltsame, windschiefe Häuser, mit Holzbalken in den Wänden, gerade und schräg und über Kreuz. Wir brauchten ein bisschen, bis wir das Wort aussprechen konnten: Fach-werk-häuser. Laut Vertrag sollten Ólafur und ich jeweils ein Auto bekommen, allein schon, um zum Training und zu den Spielen fahren zu können. Die Halle lag über zehn Kilometer entfernt. Da die Autos noch nicht angeliefert worden waren, stellte uns der Verein so lange einen kleinen Transporter zur Verfügung. Der war für den Anfang sogar viel praktischer. Wir waren nur mit ein paar Koffern gekommen, hatten keine Möbel und nichts. In der ersten Woche fuhren wir von einem Geschäft zum nächsten, um uns das Nötigste an Wohnungsausstattung zu besorgen. Und da

Einkaufen für Isländer eine der schönsten Beschäftigungen ist, nannten wir den Transporter »Festwagen« – all die Tage, ein einziges Fest.

Für Ingibjörg und mich war es die erste richtige gemeinsame Wohnung, ich meine ohne Familienanschluss. Auf einmal waren wir für alles allein verantwortlich und lebten wie ein Ehepaar. Am Anfang fühlten wir uns ein bisschen verloren, die Familien weit weg, man verstand kaum jemanden, trotzdem zweifelten wir keine Sekunde, den richtigen Schritt getan zu haben. Ingibjörg lernte fleißig Deutsch. Als Lehrerin war Lernen ihr Spezialgebiet. Ich büffelte auch, soweit es meine Zeit erlaubte. Der Verein hielt mich ordentlich auf Trab. In der Vorbereitung auf die Saison ließ uns Viggó dreimal am Tag zum Training anrücken.

Überhaupt war es eine gewaltige Umstellung. Viggó war ein völlig anderer Typ als die Trainer, die wir bei Valur erlebt hatten. Dort hatte man uns relativ frei spielen lassen, ohne große Konzepte, mehr auf Einzelfähigkeiten ausgerichtet. Viggó dagegen legte viel Wert auf Taktik und wollte, dass wir auf dem Spielfeld systematisch vorgingen. Als er selbst Spieler war, wurde er eine Zeitlang von einem Polen trainiert. Dessen Handschrift war die osteuropäische Handballschule, vor allem die russische. Viggó meint, von ihm hätte er sich einiges abgeguckt. Und von den Russen selbst auch. Deren Spezialität war Taktik, schnelle Mitte, Bodenpass in den Rücken der Abwehr zum Außenspieler und solche Sachen. Viggó hatte vor der Weltmeisterschaft in Island bei der russischen Nationalmannschaft hospitiert und sich ansehen können, wie sie trainierten.

So läuft das eigentlich immer. Man kann als Trainer das Spiel nicht neu erfinden. Man greift in die persönliche Erfahrungskiste und sucht sich die Dinge heraus, die zur eigenen Philosophie passen und zu den Gegebenheiten der Mannschaft. Im besten Fall entsteht daraus dann etwas Neues.

Für Viggó, der mit Frau und vier Kindern nach Wuppertal zog, war es als Trainer auch die erste Auslandsstation. Mit dem Unterschied, dass er durch seine Zeit als Spieler in Leverkusen gut Deutsch sprach und sich mit Behördengängen und den Gepflogenheiten des Landes auskannte. Er und seine Frau halfen uns bei vielem, bis wir selbst einigermaßen den Durchblick hatten.

Umgekehrt konnte er von Ólafur und mir im Training fordern, was er wollte. Wir waren motiviert bis in die Haarspitzen, gaben immer einhundertzehn Prozent, wenn das reichte. Ich weiß noch: Zwölf mal vierhundert Meter, jeweils nur eine kurze Pause dazwischen. Ich war so ehrgeizig, dass ich auf jedem Abschnitt unter sechzig Sekunden blieb. Bei Valur hatte ich manchmal gefunden, dass wir zu viel trainierten, was die Zeit anging. Meiner Meinung nach wäre es besser gewesen, intensiv auf hohem Niveau zu trainieren, als es stundenlang dahinplätschern zu lassen. Unter Viggó trainierten wir intensiv und lange beziehungsweise häufig. Die Vorbereitungsphase war hart, aber nicht im Traum hätten wir daran gedacht, uns auch nur einmal zu beklagen. Wir waren in Deutschland. Wir wollten in die Bundesliga aufsteigen, die den Ruf hatte – und hat –, die stärkste Liga der Welt zu sein. Und er war unser Anführer, der uns dorthin bringen sollte.

Unabhängig davon wäre er gar nicht der Typ gewesen, mit dem man hätte diskutieren können. Disziplin und Hingabe wurden bei ihm nicht bloß großgeschrieben, beides setzte er als Grundbedingung voraus. Er gab die Marschroute vor, er entschied, wer spielte und wie gespielt wurde. Wenn ihm etwas nicht gefiel, äußerte er das sofort, gut hörbar und in einer Art, die man nicht missverstehen konnte. Diese Geradlinigkeit hatte den Vorteil, dass man stets wusste, woran man bei ihm war. Viggó war für uns Spieler kein Kumpel. Das lag auch nicht in seiner Absicht. Von der Trainerlegende Alex Ferguson, der fast siebenundzwanzig Jahre bei Manchester United Teamchef war, habe ich kürzlich einen einfachen, aber schlauen Satz dazu gelesen, den ich nur unterschreiben kann: »Als Anführer kann man nicht gleichzeitig einer vom Fußvolk sein.«

Keine Ahnung, ob ich das damals schon so gesehen habe. Auf jeden Fall konnte ich mit Viggós Art gut umgehen. Er war auch einer dieser Siegertypen, die Niederlagen hinnehmen, aber nicht akzeptieren konnten – das verband uns automatisch. Vermutlich aus diesem Grund konnte er es auch nicht ausstehen, wenn sich jemand in Angelegenheiten einmischte, die zu entscheiden seiner Meinung nach allein ihm zustand. Zum Beispiel die Verpflichtung von neuen Spielern. Er war der Baumeister, ihn würden sie am Erfolg messen, also wollte er sich die Ziegel auch selbst aussuchen, mit denen er die Siegeshalle errichtete.

Ólafur, der früher einige Kurse in Philosophie belegte und sich gern mit den Hintergründen des menschlichen Seins und dem Sinn des Lebens überhaupt beschäftigt, analysierte viele Jahre später seine Zeit als Handballer im Ausland. Dabei kam er zu der Erkenntnis, dass ihn das Impostor-Syndrom getrieben habe, auch schon in Wuppertal. Ich musste erst einmal nachschauen, was er damit meinte: Das Impostor-Syndrom wird auch Hochstapler-Syndrom genannt. Ich bin kein Psychologe, aber vereinfacht ausgedrückt geht es darum, dass man sich trotz seiner unbestreitbaren Fähigkeiten und Leistungen für jemanden hält, der seinen Erfolg erschlichen und damit nicht verdient hat. Es gibt Studien, wonach sich zwei von fünf erfolgreichen Menschen selbst als Hochstapler ein-schätzen. Ólafur meint, er sei glücklich gewesen, in Deutschland und später in Spanien spielen zu können, habe aber immer das Gefühl gehabt, nicht gut genug zu sein, und sich deshalb umso mehr angestrengt, um seinen Platz zu rechtfertigen. Einerseits sei das eine enorme Triebfeder gewesen, andererseits ein ziemlich belastender Stressfaktor. Er wähnte sich stets im Minus, in der Pflicht, noch mehr leisten zu müssen.

Auch wenn ich dieses Syndrom für mich nicht in An-spruch nehme, beschreibt Ólafurs damalige Seelenlage gut, dass es für uns nur eine Richtung gab, nämlich die nach oben. Und dass wir uns keine Grenzen setzten. Wir sagten nicht: Wir wollen so gut Handball spielen wie der oder der. Unser Ziel war ein offenes, wir wollten noch besser und noch besser werden.

Die erste Saison in Wuppertal begann vielversprechend. Nachdem die beiden Vereine, für die wir jetzt als Spielge-meinschaft antraten, in der Saison zuvor auf dem achten beziehungsweise siebzehnten Platz gelandet waren – was für den schlechteren den Abstieg bedeutet hatte –, eta-blierten wir uns schnell im Spitzenbereich der Tabelle. Unsere Erfolge lösten in der Stadt eine regelrechte Hand-balleuphorie aus. Die Zeitungen berichteten ständig, die Zuschauerzahlen bei den Spielen schnellten in die Höhe, und wir als Mannschaft waren von einem Optimismus beseelt, der uns von einem Sieg zum nächsten trug. Es war, als sehnten alle nur das eine herbei: den Aufstieg.

Am vorletzten Spieltag dann das entscheidende Match: ein Heimspiel gegen den VfL Bad Schwartau, der in der Vorsaison aus der Bundesliga abgestiegen war und nichts sehnlicher wollte als den direkten Wiederaufstieg. Die Halle war ausverkauft. Wir führten inzwischen die Tabel-le an, hatten einen Verlustpunkt weniger auf dem Konto

Als »Wuppertaler« in einem Bundesliga-Spiel gegen
Magdeburg, links der französische Superstar Joël Abati

als die Bad Schwartauer, die uns auf Platz zwei bedrohlich dicht auf den Fersen waren. Aufsteigen konnte nur
eine Mannschaft. Das Spiel blieb offen bis zum Schluss.
Mal lagen wir mit einem Treffer vorn, mal die Gäste aus
der Marmeladenstadt, oft stand es unentschieden. So auch
in der letzten Minute. Aber wir hatten das Glück auf unserer Seite. Zumindest dachten wir das, als wir zirka dreißig Sekunden vor dem Abpfiff einen Siebenmeter zugesprochen bekamen. Dmitri, wie wir Wolfgangs Klient
und ein sicherer Schütze, schnappte sich den Ball und …
feuerte ihn gegen die Latte. Bad Schwartau kam noch einmal zum Zug, aber wir verteidigten das Unentschieden.

Damit war klar, dass wir das letzte Spiel gewinnen
mussten, um nicht auf einen Patzer unseres Verfolgers angewiesen zu sein. Und genau so kam es: Wir holten den
Titel, mit einem Punkt Vorsprung. In Wuppertal, vor dem
Rathaus, stieg ein großes Fest. Wir feierten mit, oben auf
dem Balkon. Auch Wolfgang war ganz aus dem Häus-

chen. Sein Plan war aufgegangen, er bekam das doppelte Honorar.

Nach der anstrengenden Saison hätten wir Urlaub gebrauchen können, doch für Ólafur und mich ging es direkt weiter zur Nationalmannschaft. Dort trafen wir Patrekur wieder, der uns einen Schritt voraus war und mit TuSEM Essen bereits eine Saison Bundesligaluft geschnuppert hatte. Keine drei Wochen später flogen wir drei mit den anderen zur Weltmeisterschaft nach Kumamoto. In Deutschland war von der WM in Japan so gut wie nichts zu hören, denn die Deutschen hatten sich nicht qualifiziert. In den isländischen Medien hingegen sorgten wir bald für Schlagzeilen. Wir starteten wieder in Gruppe A. Þorbjörn Jensson, nach wie vor unser Trainer, bereitete uns gewissenhaft auf jeden Gegner vor. Seine wichtigste Botschaft war immer dieselbe: Egal, wer uns gegenübersteht – wir sind Sieger!

Einmal, nicht bei der Weltmeisterschaft, spielten wir gegen Russland. Gegen die taten wir uns immer schwer und verloren meist. Wenn einem nicht gelingt, so etwas abzuschütteln, wirkt es wie ein schlechtes Karma und blockiert einen selbst dann, wenn man die bessere Mannschaft wäre. Vor dem Spiel verzichtete Þorbjörn auf die Videovorführung, mit der er uns sonst immer die Stärken und Schwächen des Kontrahenten aufzeigte. Stattdessen trommelte er uns zusammen, blickte jedem einmal in die Augen und fragte in die Runde: »Wer von euch glaubt, dass wir verlieren?« Als sich niemand rührte, sagte er zufrieden: »Gut so, derjenige hätte heute nicht gespielt.«

Diese Wir-gegen-den-Rest-der-Welt-Mentalität hatte er uns schon als Trainer bei Valur eingebläut. Ich glaube daran. Allein damit wird man kein Spiel gewinnen, aber die Einstellung kann das Zünglein an der Waage sein.

Eine ähnliche Situation erlebte ich mit ihm, als er das erste Jahr mein Trainer war. Wir waren in Schweden und hatten einen starken Gegner vor der Brust, irgendeine Vereinsmannschaft. Bevor das Spiel losging, tauchte einer vom Valur-Vorstand auf und tönte, wir würden sowieso verlieren. Man konnte zusehen, wie in Þorbjörn die Wut aufstieg. Dieser Spruch passte ihm gar nicht. Als der Miesepeter vom Vorstand verschwunden war, erklärte er uns, dass Handballfelder überall auf der Welt gleich groß seien und die Tore auch. Und dass es gleichgültig sei, wo wir spielten und gegen wen. Am Ende sagte er: »Es ist unsere Entscheidung: Wenn wir gewinnen wollen, gewinnen wir!« Das Spiel gegen Russland haben wir übrigens mit zwei Toren gewonnen, das in Schweden sogar mit vier, wenn ich mich recht erinnere.

Bei der Weltmeisterschaft in Kumamoto starteten wir mit einem Sieg gegen Japan. Im zweiten Spiel, gegen Algerien, verschenkten wir eine knappe Halbzeitführung, retteten aber ein Unentschieden. Danach folgten drei Siege, gegen Jugoslawien, Litauen, Saudi-Arabien, sodass wir als Tabellenerster ins Achtelfinale einzogen. Dort schalteten wir Norwegen aus, scheiterten jedoch in der nächsten Runde mit einem Tor an Ungarn. Das war verdammt ärgerlich, aber immerhin blieb die Chance, um Platz fünf zu kämpfen. Das wäre das beste Ergebnis, das Island jemals bei einer Weltmeisterschaft erreichte.

Also machten wir uns daran, uns einen Platz in den Geschichtsbüchern zu sichern. Erst bezwangen wir Spanien, das bei den Olympischen Spielen im Jahr davor Bronze gewonnen und mit Talant Dujshebaev den aktuellen Welthandballer in seinen Reihen hatte – sogar überraschend klar mit neun Toren. Jetzt fehlte noch genau ein Sieg, gegen Ägypten, auch den ließen wir uns nicht nehmen. In Deutschland klingt das vielleicht komisch. Hier

Freude in der Kabine: mit dem isländischen Nationalteam
bei der Weltmeisterschaft 1997 in Kumamoto

hat man oft das Gefühl, dass einzig Medaillen und davon eigentlich nur die goldenen zählen. Wir Isländer sind zwar ehrgeizig, aber bescheiden. Für uns war das ein großer Moment. Wir hatten von neun Spielen sieben gewonnen, genauso viele wie Schweden und Frankreich, bei denen das für Silber und Bronze reichte. Beide hatten mit zwei Niederlagen sogar eine mehr als wir einstecken müssen. Das änderte nichts an unserer Platzierung, verdeutlichte aber, dass wir mit der Weltspitze mithalten konnten. Und das wiederum war sensationell.

Noch bevor das Jahr zu Ende ging, erlebte ich die nächste Sensation. Wie in Kumamoto war ich nicht unmaßgeblich daran beteiligt. Unsere Mannschaft in Wuppertal hatte sich für die neue Aufgabe noch einmal verstärkt und neben zwei Norwegern Geir Sveinsson, einen meiner früheren Helden bei Valur, als Kreisläufer engagiert. Auch für ihn war es die erste Spielzeit in der Bundesliga.

Wir starteten ambitioniert. Gleich in der Auftaktpartie,

einem Heimspiel gegen Eisenach, gewannen wir mit 36:23 und stellten damit einen Rekord auf, der bis zum Ende der Saison Bestand haben sollte. Keiner anderen Mannschaft gelang ein höherer Sieg. Überhaupt waren wir in der heimischen Halle eine Macht, so ziemlich jeder Gegner biss sich an uns die Zähne aus. Lediglich zweimal verloren wir. Auswärts allerdings mühten wir uns vergebens. Einige Male wurde es immerhin knapp, in Magdeburg, in Essen gegen Patrekurs Mannschaft oder auch bei der SG Flensburg-Handewitt. Irgendwann sagte Viggó, als wäre er ein Prophet gewesen: »Jungs, wir stehen kurz davor!«

Erinnerung an unsere Zeit bei Valur: Meisterschaftsjubel mit Geir Sveinsson (r.), dem Pokal und vielen Fans

Es war der zehnte Spieltag, am 22. November 1997, ein Samstag. Wir waren am Vortag mit dem Bus nach Kiel gefahren, zum Spitzenreiter. Für die, die sich im Handball nicht auskennen: Der THW Kiel ist ungefähr das, was Bayern München im Fußball darstellt – eine Übermacht.

Rekordmeister. Kein Team war besser besetzt, bei keinem Verein das Budget höher. Die Kieler verloren generell äußerst selten, zu Hause in der Ostseehalle kam das so gut wie nie vor. Seit ungefähr zwei Jahren hatte es keine Mannschaft gegeben, der das gelungen war.

Mit diesem Wissen betraten wir den berühmten Handball-Tempel, der wie üblich auch an diesem Tag ausverkauft war. In Wuppertal spielten wir höchstens vor dreitausend Zuschauern, hier erwarteten uns mehr als doppelt so viele. Diese Kulisse konnte einen beeindrucken. Doch als das Spiel pünktlich um 19.30 Uhr von den Schiedsrichter-Zwillingen Bernd und Rainer Methe angepfiffen wurde, blendeten wir all das aus. Die Kieler legten einen Auftakt hin, wie sie ihn gewohnt waren: Sie warfen das erste Tor und hatten sich nach zehn Minuten mit 7:3 einen ansehnlichen Puffer geschaffen. Für die Zuschauer muss es ausgesehen haben, als würde der Aufsteiger mit einer ordentlichen Packung aus der Halle gefegt.

Doch wir machten konzentriert weiter. Viggó hatte uns angewiesen, mit einer offensiven Deckung zu spielen, um die Angriffe der Kieler frühzeitig zu stören und ihnen den Rhythmus zu verderben. Wir spielten sogar sehr offensiv, indem wir gleich drei Spieler vorzogen. Waren wir am Ball, versuchten wir, Ruhe zu bewahren und unsere Angriffe so lange auszuspielen, bis sich eine gute Wurfposition bot. Das ist die große Kunst: Wenn man hinten liegt, selbst mit vier oder fünf Toren, nicht in blinden Aktionismus zu verfallen, sondern weiter ruhig und konzentriert seinen Stiefel durchzuziehen.

Hinten zeigte unsere offensive Deckung Wirkung, vorn gelang uns ein ums andere Tor. Bald waren wir bis auf 10:9 heran, und in der sechsundzwanzigsten Minute leuchteten auf der Anzeigetafel für beide Mannschaften das erste Mal die gleichen Zahlen: 13:13. Dann legte Kiel wieder vor, wir glichen umgehend aus. So lief es bis zur Halbzeit, fünf Tore in vier Minuten. Als wir in die Kabine gingen, lagen wir mit einem hinten. Der Rest ist schnell erzählt: Die zweite Hälfte begannen wir mit einem Doppelschlag, der uns mit einem Tor in Führung brachte. Noch vier Mal ließen wir einen Ausgleich zu, den letzten beim 21:21 in der dreiundvierzigsten Minute. Danach zogen wir davon, hatten mal drei, mal vier Tore Vorsprung, kurz vor Schluss sogar fünf. Die Kieler bäumten sich noch einmal auf. Doch mehr als eine Ergebniskosmetik gelang ihnen nicht.

Wir konnten es selbst kaum fassen, der Aufsteiger aus der Provinz hatte den Handballriesen zum Straucheln gebracht. Am Ende stand es 31:28 – für uns. Fünf Tore davon hatte ich beigesteuert, acht Ólafur, der fünf Siebenmeter verwandelte. Viggó, der Wortgewaltige, der mich mit Saisonbeginn zum Kapitän gemacht hatte, war für einen Moment sprachlos.

Solche Spiele sind Schlüsselerlebnisse für einen Sportler, die vergisst man nie. Sie sind der Beweis dafür, dass man etwas schaffen kann, was landläufig für unmöglich gehalten wird. Für einen Moment fühlt man sich, als hätte man die Welt aus den Angeln gehoben, weil man die ursprüngliche Ordnung der Dinge durcheinandergewirbelt hat. Dieses Gefühl prägt sich für immer ein. Es ist, als hätte man sich selbst eine Bibel geschrieben, die einem erklärt, dass die Welt doch ein bisschen anders funktioniert. Oder als wäre man einem Naturgesetz auf die Spur gekommen, ohne komplizierte Rechenformel, nur mit vier einfachen Worten: Du kannst alles schaffen!

Die Partie hatte allerdings ein unschönes Nachspiel. Ungefähr fünf Minuten vor dem Ende verletzte ich mir die rechte Hand, keine Fleischwunde, etwas Innerliches. Ich spürte den Schmerz, ließ mich auch sofort von unserem Doc behandeln, der das Handgelenk tapte. Ich war aber so voller Adrenalin, dass mir gar nicht in den Sinn kam, es könnte eine klügere Entscheidung sein, nicht mehr auf das Spielfeld zurückzugehen. Hinterher, im Krankenhaus, stellte sich heraus, dass ich mir das Kahnbein gebrochen hatte, was mich unfreiwillig in eine vorgezogene Weihnachtspause katapultierte. Glücklich war ich darüber weiß Gott nicht. Doch es wäre gelogen, würde ich behaupten, dass die Verletzung nicht auch etwas Gutes hatte. So ist das manchmal im Leben: Man überlegt und plant, findet eigentlich keine richtige Lösung, doch dann fügen sich die Dinge auf einmal von ganz allein.

Ingibjörg war schwanger, in wenigen Tagen sollte die Geburt sein. Hätte ich weiter Handball spielen können, wäre ich womöglich nicht rechtzeitig im Krankenhaus gewesen. So aber konnte ich bei der Geburt unseres ersten Kindes dabei sein, wie Ingibjörg und ich es uns gewünscht hatten. Es wurde eine Tochter, wir gaben ihr den Namen Sunna. Als ich sie kurz nach der Geburt in meinem linken Arm hielt – der rechte war eingegipst – und vermutlich anstrahlte wie ein Honigkuchenpferd, dachte ich: Der Name passt gut zu ihr. Sunna bedeutet: die Sonne.

Nach unserer ersten Bundesliga-Saison, die im darauffolgenden Frühjahr zu Ende ging, hatten wir allen Grund zum Feiern: Wuppertal stand auf Platz acht! Für einen Aufsteiger ein schöner Erfolg. Immerhin hatten wir namhafte Vereine wie TuSEM Essen und TV Großwallstadt hinter uns gelassen, sogar den VfL Gummersbach, der allerdings gerade durch eine Finanzkrise schlingerte.

In der Sommerpause reisten Ingibjörg und ich mit Sunna nach Island. Das ist für uns wie eine Tradition. Wir versuchen es jedes Jahr so einzurichten, dass wir im Sommer dort sind, wenigstens für zwei, drei Wochen. Sommerzeit ist Familienzeit – wie damals in der Kindheit, als ich mit Lárus und später auch mit Bjarki die Sommer in Mosfellsbær mit unseren Eltern und Großeltern verbrachte. Mit dem Unterschied, dass wir jetzt neben unseren Familien möglichst viele von unseren Freunden treffen wollten, da wir die meisten lange nicht gesehen hatten.

Vielleicht war es Zufall, aber es schien fast so, als sei in unserem Freundeskreis eine neue Mode ausgebrochen. Ständig flatterten uns Einladungen zu Hochzeiten ins Haus. Ingibjörg und ich hatten uns mit dem Thema Heiraten noch nicht beschäftigt. Kann sein, dass wir mal darüber gesprochen haben, aber konkrete Pläne hatten wir nicht geschmiedet. Spätestens seit Sunna auf der Welt war, waren wir eine richtige Familie, ob wir nun einen Trauschein besaßen oder nicht.

Das war unsere Einstellung, als wir während unseres Urlaubs bei der Hochzeit eines Freundes saßen, den ich vom Handball kannte. Die Feier war nicht gerade das, was man ein rauschendes Fest nennen würde. Alle hockten auf ihren Plätzen, als hätte sie jemand festgeklebt. Am Abend fuhr Ingibjörg nach Hause zu ihren Eltern, um Sunna zu stillen. Ich schätze, sie war etwa eine Stunde weg. Als sie zurückkam, guckte sie mich ungläubig an, als wollte sie fragen: Hat sich in der Zwischenzeit niemand von der Stelle gerührt? Die Szenerie muss auf sie gewirkt haben wie ein Gemälde, nichts bewegte sich. Oder anders gesagt: Die Party kam einfach nicht in Schwung.

Man könnte vermuten, dass es ein vertaner Abend für uns war, aber das träfe nicht die Wahrheit. Wer damit anfing, Ingibjörg oder ich, wissen wir beide nicht mehr. Das ist oft so bei uns. Einer sagt ein Wort, und der andere weiß auf der Stelle, worum es geht oder worüber man sprechen möchte – weil es beiden auf der Seele lag. Hätte es in dem Moment der eine nicht ausgesprochen, hätte es einen Wimpernschlag später der andere getan. An dem Abend, bei der Hochzeit, genügte vermutlich Ingibjörgs ratloser Blick, um ein Gespräch zu beginnen, das nicht ohne Folgen bleiben sollte.

In einem waren wir uns sofort einig: Falls wir einmal heirateten, sollte das Fest etwas anders werden als das, das wir gerade erlebten. Uns schwebte eine ungezwungene Party vor, lockere Atmosphäre, gute Musik zum Tanzen, ausreichend Getränke und viele Gäste, die daran den gleichen Spaß hätten wie wir. Wir sprachen ein Weilchen darüber, bis einem von uns die Frage herausrutschte: »Und wann wollen wir das machen?«

Ich gehe einfach mal davon aus, dass es Ingibjörg war, die diese Frage stellte. Demzufolge war ich es, der antwortete – nämlich: »Wann hätten wir denn Zeit?«

Einen Moment schwiegen wir. Jeder ging in Gedanken mögliche Termine durch. Andere hätten wahrscheinlich an einen günstigen Tag im Frühjahr oder im Sommer des darauffolgenden Jahres gedacht. So ein Fest muss lange im Voraus geplant werden, meinen die meisten. Wir fallen da etwas aus der Rolle. Ohne dass wir uns vorher darüber verständigt hätten, dachten wir beide nicht in irgendeine Zukunft, sondern an die, die mit dem Sonntag begann. Zum Verständnis: Es war Samstag, und ich meine den Sonntag, der diesem Samstag folgte.

Der Sonntag schied allerdings aus, da wir an dem Tag verabredet waren. Und vermutlich auch, weil selbst wir das etwas plötzlich gefunden hätten. Montag, Dienstag, Mittwoch und Donnerstag kamen aus irgendwelchen anderen Gründen, die ich nicht mehr zusammenkriege, ebenfalls nicht in Betracht. Ein Grund dürfte gewesen sein, dass es in Island ein ungeschriebenes Gesetz ist, am Wochenende zu heiraten.

Also sagte ich: »Was ist mit Freitag, haben wir da etwas vor?«

Freitag war zumindest nah am Wochenende. Der Samstag wäre nämlich nicht gegangen, weil wir da bereits zur nächsten Hochzeit eingeladen waren.

Ingibjörgs Antwort: »Warum nicht, Freitag ginge.«

Ich: »Gut, dann Freitag.«

Um kein Missverständnis aufkommen zu lassen: Es mag sein, dass wir uns auf der Hochzeitsfeier ein wenig langweilten, wir waren aber nicht betrunken. Ingibjörg schon gar nicht, sie stillte ja noch. Und es war auch weder von ihr noch von mir als Witz gedacht.

Das erste Telefonat, das ich am Montag nach dem Wochenende führte, besiegelte unseren – zugegeben etwas ausgefallenen – Plan. Ich rief Pfarrer Pálmi Matthíasson von der Bústaðakirkja an, den ich von der Nationalmannschaft als Betreuer kannte. Seine Gemeinde ist eine evangelisch-lutherische, wie fast alle in Island. Unser Verhältnis zum Glauben kann man als recht geschmeidig beschreiben. Die Sängerin Björk hat einmal sinngemäß geäußert: »Isländer glauben nicht an Kirchen, sondern an sich selbst.« Sie scheint ihre Landsleute gut zu kennen. Viele denken, anstatt in der Kirche zu sitzen, kann man spazieren gehen oder reden, das reinigt die Seele genauso. Da wir uns aber nicht reinigen wollten, sondern heiraten, fragte ich Pfarrer Pálmi, ob er Freitagabend zufällig Zeit für eine Eheschließung habe. Er hatte.

Das Nächste, worum wir uns kümmerten, waren die Gäste. Wir luden alle Freunde ein, die auf die Schnelle greifbar waren, meine Brüder natürlich und unsere Eltern. Ingibjörgs Geschwister wohnten in Miami und Oslo, beide konnten sich so kurzfristig nicht loseisen. Allerdings verschwiegen wir allen, was wir wirklich vorhatten. Von Hochzeit kein Wort. Stattdessen sollte es eine

Sommerparty zu unserem »fünfzigsten Geburtstag« sein. Ich hatte im April meinen fünfundzwanzigsten gehabt, Ingibjörgs fünfundzwanzigster stand im August bevor.

Unsere kleine Notlüge führte dazu, dass meine Mutter ernsthaft in Erwägung zog, die Party zu versäumen. Sie spielte ausgerechnet in der Woche ein Golfturnier. Mein Vater begleitete sie. Das Turnier endete zwar am Freitag, doch sie wollten erst am Samstag zurückkehren. Mutter meinte, selbst wenn sie schon am Freitag kämen, wäre sie sicher zu erschöpft, um am Abend noch das Tanzbein zu schwingen. Fast war ich so weit, sie in unser Geheimnis einzuweihen, aber das hätte sie wahrscheinlich erst recht in Panik versetzt. Also sagte ich nur: »Mama, es ist wichtig, du musst kommen!«

Zwei Menschen vertrauten wir uns freiwillig an, Pfarrer Pálmi nicht mitgerechnet. Der eine war Nonni, einer meiner engsten Freunde, von dem noch die Rede sein wird. Der andere Stefán, auch ein guter Kumpel. Nonni, der eigentlich Jón heißt, aber nur von Fremden so genannt wird, hatten wir die Rolle des Master of Ceremony zugedacht. Natürlich nicht im herkömmlichen Sinne, sondern den besonderen Gegebenheiten angepasst. Was in erster Linie bedeutete, die Gäste so lange wie möglich an der Nase herumzuführen. Stefán hingegen, ein begnadeter Sänger auf dem klassischen Gebiet, sollte erst mit seinem Können in Erscheinung treten, nachdem das Geheimnis gelüftet sein würde.

Die Feier startete im Klubhaus von Valur. Nacheinander trudelten einhundertzwanzig Gäste ein. Es hätten sich noch mehr eingefunden, wären einige nicht im Urlaub gewesen. Aber mit einhundertzwanzig Leuten konnte man auch seinen Spaß haben. Bis zuletzt bangten wir, ob mein Vater allein oder mit meiner Mutter an seiner Seite erscheinen würde. Sie kam dann tatsächlich, sah blendend aus, nur ihr Schuhwerk wollte nicht recht zu ihrer festlichen Kleidung passen. Da sie nach dem Golfen etwas fußlahm war, hatte sie sich für bequeme Schlappen entschieden, was uns und vermutlich auch den anderen gleich ins Auge fiel. Mutter wiederum – das erzählte sie mir hinterher – wunderte sich über den Anzug, in dem ich steckte. In einem Anzug, und dann auch noch mit weißem Hemd und Krawatte, sah sie mich eher selten. Auch Ingibjörg, fand sie, hatte sich ungewöhnlich schick gemacht. Sie wunderte sich, dachte sich aber nichts dabei.

Nonni erledigte seinen Job perfekt. Zu vorgerückter Stunde fing er an, den Gästen von einem Adventure-Camp in Amerika zu erzählen, in dem er einmal mit mir gewesen sei. Die Geschichte war nicht erfunden. Es gibt dazu noch mehr zu berichten, aber nicht an dieser Stelle. Nonni sagte, in dem Camp hätten wir uns mit Teambuilding und solchen Sachen beschäftigt. Auch das stimmte. Etwas Ähnliches solle jetzt der Höhepunkt unserer Party werden. Gut, das mit dem Höhepunkt war etwas geflunkert. Er teilte die Gäste in vier Gruppen auf. Jeder Gruppe überreichte er einen Zettel mit verschiedenen Aufgaben, die sie erledigen sollte, irgendwo auf dem Vereinsgelände. Eine Art Schnitzeljagd.

Der letzte Auftrag bestand darin, als Gruppe in Form einer Polonaise, die wir nach dem kubanischen Karnevalsrhythmus Iceland Conga nennen, in die kleine Kapelle einzuziehen, die vor langer Zeit zu Ehren des Vereinsgründers neben der Sporthalle errichtet worden war. Nachdem sich alle dort eingefunden hatten, die Sonne ging gerade unter, übernahm Nonni wieder das Zepter. Er begann, die Töne des Hochzeitsmarsches zu imitieren: Ta – tat – tataa – ta – tat – tataa … und so weiter. Alle sollten einstimmen. Als es einigermaßen klang, wie es der

Das glückliche Brautpaar kurz nach der Trauung

Herr Mendelssohn Bartholdy einst ersonnen hatte, betrat Pfarrer Pálmi gemächlichen Schrittes den Raum, gefolgt von Ingibjörg, die nun einen Schleier trug und einen Strauß Blumen in ihren Händen hielt. Normalerweise führte der Brautvater die Braut zum Altar, aber Ingibjörgs

Vater konnte ja nicht wissen, was gleich geschehen würde. Ich guckte meine Mutter an, um herauszufinden, wie sie das kleine Spektakel aufnahm. Ihr Lächeln wirkte etwas gequält. Aber nur, weil sie sich in ihrem saloppen Schuhwerk bei einer Hochzeit etwas deplatziert vorkam, wie sie mir später versicherte. Denn mit ihrer Schwiegertochter war sie mehr als zufrieden. Pfarrer Pálmi rief unsere beiden Väter nach vorn. In Island sind die Väter des Brautpaars traditionell die Trauzeugen. Wir mochten an diesem Abend manche der althergebrachten Konventionen ignoriert haben. An dieser Stelle jedoch wollten wir altmodisch sein, das war uns wichtig.

Später erfüllte Stefáns Tenor den Raum der kleinen Kapelle. Er sang *Jeg elsker dig*, ein dänisches Liebeslied, und noch zwei andere. Sie verliehen der Trauzeremonie eine Stimmung, die feierlicher nicht hätte sein können.

Nach der Trauung ging die Party erst richtig los. In Island muss man den Leuten nur eine Bühne hinstellen oder ein Mikrofon in die Hand drücken, schon fühlen sie sich wie Robbie Williams. Und falls nicht wie der, drängt es sie trotzdem, die anderen im Saal zu unterhalten. Ingibjörg und ich entschwanden gegen vier Uhr in die Hochzeitsnacht. Es war taghell, draußen schien die Sonne.

IV
Fremde Welt

Krach im Verein – Geschundene Knie und andere
Blessuren – Bjarki und die Musik – Angeln am Mücken-
see – Adieu, Bundesliga – Abenteuer Hiroshima –
Ein Mord in der Heimat – Audienz bei Sir Alex

Die neue Saison startete alles andere als verheißungs-
voll. Wir handelten uns gleich ein paar Niederlagen
ein, sogar in der eigenen Halle. Wo war plötzlich unsere
Heimstärke geblieben? Und das war nur eine von vielen
Fragen, auf die es auf einmal keine Antwort zu geben
schien. Unser Coach hatte mich zum Kapitän gemacht,
und nun lief es schlecht. Ich glaube nicht, dass es an mir
lag, trotzdem lastete jede Niederlage doppelt schwer auf
meinen Schultern. Ich hatte bei Valur Spiele verloren und
mit Wuppertal in den beiden zurückliegenden Spielzeiten
noch mehr, doch diese Häufigkeit jetzt war für mich eine
völlig neue Erfahrung. Wir rutschten ins untere Drittel
der Tabelle, sodass ständig die Angst mitspielte, auf einem
Abstiegsplatz zu landen und dann womöglich die Kehrtwende nicht mehr zu schaffen.

Damals habe ich den Grund nicht gesehen. Ich war viel
zu beschäftigt, um Tiefenforschung zu betreiben. Heute
sage ich, uns hat vor allem eines in die Bredouille gebracht: Es fehlte ein wichtiger Spieler, nämlich Ólafur. Er
hatte den Verein nach unserer glorreichen Premierensai-
son verlassen, abgeworben vom SC Magdeburg. Nicht
dass ich ihn nicht verstanden hätte. Ein solches Angebot

konnte man schwerlich ablehnen. Der Wechsel nach Magdeburg gab ihm die Möglichkeit, sich weiterzuentwickeln und auf höchstem Niveau zu spielen, auch international. Trotzdem bedauerte ich seinen Schritt. Wir hatten seit unserer Kindheit zusammen Handball gespielt. Wenn es jemanden gab, mit dem ich mich auf dem Parkett fast blind verstand, dann war es Ólafur.

Es braucht manchmal nur ein winziges Teil abhandenzukommen, und plötzlich funktioniert das große Ganze nicht mehr. So kann man sich das auch bei einer Mannschaft vorstellen, oder bei einem Team allgemein. Eine gute Mannschaft funktioniert wie ein Schweizer Uhrwerk. Die Spieler sind die Rädchen. Auf verschiedene Weise miteinander verbunden, treiben sie sich gegenseitig voran. Der Trainer und sein Stab sind die Feinmechaniker, die jedes dieser Rädchen exakt justieren, damit sie ins Getriebe passen und mit den anderen ineinandergreifen. Sobald jedoch nur ein einziges ins Stocken gerät oder gar zum Stillstand kommt, funktioniert das gesamte System nicht mehr. Solch ein Rädchen ist natürlich ersetzbar, wie ein Spieler auch, doch selbst wenn man eins in gleicher Qualität bekäme, dauert es seine Zeit, bis wieder alle aufeinander abgestimmt sind.

Ólafurs Weggang war allerdings nur der Grund im sportlichen Bereich. Die Spielgemeinschaft, die aus den zwei Vereinen gebildet worden war, hatte sich inzwischen wieder aufgelöst. Angeblich waren die beiden Manager, die man vor dem Zusammenschluss schon nicht als dicke Freunde bezeichnen konnte, zu oft und zu heftig aneinandergeraten. Als Spieler versucht man, solche Geschichten nicht an sich heranzulassen. Trotzdem spürt man die Unruhe hinter den Kulissen. Eine Zeitlang lässt sich das vielleicht ignorieren. Kehrt dann jedoch keine Ruhe ein, greift die Stimmung irgendwann auf die Mannschaft über.

Jeder Mensch, das trifft nicht nur auf Sportler zu, will eine Perspektive haben, will die Richtung sehen, in die seine Reise geht. Niemand würde sich in ein Flugzeug setzen, dessen Ziel er nicht kennt. Die Perspektive muss gar nicht gänzlich verschwinden, um Verunsicherung hervorzurufen. Es genügt schon, wenn sie am Horizont verschwimmt. Instinktiv schaut man sich nach einer Alternative um. Das geschieht automatisch und muss einem in dem Moment nicht einmal bewusst sein. Man hält die Augen offen, schnappt Informationen auf, für die man vorher nicht empfänglich gewesen wäre. Spätestens in der Situation ist man nicht mehr voll bei der Sache, nicht mit dem ganzen Herzen dabei. Und so kann man keine Spiele gewinnen – oder nur schwer.

Und noch etwas lernte ich in Wuppertal: In einer Gemeinschaft müssen die Zuständigkeiten klar definiert sein. Jeder sollte seinen Platz kennen und wissen, für welchen Aufgabenbereich er verantwortlich ist. Wie weit seine Entscheidungsbefugnis reicht und wo die Grenzen sind, die er nicht überschreiten sollte, wenn ihm sein Posten lieb ist. In einem Handballverein zum Beispiel sollte kein Missverständnis darüber herrschen, wer bestimmen darf, ob neue Spieler verpflichtet werden und für welche man sich entscheidet. Das Gleiche gilt für den umgekehrten Fall, dass Spieler im Verein nicht mehr erwünscht sind.

Es entzog sich meiner Kenntnis, ob diese Punkte zwischen dem Vereinsvorstand und Viggó bei dessen Amtsübernahme als Chefcoach geregelt worden waren. Ich ging aber davon aus. Für Viggó war es selbstverständlich, dass er derjenige sein müsste, der nicht nur darüber entschied, welche Spieler eingesetzt wurden, sondern auch, welche der Verein anheuerte oder wegschickte. Bis er eines Tages in der Zeitung von einem Norweger las, der bereits für die nächste Spielzeit verpflichtet worden war, ohne dass der Vorstand mit ihm darüber gesprochen hätte. Nun war Viggó niemand, der Probleme, die ihm Kopfschmerzen bereiteten, erst ewig mit sich herumschleppte. Es entsprach eher seinem Wesen, sie sofort auf den Tisch zu bringen, ohne Umschweife und in klaren Worten, die mit Poesie nicht zu verwechseln waren. Daher konnte ich mir gut vorstellen, wie das Gespräch mit dem Vorstand abgelaufen sein musste. Viggó selbst erzählt, dass man mit der Beschreibung »harmonisch« weit danebenläge. Irgendwann habe er gesagt: »Gut, wenn ihr ihn haben wollt, kein Problem, aber bei mir spielt der keine Sekunde.«

Es war nicht die einzige Unstimmigkeit zwischen Trainer und Vereinsführung. So unterschiedlich die Anlässe im Einzelnen gewesen sein mochten, im Grunde ging es stets um dasselbe: Wer hatte die Macht? Viggó hatte sie am Ende nicht. Er wurde mitten in der Saison beurlaubt und durch den ältesten Spieler des Teams ersetzt, der übergangsweise als Spielertrainer und ab der folgenden Saison als Chefcoach das Kommando übernahm. Viggó hatte die Mannschaft auf Anhieb in die Bundesliga geführt und dort im sicheren Mittelfeld etabliert, doch seine Verdienste zählten nun nicht mehr. Es wurde ein unschöner Abschied für ihn. Beide Seiten stritten lange vor Gericht. Wie üblich in solchen Fällen ging es vor allem um Geld.

Man konnte es drehen und wenden, wie man wollte – ich musste mir eingestehen: Das Projekt Wuppertal hatte seinen Zauber verloren, sosehr ich das bedauerte. Wir als Mannschaft wurden schlechter. Der Druck wurde größer. Dazu die Unruhe im Verein. Es war niemand da, der in der Lage schien, das Ruder herumzureißen. Zu allem Überfluss häuften sich bei mir die Verletzungen. Meine Knie bereiteten mir die größten Probleme. Vier Meniskus-Operationen musste ich über mich ergehen lassen, zwei auf jeder Seite. Die Knie scheinen in unserer Familien-DNA eine echte Schwachstelle zu sein. Bereits meine Mutter plagte sich als junge Frau damit herum. Lárus musste wegen seiner Knie als Sechsundzwanzigjähriger mit dem Fußball aufhören. Und Bjarki erwischte es sogar schon mit einundzwanzig. Für ihn war es besonders bitter. Er hatte wie ich bei Valur Handball gespielt, war talentiert und wäre gern Profi geworden. Das war sein großer Traum, bis ihn zwei Kreuzbandrisse, beide im linken Knie, böse ausbremsten. Damit war seine Karriere beendet, ehe sie begonnen hatte. Eine harte Zeit für ihn, er war damals ganz schön down. Seine Freunde qualifizierten sich mit der Nationalmannschaft für Olympia, und er war nicht mehr dabei.

Der Handballer und der Musiker:
mit meinem Bruder Bjarki (r.)

Zum Glück hatte Bjarki noch eine zweite Leidenschaft, die Musik. Die ersten Griffe auf der Gitarre hatte ich ihm beigebracht, als er zehn oder zwölf war. Es hatte aber nicht lange gedauert, dann hatte er mich überholt. Er nahm sich die Songbooks von Jason, meinem Kumpel vom Handball, und ehe ich michs versah, konnte er ein Lied nach dem anderen spielen. Nach der Schule machte er eine Ausbildung zum Soundingenieur und gründete mit zwei Freunden die Band Mono Town, wo er Leadsänger und Gitarrist ist. Mit *Peacemaker,* einem Titel ihres Debütalbums, schafften sie es sogar in die isländischen Charts.

Ums Musikmachen beneide ich meinen Bruder, dafür hätte ich gern mehr Zeit. An Bjarkis Können reicht meins natürlich längst nicht heran. Meine Gitarrenkünste taugen eher für den Hausgebrauch oder für gesellige Abende mit Freunden. Wenn ich mit einigen von ihnen zum Angeln fahre, nehme ich immer meine Gitarre mit. Sie müssen sich dann abends am Lagerfeuer meine neuesten Eigenkreationen anhören. Aber sie sind gut erzogen und applaudieren meistens.

Unser kleiner Angelklub ist für meine künstlerische Entfaltung eine hervorragende Inspirationsquelle. Mittlerweile habe ich einen ganzen Stapel Lieder über seine Geschichte und die Protagonisten geschrieben. Der Angelklub heißt Urriðinn, das ist das isländische Wort für eine bestimmte Forellenart. Nonni und ich haben ihn vor fast fünfundzwanzig Jahren gegründet, damals, als wir in dem Adventure-Camp in Virginia waren. Zwar haben wir dort nie geangelt, aber tausend Pläne gesponnen. Und kaum waren wir zurück, fuhren wir nach Þingvellir – unsere erste Angeltour. In dem See dort kann man gut Forellen angeln, die größten werden bis zu fünfzehn Kilo schwer, eine ordentliche Mahlzeit.

Seit damals gehen wir jeden Sommer angeln. Und jeden Sommer veranstalten wir eine größere Angeltour, die drei bis vier Tage dauert, sozusagen unsere Jahresfeier. Inzwi-

Die sechs vom Angelklub ...

schen sind es sechs Personen, die den harten Kern des Angelklubs ausmachen, neben Nonni, Lárus und mir noch Ingi, Gunni und Siggi, alles Freunde aus Valur-Zeiten. Meistens geht die Reise an den Mývatn. Der See liegt im Nordosten Islands, mit dem Auto gut fünf Stunden von Reykjavík entfernt. Mývatn würde man wörtlich mit Mückenwasser übersetzen, aber Mückensee trifft es besser. Das mit den Mücken ist übrigens keine Übertreibung. Die können im Sommer eine echte Plage sein. Wenn es windig ist, hat man einigermaßen seine Ruhe vor ihnen, aber wehe, wenn nicht. Als wir letztes Jahr dort waren, stand die Luft. Einer von uns hatte am ersten Tag die Autotür offen stehen lassen. Wir konnten gar nicht so schnell gucken, wie es im Fahrerhaus duster wurde. Die Viecher sind kleiner als die, die man in Deutschland kennt. Dafür haben sie die unangenehme Eigenschaft, nie einzeln aufzutreten, sondern nur in riesigen Schwärmen. Es gibt Tage, da stehen die Mückenwolken wie Wände am Ufer

Mit Kristinn (l.) vor dem »Dienstfahrzeug«
unseres Angelklubs Urriðinn

des Sees. Warum wir trotzdem immer wieder hinfahren? Weil es im Mývatn unglaublich viele Fische gibt. Außerdem ist die Landschaft ringsum wirklich traumhaft schön.

Wenn wir dort sind, teilen sich immer zwei eine Angel. Mein Partner ist wie am ersten Tag Nonni. Manchmal sitzen wir stundenlang wie ein altes Ehepaar nebeneinander, und keiner spricht ein Wort. Dann wieder gibt es Tage, da diskutieren wir, bis uns der Mund trocken wird und wahrscheinlich alle Fische verscheucht sind. Nonni behauptet, ich könne ganz schön hitzig werden. Wenn er damit meint, dass ich zu bestimmten Themen eine Meinung habe, von der ich mich ungern abbringen lasse – okay, das bestreite ich nicht. Er hält aber gut dagegen, und das macht Freundschaft doch aus, neben anderen Dingen. Wenn man zwei Steine in die Hände nimmt und nebeneinanderhält, passiert nichts. Reibt man sie aneinander, entsteht Wärme. Doch erst wenn man sie fest ge-

geneinanderschlägt, können Funken sprühen. Und daraus entsteht dann bestenfalls etwas Neues, eine andere Sichtweise oder eine Idee, auf die man vorher nicht kam, weil man zu sehr in seinen eigenen Schranken dachte.

Unsere Angeltouren waren eine gute Gelegenheit, den Kopf frei zu bekommen, mal nicht an Handball denken zu müssen. Um erfolgreich zu sein, im Sport genauso wie in anderen Bereichen, muss man sich auf die wesentlichen Dinge konzentrieren und Ablenkungen möglichst vermeiden. Wenn man jedoch lange auf ein und dasselbe Thema fokussiert ist, macht es Sinn, zwischendurch mal den Hut zu lüpfen, damit das Hirn frischen Wind bekommt.

Mein Abschied aus Wuppertal war nur eine Frage der Zeit, das spürte ich. Ich spielte mittlerweile meine vierte Saison dort. An der Situation im Verein hatte sich wenig geändert. Auch sportlich befanden wir uns weiter auf Talfahrt. Die vorherige Saison hatten wir noch auf Platz zwölf beendet. In dieser wären wir beinahe abgestiegen, retteten uns aber auf einen Relegationsplatz und blieben drin.

In der Zwischenzeit hatte ich Angebote von zwei anderen Vereinen aus der Bundesliga erhalten, unter anderem von TuSEM Essen, wo Patrekur noch immer unter Vertrag stand. Ich war zu beiden Vereinen gefahren, hatte mir alles angeguckt und mit den Verantwortlichen darüber gesprochen, welche Rolle ich übernehmen sollte. Die Angebote waren nicht schlecht, in beiden Fällen hätte ich mich verbessert, finanziell, aber auch was die sportliche Perspektive betraf. Und dennoch: Irgendetwas hielt mich zurück. Für eine oder zwei Spielzeiten wäre das sicher eine Herausforderung gewesen – aber dann? Die Mannschaften waren stärker aufgestellt als die in Wuppertal, aber der Unterschied war nicht riesig. Wollte ich die nächsten Jahre wirklich damit verbringen, von einem Verein zum nächsten zu tingeln? In Island hatte ich immer nur bei einem gespielt. Vielleicht hatte mich das zu einer treuen Seele gemacht. Im Rückblick erscheint es mir so. Ein Land, ein Verein.

Schließlich war es Wolfgang Gütschow, der eine Lösung parat hatte. Im ersten Moment klang sein Vorschlag reichlich verrückt: »Was hältst du davon, nach Japan zu gehen?« Er hatte zuvor Frédéric Volle und Stéphane Stoecklin nach Suzuka transferiert. Die beiden Franzosen gehörten zur Weltmeistermannschaft von 1995. Stéphane war in seiner letzten Bundesliga-Saison Torschützenkönig gewesen und davor Welthandballer des Jahres. Wenn also selbst so jemand dorthin ging ...

Wolfgang hatte das nicht nur so dahergesagt. Mehrere japanische Klubs hatten bei ihm angefragt. Sie wollten Spieler aus Europa verpflichten, um das Niveau der Liga aufzupeppen. Das interessanteste Angebot hatte Wakunaga Leolic zu bieten, ein Verein in Hiroshima. Er suchte einen Spielmacher. Ich überlegte einen Augenblick, dann fragte ich Ingibjörg: »Wir könnten nach Hiroshima gehen, wollen wir das machen?«

Wir wollten. Und wir machten es in jenem Sommer – es war das Jahr 2000, in Sydney liefen gerade die Olympischen Spiele – wie damals, als wir nach Wuppertal gezogen waren: Wir packten ein paar Koffer, und los ging's. Mit dem Unterschied, dass wir inzwischen zu viert waren. Im Jahr zuvor war Birta geboren, unsere zweite Tochter.

Ich wusste nicht viel mehr, als dass mein zukünftiger Trainer Kiyohara Sakamaki hieß und Englisch sprach. Und dass in der japanischen Liga acht Mannschaften gegeneinander antraten. Somit erwarteten mich vierzehn

Spiele pro Saison, plus der Playoffs, aber das würden höchstens zwei Matches sein. In Deutschland wären es weit mehr als doppelt so viele gewesen, die Bundesliga wurde gerade auf zwanzig Mannschaften aufgestockt. Ich dachte an meine Knochen. Sie würden es mir danken, besonders meine geschundenen Knie.

Familienausflug in Hiroshima, mit Ingibjörg und
unseren Töchtern Sunna und Birta

Womit soll man anfangen, wenn man das Leben in Hiroshima beschreiben will? Unser erster Eindruck: überwältigend! In der Stadt leben knapp 1,2 Millionen Menschen, viermal so viele wie in ganz Island. Während sich in Hiroshima auf einem Quadratkilometer im Durchschnitt eintausenddreihundert Menschen drängen, sind es in Island gerade einmal drei. Die Sprache, die Schrift, die Kultur, der Umgang miteinander – es war einfach alles: anders. Aber wir waren jung und neugierig und hatten Lust, die Welt zu entdecken.

Und spätestens als Sunna in den Kindergarten kam, sie war inzwischen drei Jahre alt, begriffen wir, dass wir die richtige Entscheidung getroffen hatten. Gleich am ersten Tag. Wir warteten mit ihr vor unserem Haus auf den Bus, der sie abholen sollte, wie ein Schulbus, nur für Kindergartenkinder. Sie trug die dort übliche Uniform, weiße Bluse, blauer Rock. Obwohl wir keine Probezeit mit ihr gemacht hatten, stieg sie, ohne zu zögern, ein. Uns war nicht wohl dabei. Wir überließen unsere Tochter einfach wildfremden Leuten, in dieser riesigen Stadt.

Der Bus sollte sie am Nachmittag um drei zurückbringen. Wir standen das erste Mal um eins auf der Straße, um nach ihm Ausschau zu halten, so unruhig waren wir. Als der Bus dann kam und die Tür aufging, verflogen unsere Bedenken – uns strahlte ein glückliches Mädchen entgegen. Am nächsten Morgen konnte Sunna es kaum erwarten, ihre Uniform anzuziehen und wieder hinauszumarschieren zum Bus. Ein Jahr später erlebten wir das Gleiche mit Birta, diesmal wesentlich entspannter. Birta war mit ihren hellblonden Haaren eine Attraktion für die Einheimischen. Wenn wir mit ihr in die Stadt gingen, wurden wir von den Leuten umringt, als wären wir mit Michael Jackson unterwegs.

Der Kindergarten lag am Stadtrand, direkt neben einem Altersheim. Die Kombination fanden wir erst etwas ungewöhnlich, bis wir merkten, dass da jemand eine sehr gute Idee gehabt hatte. Die Kinder verbrachten viel Zeit damit, kleine Stücke einzustudieren, um sie anschließend ihren Nachbarn vorzuführen. Es war jedes Mal wieder eine Freude, mit anzusehen, wie angetan die Alten von den kleinen Geistern waren – und wie bescheiden und gleichzeitig doch stolz die kleinen Schauspieler ihren Applaus genossen.

Als stolzer Vater mit Sunna (r.) und
ihrer japanischen Freundin

Natürlich versuchten wir, so schnell wie möglich die Sprache zu lernen. Eine echte Herausforderung. Ingibjörg stellte sich wieder einmal geschickter an als ich, beim Sprechen und mehr noch beim Schreiben. Für meine feinmotorischen Fähigkeiten sind die Schriftzeichen ein wenig zu filigran. Dagegen klappte es mit dem Handball-Japanisch ganz gut, ich konnte mich ordentlich verständigen. Eine Mannschaft coachen, das ginge schon.

So fremd und ungewohnt die Lebenskultur war, wir fühlten uns wohl. Nicht zuletzt dank unserer Sprachlehrerin, die sich liebevoll um unsere Kinder kümmerte, als wären es ihre eigenen Enkel. Und die uns immer wieder einlud, sie zu besuchen und Zeit mit ihrer Familie zu verbringen. Sie war die helfende Hand, die man gern ergreift, wenn man in der Fremde ist, weil sie einem hilft, viele Dinge besser zu verstehen und sich ein wenig heimisch zu fühlen.

Während wir uns in Hiroshima einlebten, erreichte uns eine furchtbare Nachricht aus der Heimat. Einar Örn Birgisson, ein Freund von uns, war ermordet worden. Einar war so alt wie ich gewesen. Wir hatten in der Jugend zusammen bei Valur gespielt und waren danach in Kontakt geblieben. Er war auch bei unserer Hochzeit gewesen. Einar hatte unglaublich viel Talent, war im Fußball so begabt wie im Basketball und im Handball. Er hätte überall Erfolg haben können. Letztlich hatte er sich für Fußball entschieden und nacheinander bei verschiedenen Vereinen gespielt, ein Jahr auch in Norwegen. Bevor er dorthin gegangen war, hatte er mit der Männermannschaft von Valur die isländische Meisterschaft gewonnen.

Wir konnten kaum glauben, was geschehen war. Neben seiner Fußballkarriere hatte Einar als Verkäufer in verschiedenen Modegeschäften gearbeitet. Er träumte davon, eines Tages seinen eigenen Laden zu eröffnen. Irgendwie gelang es ihm, sich eine Verkaufslizenz für die verschiedenen Labels des US-amerikanischen Bekleidungsgiganten GAP zu beschaffen, als Einziger in Island. Das hätte sein Jackpot sein können. Allerdings fehlte ihm Kapital, sodass er auf die Suche nach Investoren ging. An Interessenten mangelte es nicht. Am Ende entschied er sich, einen ehemaligen Mitspieler zum Partner zu machen, der inzwischen Rechtsanwalt geworden war. Die beiden waren Freunde, jedenfalls schien Einar das geglaubt zu haben. Anfang November, an einem Samstag, eröffneten sie ihr Geschäft auf der Laugavegur. Vier Tage später, an dem Mittwoch danach, verschwand Einar plötzlich. Weder seine Freundin noch seine Familie erreichten ihn. Sie hinterließen Nachrichten auf seinem Handy, aber er reagierte nicht, was sonst nie vorkam. Als es am Abend noch immer kein Lebenszeichen von ihm gab, fingen Familie und Freunde an, ihn zu suchen. Kurz nach Mitternacht informierte Einars Vater die Polizei, die am nächsten Morgen eine große Suchaktion startete, dabei auch Spürhunde einsetzte. Einars grauen Golf fanden sie auf einem Parkplatz in der Nähe eines Hotels, doch von ihm keine Spur. Die Sache wurde immer mysteriöser. Niemand konnte sich vorstellen, dass Einar sich selbst etwas angetan haben könnte. Er war glücklich mit seiner Freundin, er hatte endlich sein eigenes Geschäft, in der Familie hatte es keinen Streit gegeben. Die Polizei befragte alle möglichen Leute, ließ sogar die Videoaufnahmen vom Flughafen in Keflavík überprüfen und die Passagierlisten, doch Einar hatte auch nicht heimlich das Land verlassen. Was ohnehin nicht zu ihm gepasst hätte. Er war ein offener Typ, eine ehrliche Haut. Niemals hätte er sich einfach so aus dem Staub gemacht. Übers Wochenende mobilisierten Verwandte und Freunde über zweihundert Leute, die das Umland von Reykjavík durchforsteten, bis hin nach Keflavík und Grindavík, einschließlich der Küstengebiete. Sie zogen immer wieder los, bis die Polizei am darauffolgenden Dienstag Einars Geschäftspartner festnahm, der dreist genug gewesen war, sich an der Suche zu beteiligen. Die Ermittler hatten herausgefunden, dass Einar am Tag seines Verschwindens mit ihm verabredet gewesen war. Das hatte der bisher bestritten, stattdessen behauptet, sie hätten nur kurz miteinander telefoniert. Bei der Auswertung der Verbindungsdaten hatte sich jedoch herausgestellt, dass es zu der angegebenen Zeit kein

Telefonat gegeben haben konnte. Es waren wohl noch mehr Widersprüche in seinen Aussagen, die die Polizei veranlassten, seine Wohnung und seinen Arbeitsplatz zu durchsuchen. In der Wohnung entdeckten sie Kleidungsstücke mit Blutflecken. Das Blut stammte von Einar, wie die DNA-Analyse ergab. Zwei Tage wand sich der Verdächtige wie ein Regenwurm in der Sonne, dann gestand er, Einar den Schädel eingeschlagen zu haben. Und er verriet den Polizisten auch, dass er die Leiche in einer schwer zugänglichen Lava-Gletscherspalte unweit von Grindavík versteckt hatte. Oder sollte man besser sagen: entsorgt? Warum er Einar getötet hatte, kam nie richtig heraus. Vermutlich ging es um Geld. Es hieß, der Täter hätte mit Drogen zu tun gehabt.

In Island waren damals die Zeitungen voll von dieser Geschichte. Selten hatte es einen aufsehenerregenderen Kriminalfall gegeben. Ein halbes Jahr später, als der Gerichtsprozess begann, berichteten sie wieder groß darüber. Der Täter wurde wegen Mordes zu sechzehn Jahren Gefängnis verurteilt. Er kam aber schon nach zehn wieder frei und – man glaubt es kaum – soll anschließend in einer Anwaltskanzlei gearbeitet haben. Das wurde erst kürzlich bekannt, als die ganze Geschichte noch einmal hochschwappte. Der Täter – wahrscheinlich darf man ihn gar nicht mehr so bezeichnen – hatte einen Antrag auf Wiederherstellung seiner beruflichen Reputation gestellt, um wieder als Anwalt arbeiten zu dürfen. Das Verrückte ist: Soviel ich weiß, ist er damit durchgekommen. Nach unseren Gesetzen hat man fünf Jahre nach Verbüßung seiner Strafe wohl sogar ein Anrecht darauf. Als Einars Eltern davon erfuhren, waren sie schockiert. Dass ein Mörder zum Priester wird, habe ich schon gehört – aber ein Mörder zum Anwalt?

Doch ich wollte noch etwas zum Sportlichen in unserer vorübergehenden Wahlheimat erzählen. Es gab einige, die nicht verstanden, wie ich ausgerechnet in ein Land gehen konnte, in dem Handball nicht gerade als etablierte Sportart gilt, sondern eher als Entwicklungsprojekt. Vielleicht hätte ich mich anders entschieden, wenn die Sache mit den Knien nicht gewesen wäre. Aber eigentlich glaube ich das nicht. Neben den Angeboten von Bundesliga-Vereinen, die ich hatte, hätte ich mich um andere bemühen können. Oder ich hätte versuchen können, in einer anderen europäischen Liga unterzukommen, in Schweden oder Dänemark oder in Spanien. Wolfgang wäre bestimmt etwas eingefallen. Ich könnte nicht einmal einen tiefschürfenden Grund nennen, warum wir das alles nicht gemacht haben. Es war einfach so, dass mir die Vorstellung gefiel, ans andere Ende der Welt zu gehen. Und sie muss mir besser gefallen haben als die Aussicht, die Wuppertaler Jahre irgendwo in einem anderen Trikot zu wiederholen. Von mir aus kann man es Entdeckergeist nennen. Lárus meint, ich sei ein Reisender. Und bei mir wisse man nie, wohin die Reise geht. Daher habe die Entscheidung, nach Japan zu gehen, zu mir gepasst. Wenn alle Welt erwarte, dass ich mich so oder so entscheide, würde ich garantiert den dritten Weg wählen, mit dem keiner rechnet. Das sagt Lárus, und er ist mein großer Bruder, also wird schon etwas dran sein.

Was sicherlich generell von Vorteil ist: Ich kann gut Entscheidungen treffen. Ich hadere nicht ewig, aus Furcht, mein inneres Pendel könnte morgen in eine andere Richtung ausschlagen. Ich weiß recht schnell, was ich will. Und es bereitet mir auch keine schlaflosen Nächte, einen Entschluss zu fassen, von dem ich weiß, dass andere darüber verwundert sind. Sie haben ihr Leben, ich meins.

Die Entscheidung für Japan war jedenfalls für uns die

richtige. Und was das sportliche Niveau angeht: Das war besser, als ich erwartet hatte. Von den acht Mannschaften in der obersten Liga waren vier ganz gut. Jedenfalls wenn man berücksichtigte, dass nur wir Ausländer Profis waren. Jede Mannschaft durfte maximal zwei Legionäre in ihren Reihen haben. Bei Wakunaga spielte außer mir Riho-Bruno Bramanis, ein Este, der schon länger dort war. Die einheimischen Spieler arbeiteten in der jeweiligen Firma, die die Mannschaft finanzierte. Das waren große Unternehmen wie Honda, Toyota oder Sanyo. Hinter Wakunaga steckte ein Pharmahersteller, der sich auf Health Care mit Knoblauchprodukten spezialisiert hatte.

Kiyohara Sakamaki, mein neuer Coach, überraschte mich am meisten, nicht nur wegen seiner fachlichen Fähigkeiten. Normalerweise führen japanische Trainer ein strenges Regiment. Für ihn war Disziplin auch wichtig, aber er behandelte seine Spieler nicht autoritär, war nahbarer, man könnte sagen: europäischer. Er förderte die jungen und die schwächeren, hielt gleichzeitig aber auch die älteren bei Laune. Irgendwann erzählte er mir, dass er seinerzeit als Spieler ein Jahr in Deutschland verbracht und in der 2. Bundesliga gespielt hatte. Später, da muss er schon Trainer gewesen sein, hospitierte er bei Klubs in Schweden und Dänemark, um sich Anregungen für seine Arbeit zu holen. Kiyohara Sakamaki ist jemand, der sich immer an den Besten orientiert. Und er hat noch eine Eigenschaft, die ich sehr an ihm mag: Er besitzt einen guten Humor.

Apropos Beste und orientieren: Das erinnert mich an eine amüsante Geschichte, die mir während unserer Zeit in Hiroshima widerfuhr. Eines Abends saß ich an meinem Computer und durchforstete das Internet nach Neuig-

Damals mein Trainer, heute mein Freund:
Kiyohara Sakamaki

keiten aus Europa. Dabei landete ich auf der Website von Manchester United. ManU ist mein Lieblingsfußballverein, seit ich als Kind eine Sporttasche mit dessen Logo geschenkt bekam. So ziemlich jeder in Island schwärmt für einen Klub in der Premier League. Deswegen war das Spiel unserer Nationalmannschaft gegen England bei der Europameisterschaft auch so eine Riesengeschichte. Jedenfalls ploppte auf der Website ein Werbebanner auf, der die User aufforderte, an einer Wette teilzunehmen. Ich wette eigentlich nie, aber es ging um eine Reise nach Manchester, zu ManU. Man musste fünf Pfund setzen, und damit kam man in den großen Lostopf. Ich machte mir einen Spaß daraus.

Als drei Wochen später das Telefon klingelte, hatte ich die Sache längst vergessen. Der Anrufer behauptete, er würde sich aus England melden und dass ich einen Preis gewonnen hätte. Bestimmt so ein Werbefuzzi, war mein erster Gedanke. Ich ließ den armen Mann gar nicht ausreden, sagte nur, dass wir nichts kaufen würden, und beendete das Telefonat. Noch am selben Abend meldete sich der Anrufer ein zweites Mal, mit dem gleichen Spruch. Der ist aber hartnäckig, dachte ich, ließ mir seine Nummer geben und rief zurück. So löste sich das Rätsel auf: Die Wettgeschichte, auf die ich im Internet gestoßen war, hatte einer der Sponsoren von ManU als internationales Gewinnspiel inszeniert. Und ich hatte tatsächlich gewonnen, nämlich den Hauptpreis für die Teilnehmer aus Asien: First-Class-Flug, Übernachtung im Fünf-Sterne-Hotel, Besichtigung des ManU-Vereinsgeländes inklusive Stadion und so weiter, das volle Programm. Und das Ganze für zwei Personen.

Als es soweit war, flog ich mit Bruno Bramanis nach England. Ingibjörg und ich hatten uns mit ihm und seiner Frau angefreundet. Sie wohnten in der Nachbarschaft. Brunos Frau sprach hervorragend Japanisch. Ohne die beiden wären wir am Anfang längst nicht so schnell zurechtgekommen. Bruno kam auch deshalb mit, weil ein Besuch bei ManU für Ingibjörg nicht unbedingt das Highlight des Jahres gewesen wäre. Sie reiste stattdessen mit den Kindern nach Deutschland und besuchte ein paar Freunde. Dort trafen wir uns später, um gemeinsam nach Island weiterzufliegen. Das hatten wir sowieso vorgehabt. Daran sieht man ganz gut, wie unser Leben damals aussah. Während der Saison dirigierte der Handball unseren Alltag. Neben meinen Einsätzen für Wakunaga spielte ich weiterhin für die isländische Nationalmannschaft. Die freien Zeiten aber nutzten wir, um entweder nach Hause zu fliegen oder noch mehr von der Welt zu sehen, hauptsächlich im asiatischen Raum – Malaysia, Bali, Thailand. Ingibjörg führte damals eine Liste: Bis Birta vier Jahre alt wurde, hatte sie über dreihundertfünfzig Stunden in Flugzeugen verbracht.

Sportliche Trendsetter: mit Riho-Bruno Bramanis
vor unserem Haus am Stadtrand von Hiroshima

Aber zu ManU: Als Profisportler ist man ein anderer Fan
als jemand, der Sport nur vom Zuschauen kennt. Dabei
spielt es keine Rolle, ob man dieselbe Sportart betreibt
wie derjenige, dem die Bewunderung gilt, oder nicht. Als
wir nach Manchester kamen, war Alex Ferguson ein großes Idol für mich. Er hatte die Mannschaft gerade zur
dritten Meisterschaft in Folge geführt und zuvor zahlreiche andere Titel und Trophäen mit ihr gewonnen. Ich
empfand auch die größte Hochachtung für Spieler wie
Ryan Giggs, Roy Keane, die Neville-Brüder oder David
Beckham. Sie alle waren in meinen Augen für das, was sie
konnten, höchst bewundernswert. Und dennoch wäre

ich nicht losmarschiert, um ihnen ein Autogramm abzu-
luchsen. Im Gegensatz zu den anderen Gewinnern, die
sich mit allen möglichen Fotos und Büchern ausgestattet
hatten, um die Unterschriften ihrer Stars einzusammeln.
Wobei ich gestehen muss, dass es ein außergewöhnlicher
Moment war, als Sir Alex am Rande des Trainingsplatzes
auftauchte und sich für einen Moment zu uns gesellte.

Audienz bei Sir Alex Ferguson auf dem Trainingsgelände
von Manchester United

Man kann sich so etwas einreden, aber ich glaube, ihn
umgab wirklich eine besondere Aura. Er zog uns in seinen Bann, ohne dass er große Worte machte. Jedenfalls
habe ich das Foto, das Bruno bei der Gelegenheit von ihm
und mir schoss, bis heute aufbewahrt. Genauso wie die,
die mich im Innenraum des Old Trafford zeigen. Den hei-
ligen Rasen durften wir natürlich nicht betreten, dafür
führten sie uns durch die Katakomben des Stadions, bis
hinein in die Kabinen.

Ungeachtet der Tatsache, dass Alex Ferguson über zwanzig Jahre die Geschicke meines Lieblingsvereins entscheidend mitbestimmte, hat er im Sport einfach unheimlich viel erlebt und als Trainer Erfolge errungen wie kaum jemand sonst. Solche Menschen interessieren mich. Ich lese gerade ein Buch von ihm, in dem er seine Ansichten zu Themen wie Motivation, Teamwork und Erfolg niedergeschrieben hat. Neunundneunzig Prozent handeln vom Fußball, wie sollte es anders sein. Aber die wesentlichen Dinge sind beim Fußball so wie bei anderen Mannschaftssportarten, jedenfalls im Spitzenbereich. Wenn zwei Teams aufeinandertreffen, die vom Spielerpotenzial her in etwa auf gleicher Höhe stehen, ist man als Trainer sicher gut beraten, die erfolgversprechendere Taktik parat zu haben. Aber die beste Taktik nützt nicht viel, wenn die Spieler den unbedingten Willen zum Sieg vermissen lassen oder mental anfällig sind, sodass ihnen die Nerven flattern, sobald es eng wird. Das nur als Beispiel, es gibt viele andere Überschneidungen. Wie geht man als Trainer generell mit Spielern um? Ist man besser der Kumpeltyp, oder hält man doch lieber Distanz zu ihnen? Wie motiviert man sie, beim Training oder vor einem Spiel? Wie treibt man sie während eines Matches an, um das Beste aus ihnen herauszuholen?

Ein Teil meiner Sympathie für Sir Alex liegt vermutlich auch in seiner Herkunft begründet. Oder vielmehr in der Tatsache, dass er als Schotte es fertiggebracht hat, sich ausgerechnet im brutalen Haifischbecken des englischen Fußballs durchzusetzen und sogar eine führende Position einzunehmen. »Du bist allein, die ganze Welt ist gegen dich, also zeig es ihnen!« Das hatte uns Þorbjörn Jensson, unser Trainer bei Valur, immer gesagt.

Wir blieben drei Jahre in Hiroshima, dann ging die Reise weiter. Und wieder waren wir einer mehr. Sigurður,

Besuch bei meinem ehemaligen Verein in Hiroshima

unser Sohn, hatte im Sommer zuvor – wir waren gerade auf Urlaub in Island – das Licht der Welt erblickt. Der Kontakt nach Japan, zu unseren Freunden dort, ist nie abgerissen. Kiyohara Sakamaki wurde später Trainer des japanischen Nationalteams. Sein großes Ziel war es, die Mannschaft zu den Olympischen Spielen in London zu führen. Das ist ihm leider nicht gelungen. Auch für Rio konnte sie sich nicht qualifizieren. Aber bei Olympia 2020 in Tokio werden sie als Gastgeber dabei sein. Bis dahin wollen sie sich Schritt für Schritt dem europäischen Spitzenniveau annähern. Ich unterstütze sie ein wenig dabei. Zurzeit hospitiert jemand vom Trainerstab der japanischen Nationalmannschaft beim deutschen Team, analysiert unsere Trainingsarbeit und die Spielvorbereitungen, um die Erkenntnisse für die Arbeit in der Heimat zu nutzen. Außerdem fliege ich einmal im Jahr für eine Woche nach Hiroshima und führe dort ein Trainingscamp durch … übrigens auf Japanisch.

V
Nichts ist unmöglich

Paradies am Bodensee – Spieler und Trainer –
Das vergessene Tagebuch – Harte Entscheidungen –
»Sigurðssons Geheimcode« – Die Taktiktafel –
Enttäuschung bei Olympia – Ein Ende –
Valur ruft

Ich sage immer: Es kommt, wie es kommt. Und oft kommt es anders, als man denkt. Es ging uns gut in Hiroshima. Ingibjörg und die Kinder fühlten sich wohl, wir hatten Freunde gefunden. Mein Vertrag lief noch ein Jahr, wahrscheinlich hätte ich ihn verlängern können. Ich war dreißig Jahre alt. Die große Karriere bei einem europäischen Spitzenverein würde ich nicht mehr machen können. Aber das war mir bewusst gewesen, als ich mich für Japan entschieden habe. Es fühlte sich auch jetzt nicht falsch an, diesen Schritt gegangen zu sein. Vielleicht würde ich noch zwei, drei Jahre spielen, in Japan oder anderswo. Danach würden wir nach Island zurückkehren, das war immer unser Plan gewesen. Die Kinder würden in ihrer Heimat zur Schule gehen. Ingibjörg könnte endlich in ihrem Beruf arbeiten, als Lehrerin, und für mich ließe sich bestimmt ein Job bei Valur finden. Oder irgendetwas anderes. Unser Leben war im Fluss, es gab keinen Grund, in den Lauf der Dinge einzugreifen.

Doch dann kam Wolfgang und meinte, es gäbe auch anderswo auf der Welt einen schönen Ort für unsere Familie – und eine neue Herausforderung für mich. Mit dem schönen Ort meinte er Bregenz, Österreich, Vorarlberg, das hübsche Städtchen am Ostufer des Bodensees. Und die Aufgabe, die mich dort erwartete, war die eines Spielertrainers. Der Handballverein von Bregenz suchte einen Nachfolger für den kroatischen Olympiasieger Bruno Gudelj, der die Mannschaft in der gleichen Funktion geführt hatte. Erfolgreich. Und genau darum ging es den Verantwortlichen, allen voran dem damaligen Sportdirektor und heutigen Präsidenten, Roland Frühstück: Sie wollten jemanden, der mit dieser Doppelfunktion Erfahrung besaß und den Verein zu weiteren Erfolgen führen würde. Wolfgang soll mich in den höchsten Tönen gelobt und angepriesen haben. Mit mir, habe er prophezeit, würde der Verein alle denkbaren nationalen Titel gewinnen und auch auf internationaler Bühne spielen.

Woher er diesen Optimismus nahm? Vor allem, wie er überhaupt darauf kam, ich könnte die Arbeit eines Trainers übernehmen? Wenn ich das wüsste. Wir hatten vorher nie darüber gesprochen. Mir war nicht einmal klar, ob ich tatsächlich Trainer werden wollte. Ich hatte mir schlicht keine Gedanken darüber gemacht. Komischerweise gab es nicht wenige Menschen in meinem Umfeld, die fest davon ausgingen, dass es mich eines Tages in diese Richtung verschlagen würde. Wolfgang war nur einer von ihnen. Er meint, ihm sei das klargeworden, als er gesehen habe, wie ich in Wuppertal die Mannschaft als Spielmacher in der ersten Bundesliga-Saison auf Platz acht führte. Wenn ihn jemand dazu fragt, erklärt er gern, ich hätte damals schon das Spiel lesen können wie eine Zeitung. Und dass meine Karriere eine gewisse Logik habe. Mag sein, aber richtig ist dann auch, dass er es war, der dieser Logik ein klein wenig auf die Sprünge half. Das Engagement in Bregenz war dafür der erste Schritt, vielleicht sogar der wichtigste.

Zu fünft zogen wir von Hiroshima an den Bodensee:
Ingibjörg und ich mit Birta, Sunna und Siggi

Als ich mich das erste Mal mit Roland Frühstück traf, spürte ich seine Skepsis. Als hätte er sich, während er mit mir sprach, im Stillen ständig gefragt: Ist so jemand der richtige Spielertyp für uns? Und: Kann der den Job überhaupt? Ich hatte bisher nie als Spielertrainer gearbeitet. Falls er eine Wunschliste gehabt haben sollte, dürfte ich allein aus diesem Grund kaum darauf gestanden haben. Von daher sprach sein Misstrauen nur für ihn. Man merkte, wie sehr ihm der Verein am Herzen lag, wie sehr er für den Handballsport brannte. Er wollte nicht leichtfertig eine Entscheidung treffen, die er hinterher womöglich bereute.

Ich hatte Lárus gebeten, mich zu dem Treffen zu begleiten, als seelische Unterstützung. Er lebte damals in Luxemburg, kam mit dem Auto nach Frankfurt und holte mich am Flughafen ab. In Bregenz saßen wir mit drei Leuten vom Vorstand zusammen, Roland Frühstück war einer in der Runde. Nachdem wir uns darauf verständigt hatten, es miteinander zu versuchen, gingen wir in ein Café. Ich war mir noch immer nicht sicher, ob die Herrschaften wirklich überzeugt waren. Wie es schien, hatte Lárus die gleichen Signale empfangen. Nach einer Weile verabschiedeten wir uns. Wir hatten den Raum schon verlassen, als Lárus urplötzlich eine Kehrtwende einlegte, zurückmarschierte und den drei Herren sagte: »Das ist die beste Entscheidung, die ihr jemals getroffen habt, ihr werdet sehen.« Vielleicht war es nicht haargenau der gleiche Wortlaut, aber in etwa. So ist er, mein großer Bruder, will immer nur das Beste für mich. Aber er hatte das nicht einfach nur so gesagt, um mich besser dastehen zu lassen – er war überzeugt davon.

Manchmal sind die Zweifel der anderen keine schlechte Motivation. Ich flog mit dem Gefühl zurück, mich beweisen zu müssen in der neuen Rolle, die auf mich zukam. Mir schwirrten tausend Sachen durch den Kopf, um die ich mich kümmern wollte. Ich dachte an all die Trainer, die ich bisher gehabt hatte. Welcher von ihnen hatte mich am stärksten geprägt? Von welchem hatte ich das meiste gelernt? Da war Theódór, unser Jugendtrainer bei Valur. Der Kumpeltyp, der uns mit ungewöhnlichen Trainingszeiten vom Trinken abgehalten hatte, mit dem wir ins Kino gegangen waren oder ins Schwimmbad, was heute unter die Rubrik Teambuilding fiele. Da war Þorbjörn, der uns in der Männermannschaft übernommen hatte und später im isländischen Nationalteam führte. Auch er ein zugänglicher Zeitgenosse, wenngleich er in einer Lautstärke Klartext reden konnte, dass die Wände wackelten. Bei ihm hatte man immer das Gefühl gehabt, dass kämpfen bis zum Umfallen das Mindeste war, was er von einem erwartete. Nicht zu vergessen, seine Wir-gegen-alle-Mentalität, die er uns wieder und wieder einimpfte.

1   *Als junger Spieler war es mein großer Traum, für die isländische Nationalmannschaft zu spielen. Später wurde ich nicht nur in die Auswahl unseres Landes berufen, sondern sogar zum Kapitän ernannt. Über zweihundert Mal trug ich das Nationaltrikot, vertrat meine Heimat bei Welt- und Europameisterschaften und bei Olympischen Spielen.*

2   *Hier bin ich auf dem Gelände von Valur Reykjavík zu sehen. Als das Foto entstand, war ich Geschäftsführer des Vereins, zuständig für die Bereiche Handball, Fußball und Basketball. Unsere gesamte Familie ist eng mit Valur verbunden, schon meine Eltern spielten dort.*

3 Mein erster Job als Trainer war gleich eine Herausforderung auf internationaler Bühne: Ich sollte Österreichs Nationalmannschaft zu einer erfolgreichen Heim-Europameisterschaft führen – was auch gelungen ist. Diese Szene stammt aus dem denkwürdigen EM-Spiel gegen meine isländischen Landsleute. An der Seitenlinie verständige ich mich kurz mit Bernd Friede.

4   *Meine nächste Trainer-Station: die Füchse Berlin. In dem Bundesliga-Spiel im September 2012, aus dem die Aufnahmen auf dieser Doppelseite stammen, beendeten wir eine unglaubliche Erfolgsserie des THW Kiel. Füchse-Spieler Evgeni Pevnov überwindet den damaligen Kieler Keeper Thierry Omeyer.*

5 *Die blaue Taktiktafel ist seit der Zeit in Bregenz immer dabei:*
Hier erläutere ich den Spielern während einer Auszeit gegen die
Kieler die nächsten Spielzüge.

6 *Der erste große Erfolg mit den Füchsen: Im April 2014 gewannen wir das Final Four um den DHB-Pokal. Im Finalspiel bezwangen wir die SG Flensburg-Handewitt mit 22:21, auch dank unseres herausragenden Torhüters Silvio Heinevetter.*

7 *Nach der Pokalübergabe strahlte ich mit dem silbernen Ding um die Wette ...*

8 Ein Jahr später holten die Füchse mit dem EHF-Cup ihren ersten internationalen Titel. Im Finale gegen den HSV setzte sich Petar Nenadic gegen die Hamburger »Toto« Jansen und Tim-Oliver Brauer durch.

9 *Nach der Schlusssirene fiel auch von mir die Anspannung ab, sodass ich im Jubel fast zu schweben schien.*

10 Die Weltmeisterschaft 2015 in Katar: Patrick Wiencek und Hendrik Pekeler greifen im Achtelfinale beherzt gegen die robust agierenden Ägypter zu, um einen Torwurf zu verhindern.

11 In der Auszeit gebe ich den Jungs taktische Anregungen. Wir gewannen das Spiel, verloren im Viertelfinale jedoch gegen das Team des Gastgebers.

12 *Fabian Wiede hebt ab … Eine Szene aus der Final-Partie bei der Europameisterschaft 2016 gegen Spanien, die die Bad Boys mit 24 : 17 gewannen.*

13 *So schön kann Siegen sein! Die deutsche Nationalmannschaft, das jüngste Team, holte bei der EM in Polen überraschend – aber verdient – den Titel.*

14   *Ein unscheinbares Blatt Papier, dem man ansieht, dass es häufig benutzt wurde: mein Taktikzettel für unsere Spiele bei der Europameisterschaft in Polen. Fast wäre das gute Stück nach meiner Rückkehr in der Waschmaschine gelandet. Stattdessen ist es jetzt im Sportmuseum in Köln zu sehen – irgendwie verrückt.*

15 Olympia in Rio: Paul Drux wird im Halbfinale von Luka Ka-
rabatic hart attackiert. Die Partie gegen Frankreich war leider
nicht unser Spiel. Die Franzosen waren in der ersten Halbzeit
bärenstark, und wir ließen uns davon zu sehr beeindrucken. In der
zweiten Hälfte machten wir es besser, verloren aber durch ein Tor
der Franzosen drei Sekunden vor Schluss.

16   Im »kleinen Finale« holten sich die Jungs zwei Tage später in der Future Arena von Rio im Spiel gegen Polen die Bronze-Medaille. Eine großartige Leistung – das fanden auch die Fans, die unser Team lautstark feierten. Dass ich glücklich bin, sieht man mir an, aber ich war nach drei Wochen Olympia auch ziemlich platt.

Da war auch Boris, der handfeste Russe, Þorbjörns Co-Trainer, der Mann mit dem Auge für Details. Und natürlich Viggó, der Distanzierte, ein exzellenter Taktiker, der uns in Wuppertal in der Vorbereitung gefordert hatte wie sonst kein anderer. Und schließlich war da Kiyohara Sakamaki, der Ausgleichende mit dem wunderbaren Humor, auch von ihm hatte ich gelernt. Eine ziemlich große Bandbreite. Jetzt musste ich nur noch entscheiden, was ich von wem übernehmen wollte, was zu mir passte.

Zufällig fiel mir in der Zeit ein kleines Heft in die Hände, von dem ich gar nicht wusste, dass es noch existierte. Darin hatte ich seit meiner Jugend eine Art Trainingstagebuch geführt – was wir an den einzelnen Tagen gemacht hatten, welche Übungen, wie lange, all das. Genauso war es Zufall, dass mir bei einem Besuch in Reykjavík ein Basketballtrainer über den Weg lief, den ich von Valur kannte. Wir hatten uns länger nicht gesehen. Er erzählte mir von einem Start-up, an dem er beteiligt war, das Software für Trainer entwickelte. In dem Programm *Sideline* konnte man alle möglichen Daten speichern, Übungen, Videos, Trainingspläne, Leistungswerte von Sportlern, Grafiken und so weiter. Für mich kam das wie gerufen. Damals steckte die Firma noch in der Entwicklungsphase, die Software war kaum mehr als eine Demoversion. Ich glaube, ich war der erste oder zweite Kunde, der das Programm kaufte. Mittlerweile arbeiten Trainer auf der ganzen Welt damit, ob im Fußball, Handball, Basketball oder in anderen Sportarten. Ich wüsste gar nicht, wie es noch ohne funktionieren sollte, gerade wenn es um solche Dinge wie Videoanalysen geht. Ohne Videoanalyse passiert heute kaum noch etwas. Zum Beispiel kann man sich schnell und einfach von jedem Gegenspieler die für seine Spielweise charakteristischen Sequenzen aus verschiedenen Spielen zusammenschneiden. Oder ich lasse mir die

Wurfvarianten der wichtigsten Spieler herausfiltern, um dem eigenen Torwart Material zur Vorbereitung in die Hand zu geben. Man kann die unterschiedlichsten Filter anwenden, jeder Trainer hat da seine eigenen Kriterien.

Im Rückblick erscheint es mir, als hätte ich mich auf den Posten eines Chefcoachs vorbereitet. Ich studierte die verschiedensten Trainingsmethoden, ließ mich dabei von anderen Sportarten wie Leichtathletik inspirieren, las viel darüber, wie man das Vorbereitungstraining auf eine Saison strukturierte und wie man es hinbekam, dass die Spieler auf den Punkt topfit waren. Auch fürs Athletiktraining entwickelte ich Konzepte. Die skandinavischen Mannschaften schworen damals auf Langhanteltraining. Das kannte ich gut aus meiner Zeit bei Valur. Es schien mir sinnvoll, das nun auch in Bregenz durchzusetzen. Dazu Intervall-Läufe, Dauerläufe, Sprints. Ich erfand nichts Neues, aber als junger Trainer tendiert man dazu, möglichst alles machen zu wollen – und von allem nicht wenig. Als ich nach Bregenz kam, waren meine Trainingspläne gefüllt bis zum Rand.

Bregenz war die ideale Station für meine Premiere in der Doppelfunktion als Spieler und Trainer. Ich kam in ein perfektes Umfeld. Der Verein wurde professionell geführt wie ein großer, gleichzeitig ging es recht familiär zu. Als Co-Trainer erwartete mich Markus Burger, der den Posten bereits unter meinem Vorgänger innehatte. Obwohl ihm jetzt wieder einer vor die Nase gesetzt wurde, war er loyal, ein großartiger Teamplayer, der sich mit Leib und Seele der Mannschaft verschrieb und mich unterstützte, wie man es sich besser nicht wünschen konnte. Roland Frühstück hatte ich ja bereits kennengelernt. Als Sportdirektor saß er bei den Spielen meist mit auf der Mannschaftsbank. Fürs Training war ich zuständig, auch

Ganzer Einsatz: als Spielertrainer auf Torejagd für Bregenz

fürs Taktische beim Spiel und dafür, wer aufs Parkett kam und wann ausgewechselt wurde. Er kümmerte sich dafür um alle organisatorischen Fragen. Welche Spieler zum Verein kommen oder ihn verlassen sollten, entschieden wir gemeinsam.

Komplettiert wurde unser Quartett durch Gerhard Röser, einen ehemaligen Zehnkämpfer, der als Athletiktrainer wertvolle Arbeit leistete.

Das heißt jedoch nicht, dass die neue Aufgabe ein einziger Spaziergang gewesen wäre. Es gab zum Beispiel einige nicht ganz einfache Entscheidungen zu treffen, bei denen es um gestandene Spieler ging. Ich erwähnte es: Entscheidungen zu treffen, ist etwas, was ich gut kann. Weil ich immer recht schnell eine klare Vorstellung davon habe, was ich erreichen will – und wie es sich erreichen lässt. Für mich ist eine Entscheidung wie ein Schritt geradeaus, keine große Sache. Dabei vergesse ich nur manchmal, dass es für andere sehr wohl eine große Sache sein könnte. Darko Galic war so ein Fall. Der Kroate spielte im Rückraum links und war unser bester Player. Kurz nachdem ich in Bregenz angefangen hatte, zog sich der damals Einunddreißigjährige einen Kreuzbandriss zu und fiel einige Wochen aus. Um ihn zu ersetzen, delegierte ich einen jungen Spieler, der zuvor auf der rechten Seite gespielt hatte, auf seine Position. Galic kämpfte sich zwar zurück, aber der Junge hatte seine Sache so gut gemacht, dass er für uns die erste Besetzung blieb. Galic, der viel für die Mannschaft und den Verein geleistet hatte, bekam weniger Einsatzzeit. Man sah, wie er darunter litt. Er blieb noch eine Saison, dann suchte er sich einen anderen Klub.

Ähnlich lief es bei Sebastian Manhart, unserem Kapitän. Auch er war schon länger bei Bregenz, er lebte für den Verein, war für die Fans eine Identifikationsfigur. Sebastian spielte als Linksaußen. Für die gleiche Position bot sich Konrad (»Conny«) Wilczynski an, der mit zwanzig Jahren am Anfang seiner Karriere stand. Vor meiner Zeit hatten sie ihn meist auf der mittleren Rückraumposition eingesetzt. Ich fand, dass er als Linksaußen seine Fähigkeiten stärker zur Geltung bringen konnte. Wenn er die Trickkiste seiner Drehwürfe aufmachte, sahen die meisten Torhüter schlecht aus. Also positionierte ich ihn auf Linksaußen, wo er die Nummer eins wurde. Für Sebastian war das ein harter Schlag. Er hatte plötzlich viel weniger Spielzeit. Mir tat es in der Seele weh, aber Conny war einfach besser. Vor allem sah ich bei den jungen Spielern mehr Potenzial, auch in Hinblick auf die Zukunft. Es gab noch zwei, drei andere aus dem Nachwuchsbereich, die nach oben drängten – wie Ólafur und ich es damals bei Valur getan hatten. So ist der Lauf des Lebens, jeder weiß das. Doch sobald er selbst betroffen ist, mag mancher der Wahrheit nicht ins Auge schauen.

Als Neuer wird man von den anderen erst einmal gecheckt. Was hat er drauf? Wie reagiert er in bestimmten Situationen? Wie weit kann man bei ihm gehen? Die Spieler wussten natürlich, dass es meine erste Station als Trainer war. Hinzu kam, dass ich selbst spielte und somit Teil der Mannschaft war und wie jeder auf dem Feld Fehler machte. Es war gar nicht so einfach, die richtige Balance zu finden zwischen Nähe und Distanz. Ich war einer von ihnen, aber gleichzeitig auch ihr Anführer, dessen Anweisungen sie folgen sollten. Wie konnte ich jemanden kritisieren, wenn ich doch selbst auch mal Mist baute? Ich musste höllisch aufpassen, dass ich den anderen Spielern gegenüber fair blieb, was in der Hitze des Gefechts manchmal eine ganz schöne Herausforderung war. Aber anders hätten sie mich wohl kaum akzeptiert.

Ein Spiel zu lesen ist von der Seitenlinie aus einfacher, als wenn man auf dem Feld mitten im Geschehen steckt. Aber man sollte beides können. Erst recht, wenn man wie ich auf der Spielmacherposition spielte. Ich hatte rund zweihundert Spiele für die Nationalmannschaft absolviert, dazu die Jahre in der Bundesliga, in Japan und ganz am Anfang in Island – ich fand, das war keine schlechte Basis. Bevor die Saison anfing, sprach ich mit Roland viel über Taktik. Es interessierte ihn, wie ich die Mannschaft spielen lassen wollte. Ich hatte mir jeden Spieler angeguckt, seine Stärken und Schwächen analysiert, um herauszufinden, welche Optionen wir hatten. Einige im Team waren Profis, andere jobbten nebenher oder gingen noch zur Schule. Die Situation war ähnlich der bei Valur, mir also bestens vertraut.

Ein taktisches Konzept macht nur Sinn, wenn es auf die Fähigkeiten und das Leistungsvermögen der Spieler zugeschnitten ist, die einem zur Verfügung stehen. Ich kann kein Spielsystem präferieren, das im Angriff auf einen starken Kreisläufer setzt, wenn es den nicht gibt. Das wäre so, als würde eine IT-Firma ihren Kunden eine Software unterjubeln, für dessen Betreuung sie keinen Spezialisten anzubieten hat. Das gilt für alle Positionen.

Bei meinem Konzept setzte ich auf ein Nummernsystem. Jeder Spielzug erhielt eine Nummer. Einlaufen von rechts außen bekam zum Beispiel die Nummer 1, einlaufen aus dem Rückraum die Nummer 2. Oder Jugokreuzen, ein Passspiel, bei dem sich die Laufwege zweier Spieler kreuzen – das war Nummer 5. Klingt kompliziert, ist für Handballer aber keine Wissenschaft. Das war damals schon nicht neu, und damit wird bis heute gearbeitet. Ein Handballspiel ist im Grunde ein einziger Code-Text. Jeder Angriff ist automatisiert.

Auch für die verschiedenen Abwehrsysteme gibt es Nummernbezeichnungen. Wenn ich die Abwehr beispielsweise 6 – 0 spielen lasse, dann ist das eine defensive Variante, bei der sich alle sechs Spieler zwischen Torraum- und Freiwurflinie aufhalten. Bei 5 – 1 wiederum spielt einer der sechs vorgezogen und konzentriert sich auf einen bestimmten Gegenspieler, um dessen Handlungsraum größtmöglich einzuschränken. Bei 4 – 2 sind es zwei Spieler, die offensiver agieren. Und ganz offensiv wird es, wenn man 3 – 3 spielt. Dazu gibt es jeweils Untervarianten. Wie die Spieler in der Abwehr bei einem Angriff zu reagieren haben, ihre Laufwege, kann man logischerweise nicht vorher definieren, da man nie weiß, mit welchen Spielzügen die gegnerische Mannschaft sie zu überwinden versucht.

Was ich in Bregenz zusätzlich einführte: Ich kombinierte verschiedene Spielzüge. Deswegen war es wichtig, das Vermögen jedes Spielers zu kennen. Nicht jede Kombination lässt sich mit jedem umsetzen. Wenn ich zum Beispiel die Spielzüge 1 und 5 miteinander kombinierte, machte es einen Unterschied, ob ich zuerst 1 und dann 5 spielen ließ oder in der umgekehrten Reihenfolge.

Nichts anderes hatte ich übrigens auf dem karierten Blatt Papier notiert, über das nach unserem EM-Triumph in Polen in vielen Medien spekuliert wurde. Eine Zeitung schrieb: »Sigurðssons Geheimcode«. Für Außenstehende mag das chaotische Zahlenwirrwarr in Grün und Blau und Rot wie eine komplizierte geheime Formel ausgesehen haben. Für die Co-Trainer und mich war es einfach die Auflistung der verschiedenen Angriffs- und Abwehrvarianten, die wir spielen wollten – und dann auch gespielt haben. Das gute Stück wäre nach der Rückkehr aus Polen beinahe in der Waschmaschine gelandet. Ingibjörg rettete es im letzten Moment, bevor sie meine Hose in die Waschtrommel stopfte. Nun hat es einen Platz im Sportmuseum in Köln. Hätte mir jemand vor der Europameisterschaft gesagt, wie viel Aufsehen dieser kleine Zettel erregen würde, ich hätte ihn für verrückt erklärt.

Als Trainer kann man sich die tollsten Spielsysteme ausdenken, sie nützen jedoch nichts, wenn sie nicht umgesetzt werden. Und damit die Spieler sie umsetzen können, selbst in der größten Drucksituation oder vor einer lärmenden Kulisse von fünfzehntausend Leuten, müssen sie die Spielzüge und ihre Nummern pauken wie Vokabeln. Jeder Schritt muss in Fleisch und Blut übergehen, sodass man nachts geweckt werden könnte und sofort wüsste, in welche Richtung man sich zu bewegen oder den Ball abzuspielen hat.

Dieses Zahlensystem hat den großen Vorteil, dass man als Coach während eines Spiels nicht erst Romane herunterbeten muss, um den Spielern klarzumachen, welche Spielzüge sie umsetzen sollen. Roland Frühstück war es, der damals die Idee hatte, mich zusätzlich mit einer Taktiktafel auszustatten, die mir half, meinen Mitspielern in kürzester Zeit zu demonstrieren, wozu ich sonst einige Sätze gebraucht hätte. Und dann hätte ich nicht einmal sicher sein können, ob mich alle verstanden haben. Mein Deutsch war nicht schlecht, aber wir hatten andere Ausländer im Team, die sprachlich nicht so weit waren. Außerdem finde ich es immer besser, Dinge zu visualisieren. Auf diese Weise prägen sie sich schneller ein. Mein Jugendtrainer bei Valur hatte das mit Geldstücken gemacht, die er auf dem Boden in die entsprechenden Positionen schob.

Bei der Taktiktafel, wovon Roland zwei bei einer Firma in Polen besorgte, handelte es sich übrigens um dieselbe, die ich bei der Europameisterschaft benutzte. Sie kam auf diesem Weg sozusagen in ihre Heimat zurück. Die Tafel, die nun wirklich nichts Spektakuläres an sich hat, war bei jeder Auszeit groß im Fernsehen zu sehen. Ich vermute, dass manche Journalisten sie deswegen zu meinem Markenzeichen erklärten und mich unbedingt damit fotografieren wollten. Wenn sie damit meinten, dass sie für mich ein wichtiges, ja unentbehrliches Arbeitsutensil ist, lagen sie vollkommen richtig. Seit der Zeit in Bregenz habe ich immer eine der beiden Tafeln benutzt. Das schien vorher nur niemandem aufgefallen zu sein. Dabei hätte man bloß Ingibjörg zu fragen brauchen. Für sie war die blaue Tafel schon manches Mal ein rotes Tuch. Zum Beispiel, wenn ich sie abends mit ins Bett nahm und die halbe Nacht damit zubrachte, die kleinen Magneten hin und her zu bewegen, bis ich eine neue Spielkombination ausgetüftelt hatte.

Die Handball-Liga Austria ist eine überschaubare Veranstaltung, aber nicht ohne Spannung. Zehn Teams kämpfen zunächst in einer Hauptrunde, jeder gegen jeden, und anschließend in einem geschachtelten Playoff-System um die Meisterschaft und gegen den Abstieg. Die Playoff-Spiele waren immer Highlights. Aber noch interessanter wurde es, wenn wir international spielen konnten – und dann Siege einfuhren, die uns keiner zugetraut hatte. In meinem zweiten Jahr qualifizierten wir uns für den EHF-Cup. In Runde drei wartete mit Aalborg ein harter Brocken. Die Dänen hatten eine starke Mannschaft. Wir galten als klarer Außenseiter. Obwohl beim Hinspiel zu Hause bei uns nicht alles glatt lief, gewannen wir überraschend mit fünf Toren Vorsprung. Hinterher sagten manche, die Dänen hätten uns einfach unterschätzt, im Rückspiel würden sie die Fronten wieder geraderücken. Das hatte Aalborg sicher auch vor. Auf ihrer Homepage schrieben sie vor dem Spiel: »Lasst eure Kinder zu Hause. Es wird eine Schlacht, und das sollen sie nicht sehen.«

Das, was sie sich als Schlacht vorgestellt hatten, endete zwar mit einem Sieg für sie, aber nur mit zwei Toren Differenz. Somit waren wir eine Runde weiter, im Achtelfinale. Und Aalborg raus. Das Achtelfinale überstanden wir auch und zogen ins Viertelfinale ein. Dort erwartete uns der SC Magdeburg, der definitiv eine Nummer zu groß war. Beim Hinspiel in Bregenz ließen sie es mit einem knappen Sieg noch gemächlich angehen. Beim Rückspiel jedoch nahmen sie uns auseinander wie eine Weihnachtsgans und schickten uns mit 25:41 nach Hause.

Solche Niederlagen sind keine schönen Momente. Allerdings erfährt man manchmal hinterher, dass sie auch für etwas gut waren. Acht Monate später, noch im gleichen Jahr, wollte es das Schicksal, dass wir erneut gegen Magdeburg ranmussten. Wir hatten das zweite Mal die Meisterschaft gewonnen und uns durch einen Sieg gegen Vojvodina Novi Sad aus Serbien für die Gruppenphase der Champions League qualifiziert, zum ersten Mal in der Vereinsgeschichte.

Champions-League-Partie mit Bregenz gegen Magdeburg:
Stefan Kretzschmar »fliegt« mir davon

Meister in Österreich zu werden ist eine Sache. In der
Champions League zu spielen eine ganz andere – da
machten wir uns keine Illusionen. Die ersten Spiele, gegen
Montpellier und Medwedi Tschechow, Serienmeister in
Russland, verloren wir klar. Danach standen die Matches
gegen Magdeburg an, damals Dritter der Deutschen Meis-
terschaft. Jahresetat: 3,3 Millionen Euro. Von solch einer
Summe konnten wir im beschaulichen Vorarlberg nur
träumen. Alle Namen fallen mir nicht ein, aber der Spiel-
berichtsbogen las sich wie ein Auszug aus dem *Who's who*
der internationalen Handballelite: Im Tor Deutschlands
Nationalkeeper Johannes Bitter, Karol Bielecki, Polens
Handballikone, im Rückraum, Stefan Kretzschmar auf
Linksaußen, rechts Joël Abati aus dem französischen
Weltmeisterteam, Oliver Roggisch als Kreisläufer und
Abwehrrecke, dazu Sigfús Sigurðsson, mein ehemaliger

Teamgefährte bei Valur und in der isländischen Nationalmannschaft, dessen Stärken ich nur allzu gut kannte. Und
Alfreð Gíslason, noch ein alter Bekannter, gab dem Star-
ensemble als Trainer die Richtung vor. Man hätte vor Ehrfurcht erstarren können.

Das Hinspiel fiel ähnlich deutlich aus wie die letzte Begegnung im Frühjahr im EHF-Cup. Wobei es diesmal
immerhin einen Lichtblick gab: Hätte nur die zweite
Halbzeit gezählt, wir hätten uns über ein Unentschieden
freuen können. Nur hatten wir in der ersten Hälfte ärger-
licherweise schon zehn Tore mehr kassiert, als uns selbst
gelungen waren.

Die große Überraschung hoben wir uns für das Rückspiel vor heimischem Publikum auf. Es war im November, wie damals mit Wuppertal gegen Kiel. Möglicherweise haben uns die Magdeburger am Anfang nicht ernst genommen. Nach einer Viertelstunde stand es 11:5 – und zu
aller Verblüffung waren wir diejenigen, die das Leder elf-
mal im Tor versenkt hatten. Die Zuschauer trauten ihren
Augen kaum. Zur Pause führten wir immer noch, allerdings war unser Vorsprung auf zwei Tore geschmolzen.

Die zweiten dreißig Minuten wurden zu einem echten
Krimi. Stefan Kretzschmar schaffte beim 20:20 den ersten
Ausgleich für die Magdeburger. Dann ging es hin und her,
bis zum Schluss. In der letzten Viertelstunde hätten wir
uns etwas Luft verschaffen können, versemmelten aber
drei Siebenmeter hintereinander. Ich kann mir nicht vorstellen, dass es viele Menschen in der Halle gab, die danach noch auf einen Sieg von uns gesetzt haben. Die regu-
läre Spielzeit endete dann auch mit einem Unentschieden.
Allerdings hatten uns die Schiedsrichter Sekunden vor
dem Abpfiff einen Siebenmeter zugesprochen, der noch
ausgeführt werden musste. Conny Wilczynski, der in
diesem Spiel über sich hinausgewachsen war, krönte seine

Leistung, indem er den Strafwurf eiskalt verwandelte und damit seinen zwölften Treffer an dem Tag erzielte.

Unser Vereinsmanager gab dem Sieg eine fast schon religiöse Dimension. »Der liebe Gott schaut sich auch Handballspiele an«, jubelte er hinterher den Journalisten entgegen. Ich denke, es lag eher daran, dass wir an uns geglaubt hatten und mit dem festen Willen aufs Parkett marschiert waren, es den Magdeburgern, die uns oft genug gedemütigt hatten, wenigstens einmal zu zeigen.

In Hinblick auf den laufenden Wettbewerb mag der Sieg keinen besonderen Wert gehabt haben. Da es unser einziger war, schieden wir trotzdem aus. Magdeburg rutschte durch die überraschende Niederlage zwar auf den zweiten Tabellenplatz, war damit dennoch für die nächste Runde qualifiziert, bekam allerdings einen schwereren Gegner. Der Wert eines Sieges wie gegen Magdeburg oder damals gegen Kiel liegt vielmehr darin, dass man sich auf diese Weise selbst vor Augen führt, dass nichts unmöglich ist. Nur so kann man es verinnerlichen, und es wird ein Teil von einem. Es ist ein wesentlicher Unterschied, ob man solche Geschichten liest oder von anderen erzählt bekommt, vielleicht sogar als Augenzeuge dabei war, oder ob man selbst am Geschehens mitgewirkt und somit zum Ergebnis beigetragen hat. Man könnte stapelweise Coaching- und Motivationsbücher verschlingen, es würde nicht annähernd das Gleiche bewirken.

Ein Ereignis habe ich übersprungen – die Olympischen Spiele 2004 in Athen. Wir hatten uns mit der isländischen Nationalmannschaft qualifiziert, zum ersten Mal für ein olympisches Turnier seit ich dabei war. Þorbjörn Jensson war inzwischen als Trainer durch Guðmundur Guðmundsson ersetzt worden, der heute fürs dänische Natio-

Olympia 2004 in Athen: Ich führe unsere Mannschaft als Kapitän aufs Feld

nalteam zuständig ist. Ich war weiterhin Kapitän. In der Vorbereitung schenkten wir uns nichts, knüppelten eine Athletikeinheit nach der anderen, liefen Kilometer um Kilometer auf den Bahnen des Laugardalsvöllur, unserem Nationalstadion. Im Nachhinein schien es allerdings so, als hätten wir es mit unserem Eifer etwas übertrieben. Als wir Anfang August in die griechische Hauptstadt reisten, steckten uns die Trainingsstunden wie Blei in den Knochen. Wir wollten gut abschneiden, wir waren fokussiert, aber wir waren nicht frisch. Ólafur, ich und noch zwei, drei andere aus dem Team verzichteten sogar auf die Eröffnungsfeier, um uns nicht ablenken zu lassen und stattdessen auszuruhen. Am Tag danach sollte unser erstes Spiel sein.

Man hört häufig von Sportlern, dass Olympische Spiele das Maß aller Dinge seien und es nichts Größeres gäbe, als einmal im Leben daran teilzunehmen. Ich will gar nicht bestreiten, dass es eine großartige Sache ist. Mythos Olympia, das größte Fest für Sportler, das es auf der Welt gibt – in der Vorstellung ein fast schon romantischer Gedanke. Als ich dann aber dort war, habe ich es etwas anders empfunden. Um ehrlich zu sein: Ich war ziemlich enttäuscht. Mir war das zu viel Trubel, zu viel Kommerz, zu viel Zirkus drum herum. Anstatt des Gewusels von Tausenden von Sportlern im olympischen Dorf hätte ich ein kleines, ruhiges Hotel für unsere Mannschaft bevorzugt. Am besten in unmittelbarer Nähe des Sports Pavilion, in dem wir spielten, und nicht fünfundzwanzig Kilometer entfernt. Was das allein an Fahrerei mit sich brachte!

In der Vorrunde mussten wir jeden zweiten Tag zu einem Spiel antreten. Und fast alle fanden zu unterschiedlichen Zeiten statt, mal abends, mal mittags, mal morgens. Unter diesen Bedingungen den richtigen Rhythmus zu finden war ein Kunststück, das uns nicht gelingen wollte. Nach den Matches hätten wir Ruhe gebrauchen können, gutes Essen und eine stille Ecke zum Regenerieren, aber wie sollte das gehen in dieser riesigen Bienenwabe von Unterkunft, in der ein ständiges Kommen und Gehen herrschte?

Gut möglich, dass meine Erinnerungen an die Tage von Athen auch dadurch getrübt sind, dass wir mindestens einmal zu viel verloren. Mit einer Niederlage in ein Turnier zu starten ist nie das, was man sich wünscht. Ungünstigerweise mussten wir gleich als Erstes gegen Kroatien ran, das uns mit einem 34:30 unsere Grenzen aufzeigte. Wobei es keine Schande war, gegen die Kroaten zu verlieren. Sie waren der amtierende Weltmeister und am Ende die einzige Mannschaft, die ungeschlagen blieb und sich somit auch noch Olympia-Gold holte. Zwei Tage später wurden wir für unser fleißiges Training in der Vorbereitung noch immer nicht belohnt: Spanien schlug uns mit einem Vorsprung, der mit acht Toren viel zu deutlich ausfiel. Erst in der dritten Partie, gegen Slowenien, gelang uns der erste Sieg. Danach warteten noch zwei Vorrunden-Begegnungen auf uns. Wenn wir in die Finalrunde einziehen wollten, mussten wir mindestens noch zwei Punkte holen – gegen Südkorea oder Russland. Die Russen waren 2000 in Sydney Olympiasieger geworden, Südkorea schien uns daher eher bezwingbar.

Das Spiel begann zur unchristlichsten Zeit von allen, um halb zehn Uhr morgens, aber das soll keine Ausrede sein. Der Wille war vorhanden, bei jedem Einzelnen von uns. Wir waren nur nicht stark genug, weder im Kopf noch bei unseren Aktionen auf der Platte. Es wurde das zweite 34:30, das die Ergebnistafel im Sports Pavilion des Olympia-Komplexes Faliro gegen uns anzeigte. Fast schien es, als hätten wir dieses Resultat exklusiv gepachtet. Zwei Tage darauf, gegen Russland, lautete das Endergebnis nämlich schon wieder so, auch diesmal zu unseren Ungunsten. Der Knackpunkt aber war das Spiel gegen Südkorea gewesen. Hätten wir da abrufen können, was an Potenzial in unserer Mannschaft steckte, wir hätten gewonnen und wären in die Finalrunde eingezogen, in der es um die vorderen Plätze ging. Aber von Träumen kann man sich bekanntlich nichts kaufen. So spielten wir gegen Brasilien um Platz neun. Wenigstens diese Partie entschieden wir noch einmal für uns. Und trotzdem: Es war einfach nicht unser Turnier.

Auch die Weltmeisterschaft Anfang 2005 in Tunesien, über die im Nachhinein einige unschöne Korruptionsgeschichten bekannt wurden, war keine Sternstunde für Islands Handball. Unser Team verkaufte sich weit unter Wert. In der Vorrunde verloren wir gegen Russland und Slowenien, leisteten uns ein Unentschieden gegen Tschechien und gewannen gegen Kuwait und Algerien. Das genügte nicht, um in die Hauptrunde einzuziehen. In der Endabrechnung landeten wir auf Platz fünfzehn. Schlechter hatte eine isländische Nationalmannschaft bisher weder bei Olympischen Spielen noch bei Welt- oder Europameisterschaften abgeschnitten.

Einen guten Monat später wurde ich zweiunddreißig. Seit meinem ersten Auftritt im Nationaltrikot hatte ich über zweihundert Spiele absolviert. Ich musste mir nichts vormachen: Meine Zeit als Auswahlspieler näherte sich dem Ende. Mit der Trainerfunktion in Bregenz war es ohnehin komplizierter geworden, sich die erforderlichen Termine freizuschaufeln. Außerdem war es Zeit, den Jüngeren Platz zu machen. Ich hatte nicht vergessen, wie es damals bei uns gewesen war.

Im folgenden Sommer standen noch zwei wichtige Spiele auf dem Programm. Aufgrund unserer Platzierung in der Weltrangliste der International Handball Federation waren wir für die Playoffs zur Qualifikation zur Europameisterschaft 2006 in der Schweiz gesetzt. Als Gegner wurde uns Weißrussland zugelost. Das erste Spiel fand in Reykjavík statt. Wir gewannen und schufen uns mit neun Toren Vorsprung eine hoffnungsvolle Ausgangssituation fürs Rückspiel, das eine Woche später in

Minsk anstand. Ich wusste, dass es mein letztes Spiel für die Nationalmannschaft sein würde. Das fühlte sich weder falsch noch richtig an. Es war einfach so. Es kam in mir auch nicht die große Wehmut hoch. Ein Abschnitt ging zu Ende, das hatten Generationen vor mir erlebt, und denen nach mir würde es nicht anders ergehen. Wir warfen sogar ein Tor mehr als beim Hinspiel und ließen die Weißrussen nur bis auf drei Tore heran. Damit waren wir für das nächste Großereignis qualifiziert. Ich fand: keine schlechte Staffelübergabe des scheidenden Kapitäns. Am Abend saß ich noch einmal mit dem Team zusammen. Es war ein Abschied und irgendwie doch keiner – zu Hause in Island würde man sich irgendwann wiedersehen. Auch das liegt in der Natur der Sache. Die meisten Isländer wollen mal raus, runter von der Insel. Aber fast jeder von ihnen kommt wieder zurück, früher oder später.

Und was mich betraf: Ich hatte in all den Jahren den Kontakt nach Hause sowieso nie verloren. Nicht nur, dass wir regelmäßig dort waren und Zeit mit unseren Familien und Freunden verbrachten. Ich hielt mich auch stets informiert, wer gerade welche neuen Geschäftsideen ausbrütete. Oder ich brütete selbst welche aus. Wenn mir etwas in den Sinn kam, rief ich Lárus an, um wie früher seine Meinung zu erfahren. Wir telefonierten mindestens einmal in der Woche.

Ein anderer Gesprächspartner für solche Themen war Kristinn, ein Freund aus der Schule, der auch immer nach guten Geschäftsmöglichkeiten Ausschau hielt. Kristinn kam darauf, dass es in Reykjavík an einer Logistikfirma mangelte, an einer, die Waren von A nach B transportierte, etwa so wie DHL, nur in klein. Wir fingen sogar ganz klein an: mit einem Computer und einem Auto. Doch es dauerte nicht lange, dann hatten wir zehn Autos und zehn

Fahrer. Wir beschäftigten einige Freunde, Ingibjörgs Vater und andere aus der Familie halfen mit. Wenn ich im Urlaub in Island war, setzte ich mich auch selbst ans Steuer. Der Kundenstamm vergrößerte sich allmählich. In der besten Zeit zählte unser Fuhrpark rund vierzig Fahrzeuge. Kristinn führte die Firma. Allerdings verkaufte er sie später, um sich einem neuen Geschäftsmodell zu widmen, mit dem es kein gutes Ende nehmen sollte. Aber so weit war es noch nicht.

Meine Kontakte in die Heimat schlossen natürlich auch Valur ein. Dort war inzwischen viel in Bewegung geraten. Die Vereinsführung schmiedete große Pläne. Eine neue Halle für Handball und Basketball sollte errichtet werden, zusätzliche Trainingsplätze für die Fußballer wurden geplant, für das Vereinsheim schwebte ihnen ein Erweiterungsbau vor. Es sollte alles größer und noch professioneller werden. Normalerweise hätte ich diese Informationen wahrgenommen und mich aus alter Verbundenheit darüber gefreut. Bei Valur hatte alles angefangen, dort war ich zu dem Handballer geworden, der es bis ins Nationalteam schaffte. Jeder Erfolg war irgendwie mit dem Verein verbunden. Doch diesmal reagierte ich anders, erst recht als ich erfuhr, dass jemand gesucht wurde, der das ambitionierte Projekt umsetzen und Valur damit in die Zukunft führen sollte.

VI
Neue Herausforderungen

Abschied und Rückkehr – Nationaltrainer – Das Wunder
von Innsbruck – In der Wildnis von Virginia – Das letzte
Motivationsvideo – Verloren am Eyjafjallajökull –
Erfolgreiche Taktik gegen Freunde

Bregenz war das Paradies. Wie Ingibjörg und ich es genossen, mit unseren Fahrrädern zum Bodensee zu radeln! Wie gern wir im Winter mit den Kindern zum Skiausflug in die Berge fuhren. Und wie wohl sich die Kleinen in der Schule beziehungsweise im Kindergarten fühlten. Bregenz war der Ort, an dem wir hätten bleiben können. Auch im Verein lief es gut. In den vier Jahren, die wir dort waren, gewannen wir viermal die Meisterschaft und einmal den Pokal. Einzig mein Körper meldete sich zunehmend häufiger und protestierte gegen die Belastungen, die ich ihm als Spieler zumutete. Jetzt war es besonders die Achillessehne, die mir zu schaffen machte.

Andererseits waren wir nun seit elf Jahren im Ausland. Die Kinder wurden größer. Sollten sie nicht besser in ihrer Heimat aufwachsen? Vor allem aber stand da die Frage, ob ich nun, da meine Zeit als Spieler bald vorüber sein würde, wirklich Trainer sein wollte. Ich war mir nicht sicher. Nur eines wusste ich: Sollte ich mich dazu entschließen, diesen Job als meinen zukünftigen Beruf anzustreben, wollte ich ihn nicht irgendwo ausüben, sondern bei einem Spitzenverein. Das mag anmaßend klingen, doch das täuscht. Ich behaupte nicht, dass ich unter Minder-

wertigkeitskomplexen litt. Doch genauso war ich meilen-
weit davon entfernt, dem Größenwahn zu verfallen. Mir
ging es um etwas anderes: Die Vorstellung, Trainer zu
werden, reizte mich nur dann, wenn sie mit einer neuen
Herausforderung verbunden wäre. Es ist wie ein Muster,
das sich durch mein Leben zieht, vom ersten Training an,
damals bei Valur, als ich unbedingt mit Lárus und den anderen Jungs, die zwei, drei Jahre älter waren, mithalten
wollte. Auch unser Café, *KOFI TÓMASAR FRÆNDA,*
war im Grunde so eine Geschichte. Oder die Logistikfirma mit Kristinn. Sich etwas ausdenken, eine Idee Realität
werden lassen und damit erfolgreich sein – den Erfolg
selbst gestalten. Um nichts anderes geht es auch im Sport.

Allerdings würde keiner von den Spitzenvereinen, die
mir vorschwebten, ausgerechnet nach dem ehemaligen
Spielertrainer eines Vorarlberger Vereins gieren, auch
wenn der österreichischer Meister war, so viel stand fest.
Und klar war auch, dass ich mich nicht die nächsten Jahre
von einem Verein zum nächsten hangeln wollte, bis ich
bei einem der führenden Klubs angelangt sein würde. Die
ständige Umzieherei, die damit verbunden gewesen wäre,
konnte ich unserer Familie unmöglich zumuten. Ingibjörg
und die Kinder hatten schon genug verrückte Sachen mit-
gemacht. Ich wollte es nicht übertreiben. Wenn das
Gleichgewicht in der Familie aus den Fugen gerät, wenn
sich da Baustellen auftun, bringt das Unruhe ins Leben,
die alles nur schwieriger macht. Das war es nicht wert.

Also bewarb ich mich bei Valur als Geschäftsführer
und bekam den Job. Ich sollte die Gesamtverantwortung
tragen, für den Nachwuchsbereich ebenso zuständig sein
wie für den der Erwachsenen, ob Handball, Fußball oder
Basketball. Im Sommer 2007 verließen wir Österreich.
Nach elf Jahren in der Ferne zogen wir zurück in die Heimat.

Drei Generationen im Valur-Dress:
mein Vater, Siggi und ich

Es sollte ein kurzer Abschied vom österreichischen Handball werden. Wir hatten uns kaum in Reykjavík eingelebt, als sich Martin Hausleitner meldete, der Generalsekretär des Österreichischen Handballbundes. Der ÖHB suchte einen neuen Chefcoach fürs Nationalteam. Er beschrieb mir das Anforderungsprofil und meinte, ich sei ihr Wunschkandidat: international erfahren, mit dem österreichischen Handball vertraut, außerdem würde ich viele von den Spielern kennen. Und dann war da noch die Sache mit dem Erfolg. Sie brauchtes jemanden, der die Spieler mitriss und ihnen vermittelte, dass jeder Kontrahent zu schlagen war. Genau das hätte ich in meiner Bregenzer Zeit bewiesen.

Österreich hatte sich für die nächste Europameisterschaft beworben und den Zuschlag erhalten. Als Nationalteam des Gastgeberlandes war die Mannschaft automatisch qualifiziert, was ihr auf sportlichem Weg nie zuvor gelungen war. Überhaupt waren die österreichischen Auswahlspieler bei wichtigen internationalen Turnieren bisher äußerst selten zu Gast gewesen. Seit Bestehen des Verbandes kein einziges Mal bei Olympischen Spielen und nur viermal bei Weltmeisterschaften. Wobei das letzte Mal mittlerweile fünfzehn Jahre zurücklag, das davor sogar fünfzig.

So weit zur Ausgangssituation – wenn das keine Herausforderung war! Bis zur Europameisterschaft waren noch knapp zwei Jahre Zeit. Als Gastgeber wollte man sich natürlich möglichst stark präsentieren. Von den Auftritten des Nationalteams würde nicht unwesentlich die Stimmung in den Hallen abhängen und nicht zuletzt auch der Verkauf der Tickets. Zusätzlich hoffte der Verband auf einen Schub für den Handballsport im eigenen Land, der in seiner Bedeutung weit hinter Skisport und Fußball zurücklag.

Eine reizvolle Aufgabe. Ich übernahm das Amt – mein erster richtiger Trainerjob –, blieb aber mit der Familie in Reykjavík und machte auch als Geschäftsführer bei Valur weiter. Wir waren inzwischen in mein Elternhaus gezogen, das wir Stück für Stück renovierten. Ingibjörg arbeitete als Lehrerin, wie sie es sich gewünscht hatte. Die Kinder gingen zur Schule und freuten sich, ihre Großeltern nun regelmäßig zu sehen. Wir lebten wie eine typische isländische Familie. Als wäre es niemals anders gewesen.

Die Doppelfunktion machte mir nichts aus. In Island wächst man quasi damit auf. Fast jeder macht neben seinem Hauptjob noch andere Sachen. Isländer sind irgendwie immer beschäftigt. Das merkt man auch bei den

Handballspielen. In Deutschland, genauso in Österreich, kommen die meisten Zuschauer relativ zeitig in die Halle, treffen sich mit Freunden, futtern Würstchen oder andere Snacks, trinken Bier. Dann gucken sie sich das Spiel an, essen in der Pause wieder etwas, trinken wieder Bier, quatschen wieder – das Gleiche hinterher. In Island dagegen hetzen die Leute direkt von der Arbeit in die Halle. Viele treffen erst fünf Minuten nach Spielbeginn ein, um anschließend genauso schnell wieder zu verschwinden. Niemand nimmt sich Zeit, das Spiel und das Drumherum als Event zu genießen. Wobei es dieses Drumherum so auch nicht gibt, Bier trinken zum Beispiel ist in der Halle nicht erlaubt.

Ich machte mich sofort an die Arbeit. Markus Burger, mit dem ich schon bei den Bregenzern zusammengearbeitet hatte, wurde mein Co-Trainer. Im österreichischen Team war es zuletzt nicht besonders gut gelaufen. Es musste einen Schnitt geben, so viel stand fest, ein klares Zeichen, dass nun ein frischer Wind wehte. Die Mannschaft brauchte einen neuen Geist. Somit bestand eine meiner ersten Amtshandlungen darin, den Kader neu zu formieren. Das war nicht ungewöhnlich. So etwas passiert ständig in unserem Geschäft, wenn neue Trainer das Kommando übernehmen. Die meisten Spieler, die zur Auswahl standen, kannte ich aus der österreichischen Liga, sodass ich schnell einen Plan hatte, wie die Mannschaft zusammengestellt sein sollte. Ich strebte eine Mischung aus jungen und erfahrenen Spielern an, mit eindeutiger Tendenz zu den jüngeren. Schließlich ging es darum, eine schlagkräftige Truppe für 2010 aufzubauen. Das war mein Auftrag, meine Mission. Außerdem sind junge Spieler, die neu in eine Mannschaft kommen, leichter zu formen. Das gilt umso mehr, wenn man vorhat, das Spielsystem zu ändern – und das hatte ich.

Nach welchen Kriterien suche ich Spieler aus? In erster Linie nach Talent und Können. Nicht weniger wichtig ist jedoch der Charakter. Habe ich einen Siegertypen vor mir? Hat er den unbedingten Willen, jedes Spiel zu gewinnen, selbst wenn es sich nur um ein Trainings- oder Freundschaftsspiel handelt? Kann er sich in ein Team einfügen? Passt er zu den anderen in der Mannschaft? Und passt seine Art, Handball zu spielen, zu meiner Idee?

Ich bin normalerweise kein Freund von Formeln aus Lehrbüchern. Die sind mir meist zu abstrakt. Doch eine zeige ich jungen Spielern immer wieder gern. Sie veranschaulicht gut, wie ich die Sache sehe. Dafür muss man sich eine Skala von 0 bis 10 vorstellen. 10 steht für Genie. Dazwischen ordnet man die angeborenen und die erlernten Fähigkeiten eines Spielers ein, ebenso seine Einstellung. Angenommen, man hat einen sehr talentierten Spieler A, der aber kein Genie ist, dann würde man ihn bei 8 einsortieren. Spieler B ist nur halb so talentiert, bekommt also eine 4. Allerdings hat Spieler B einen starken Willen und ist von dem Wunsch beseelt, ein viel besserer Spieler zu werden. Er bemüht sich beim Training, lässt keine Einheit aus, schiebt eher Zusatzschichten, um sein Ziel zu erreichen. Da es ihm im Vergleich zu Spieler A jedoch an Talent mangelt, wird er sich ihm zwar annähern, aber nicht dessen Niveau erreichen. Trotzdem würde ich mich für Spieler B entscheiden. Denn um das Gesamtpotenzial eines Spielers herauszufinden, muss man die Summe aus angeborenen und erlernten Fähigkeiten mit seiner Einstellung multiplizieren – und hierbei schneidet er besser ab. Das klingt jetzt sehr theoretisch. Doch es ist genau das, was sich in der Praxis, auf dem Spielfeld, jedes Mal aufs Neue bewahrheitet.

	Spieler A	Spieler B
angeborene Fähigkeiten	8	4
+		
erlernte Fähigkeiten	8	6
×		
Einstellung	4	7
Ergebnis	64	70

In der neu formierten Mannschaft fehlten einige aus dem alten Kader. Wie gesagt, ein fast alltäglicher Vorgang. Wahrscheinlich hätte er kaum für Wirbel gesorgt, wäre unter denen, die nicht mehr im Aufgebot standen, nicht ausgerechnet der langjährige Kapitän gewesen, David Szlezak. Als Linkshänder hatte er auf der Position Rechtsaußen gespielt – und genau die hatte ich nun mit Robert Weber besetzt. Robert, der im gleichen Jahr in die Bundesliga wechseln und dort später zum Torschützenkönig avancieren sollte, war elf Jahre jünger, strotzte vor Ehrgeiz, vor allem passte seine Spielanlage bestens zu meinem Konzept. Gemeinsam mit Roland Schlinger im Rückraum und Konrad Wilczynski auf Linksaußen sollte er eine Achse bilden, was dann auch gut funktionierte. Von daher war es aus meiner Sicht keine Entscheidung gegen den einen, sondern für den anderen. Wobei ich nicht bestreiten will, dass man das als Betroffener durchaus anders wahrnehmen kann.

Wie man es auch sehen mochte, mein Fehler bestand darin, dass ich David nicht informierte, bevor die Aufstellung veröffentlicht wurde. Sein Name war einfach aus dem Kader verschwunden, und damit hatte es sich. Keine schöne Art. Ich hätte mich mit ihm treffen oder wenigstens ein Telefonat mit ihm suchen sollen.

Das Vier-Nationen-Turnier Ende März 2008 in Innsbruck sollte die erste Bewährungsprobe für uns werden. Ich war kaum drei Wochen im Amt. In dieser kurzen Zeit kann man die Welt nicht neu erfinden. Zur Vorbereitung auf das Turnier absolvierten Markus Burger und ich einige Trainingseinheiten mit der Mannschaft, um uns einen Eindruck vom Leistungsstand zu verschaffen und verschiedene taktische Varianten auszuprobieren. Vor allem aber versuchten wir, die Spieler darauf einzuschwören, dass sie jeden Gegner bezwingen konnten.

Die einfachsten Botschaften sind oft die besten. Allerdings taugen sie nur, wenn es einem gelingt, sie in die Köpfe zu pflanzen. Dabei wiederum sind Erfolge sehr hilfreich. Wer damals mit mir bei Bregenz gegen Magdeburg gewonnen hatte, kaufte mir die Botschaft eher ab als jemand, dessen Mannschaft niemals gegen einen haushohen Favoriten erfolgreich war. Und am allerbesten ist es, wenn man gemeinsam im Team solche vermeintlichen Wunder vollbringt.

In Innsbruck warteten drei Gegner auf uns: Schweden, Deutschland, Tunesien – in dieser Reihenfolge. Die Schweden hatten in den Neunzigerjahren und Anfang der Zweitausenderjahre goldene Zeiten erlebt, waren danach zwar eingebrochen, rappelten sich aber gerade wieder auf. Bei der letzten Weltmeisterschaft waren sie Fünfter geworden.

Wir legten einen furiosen Start hin, führten schnell mit 5:0, doch dann schienen sich die Schweden an ihre Favoritenrolle zu erinnern. Sie holten uns ein, gingen in Führung, zumindest blieben wir dran. In dieser Phase konnte

154

*Erste Bewährungsprobe als Teamchef der Österreicher
beim Vier-Nationen-Turnier in Innsbruck*

man von einer ausgeglichenen Partie sprechen. Bis zum
24:24 hielten wir mit, doch dann spielten sie ihre ganze
Routine aus und zogen bis zur Schlusssirene mit vier Toren davon – Endstand: 26:30.

Da jede Niederlage den Himmel über mir verfinsterte,
war ich nicht begeistert, aber ich war auch nicht am Boden zerstört. Die Jungs hatten hoch motiviert aufgespielt
und sich nie aufgegeben – das zeugte von Moral.

Danach kam Deutschland. Vermutlich brauche ich nicht zu betonen, dass wir als krasser Außenseiter in die Partie gingen. Die Deutschen hatten ein Jahr zuvor die Weltmeisterschaft im eigenen Land gewonnen. Es machte auch nicht den Eindruck, als hätten sie etwas anderes vor, als uns mit einer deutlichen Niederlage vom Parkett zu schicken. Zur Halbzeit führten sie bereits 18 : 14. Nach der Pause legten sie innerhalb von drei Minuten drei Tore nach, während uns kein einziger Treffer gelingen wollte. Doch zehn Minuten später schien auf einmal wieder die Sonne – wir hatten den klaren Rückstand in ein Unentschieden verwandelt: 23 : 23. Von da an ließen wir uns nicht mehr abschütteln, übernahmen zwischenzeitlich sogar hin und wieder die Führung. Sekunden vor Schluss lagen wir vorn, mit 31 : 30. Ein Tor legten wir noch drauf, dann war die Sensation perfekt. Eine deutsche Zeitung schrieb hinterher: »Die Schmach von Innsbruck«.

Diesen Rückenwind nahmen wir mit ins letzte Spiel gegen den mehrfachen Afrika-Meister Tunesien, den wir über die gesamten sechzig Minuten dominierten. Zwischenzeitlich zogen wir sogar bis auf elf Tore davon, am Ende waren es noch fünf. Da Deutschland am gleichen Tag gegen Schweden seine zweite Niederlage einstecken musste, schlossen wir das Turnier als zweitbeste Mannschaft ab, vor den Deutschen. Mein Einstieg als Nationaltrainer hätte schlechter ausfallen können.

Natürlich konnte ich dieses Ergebnis realistisch einschätzen: Es war lediglich ein Freundschaftsturnier gewesen. Und während die Schweden in Bestbesetzung angereist waren, hatte Deutschlands Nationalcoach Heiner Brand verletzungsbedingt auf einige Stammspieler verzichten müssen. Doch das änderte nichts an der Tatsache, dass unsere Spieler den aktuellen Weltmeister bezwungen hatten. Dieses Erfolgserlebnis konnte ihnen niemand nehmen, es würde für immer ein Teil von ihnen sein. Nun würde es allerdings auch darauf ankommen, was jeder für sich mit diesem Erfolgserlebnis anstellte. Verbuchte man es als glückliche Fügung – wegen der Verletzten –, als Zufall, oder sagte man sich: Wir haben alles gegeben, wir haben an uns geglaubt, wir haben verdient gewonnen? Ich würde immer zu Letzterem raten.

Der Österreichische Handballbund organisierte im Vorfeld der Europameisterschaft fünf solcher Turniere, in jedem zukünftigen EM-Austragungsort eins. Noch bevor das Jahr zu Ende ging, stand das nächste an, diesmal in Graz. Mit Kroatien, Ägypten und Dänemark war es wieder erstklassig besetzt. Alle drei Teams wurden höher eingeschätzt als wir. Das war natürlich kein Zufall, wir wollten uns mit starken Nationen messen, am besten mit den stärksten. Ich halte nichts davon, sich für solche Spiele schwache Gegner zu suchen. Man könnte argumentieren, dass jeder Sieg Spaß bringt und vor allem das Selbstbewusstsein fördert. Das stimmt auch, nur zahlt es um ein Vielfaches mehr auf das Selbstbewusstsein ein, wenn man eine vermeintlich überlegene Mannschaft bezwingt. Außerdem kitzelt man mit einem starken Gegner vor der Brust viel mehr den Ehrgeiz der Spieler heraus. Und: Von einem starken Gegner kann man lernen, wohingegen der Lerneffekt bei einem schwächeren eher bescheiden ausfällt. Auch Siege sollten einen weiterbringen, gerade Siege.

Für das Spiel gegen Dänemark nahmen wir uns besonders viel vor. Dänemark war im selben Jahr Europameister geworden. Nach dem Weltmeister nun den Europameister schlagen – so hätte ich mir einen schönen Jahresausklang vorstellen können. Und ich dachte, es wäre eine besonders pfiffige Idee, unsere Spieler mit den Erinnerungen an den Erfolg von Innsbruck auf das Match einzustimmen. Ich besorgte mir die Videoaufzeichnung des Spiels, schnitt die Highlights – also unsere besten Szenen – zusammen und unterlegte alles mit cooler Musik. Als ich zufrieden war mit meinem kleinen Werk, trommelte ich die Mannschaft zusammen und führte es den Spielern vor. Ich hatte ein gutes Gefühl, dachte, die Bilder würden sie wieder in den Siegermodus bringen.

Das Spiel kam – und wurde ein einziger Albtraum. Man traut es sich kaum hinzuschreiben: Zur Pause stand es 9:21. Die Jungs waren völlig von der Rolle. Es lief so viel verkehrt, dass alle Korrekturen, die ich von der Bank aus unternahm, kaum etwas brachten. Im Angriff wurde viel zu hastig der Abschluss gesucht und ein Wurf nach dem anderen verballert. Und hinten in der Abwehr schienen sie ab der fünfzehnten Minute fast Arbeitsverweigerung zu betreiben. Von aggressiver Deckung, wie ich sie mir vorstellte und wie ich sie immer wieder forderte, konnte man nicht einmal etwas erahnen. Die schnellen Dänen spielten uns regelrecht schwindelig. Als beim Stand von 22:39 die Schlusssirene ertönte, war das wie eine Erlösung.

Gegen Kroatien verloren wir auch recht deutlich mit acht Toren, aber wenigstens kämpften wir da. Erst im letzten Spiel gegen Ägypten gelang uns ein knapper Sieg, was den Rückschlag vom Dänemark-Spiel etwas milderte, aber wirklich nur ein ganz klein wenig, ich spürte es kaum. Zumindest wusste ich nun, dass wir noch am Fuße des Berges standen, den wir gemeinsam erklimmen wollten. Und ich fasste einen Entschluss: Niemals wieder würde ich ein Motivationsvideo basteln.

Manchmal muss man auf so einer Reise ungewöhnliche Wege beschreiten. Schön wäre, man wüsste vorher, welche Wege es sind, die zum Ziel führen. Das kann einem nur niemand sagen. Man erfährt erst hinterher, ob es der richtige war. Mit dem Video hatte ich offensichtlich komplett danebengelegen. Trotzdem war es aus meiner Sicht kein Fehler. Es gibt auf diesem Feld – Motivation, Teambuilding und was noch dazugehört – für keinen Weg und keine Methode eine Garantie. Was bei dem einen Team zum Erfolg führt, wird bei einem anderen möglicherweise gar nichts bewirken oder das Gegenteil. Die Frage ist auch, wie man Erfolg in diesem Fall bemisst. Ein einfaches Beispiel: Mannschaft A trifft sich drei Tage vor dem nächsten Spiel zum gemeinsamen Pizzaessen. Man verbringt einen gemütlichen Abend in ungezwungener Atmosphäre miteinander. Mannschaft B investiert etwas mehr Zeit, fährt tags darauf ein Stück aufs Land hinaus, um sich dort durch einen Klettergarten zu hangeln und dabei das Gemeinschaftsgefühl heraufzubeschwören. Am folgenden Wochenende findet ein kleines Turnier statt, bei dem Mannschaft A auf Mannschaft B trifft. Mannschaft B scheint einen schlechten Tag erwischt zu haben, bereits mit der Halbzeit ist abzusehen, wie die Partie ausgehen wird: Mannschaft A gewinnt. Anschließend müssen beide Mannschaften noch gegen zwei andere ran. Beide Male verliert Mannschaft B, während Mannschaft A zwei weitere Siege einfährt. Welchem Trainer würde man nun bescheinigen, dass sein Teambuilding das bessere war?

Ich habe mir angewöhnt, zuerst einmal mich selbst zu fragen: Was würde mir gefallen, wenn ich Spieler wäre? Und was passt zu mir, wo finde ich mich wieder? Den Klettergarten zum Beispiel müsste ich anderen überlassen. Nichts gegen Klettergärten, aber diese Form sportlicher Betätigung ist nicht mein Ding. Es wäre nicht authentisch und somit von vornherein zum Scheitern verurteilt. Wenn es aufgesetzt wirkt oder irgendwie künstlich erzwungen – nach dem Motto: So, jetzt lernt euch mal schön kennen und werdet beste Freunde –, kann man sich den Aufwand besser gleich sparen. Das wird nicht funktionieren. Sowieso lässt sich Teambuilding nicht verordnen, selbst wenn man sich noch so verrückte Sachen einfallen ließe.

Als ich das erste Mal mit Aktivitäten in Berührung kam, die man heute unter dem Stichwort Teambuilding einsortieren würde, war ich neunzehn. Zu verdanken hatte ich das Nonni, mit dem ich mich im Winter zuvor bei Valur angefreundet hatte. Vor Weihnachten wurden dort immer Weihnachtsbäume verkauft, um die Vereinskasse aufzubessern. Wir hatten uns beide als Verkäufer gemeldet, hockten zusammen in einem Container und warteten auf Kundschaft. An dem Tag kam nur selten jemand vorbei. Wir hatten genügend Zeit, uns zu unterhalten. Es war saukalt. Ich glaube, die Kälte brachte Nonni darauf, von seinem letzten Sommer zu erzählen. Den hatte er – bei wunderschönem Wetter, wie er sich erinnerte – in Viginia verbracht, in jenem Adventure-Camp, das ich bereits erwähnte. Das Camp hatte ihm Magnús Blöndal empfohlen, Lárus' und mein erster Trainer, der mehrmals als Betreuer dort gewesen war. Maggi lebte inzwischen leider nicht mehr. Er war an Lungenkrebs gestorben, mit vierundzwanzig. Wir hatten ihn alle sehr gemocht. Und meine Erinnerungen an das Camp sind irgendwie immer mit ihm verbunden. Bei der Weihnachtsbaumverkaufsaktion kannte ich Nonni noch nicht so gut. Als ich jedoch hörte, Maggi hätte ihm dazu geraten, war meine Neugierde geweckt. Und als Mann schneller Entscheidungen, der ich damals schon war, ließ ich nicht viel Zeit verstreichen, bis ich sagte: »Warum fahren wir nächsten Sommer nicht gemeinsam dorthin?«

Wir hatten uns in dem Camp als Betreuer beworben, die dort Counselors genannt wurden, hatten eine Zusage erhalten und waren damit beschäftigt, Flugtickets und alle erforderlichen Papiere zu organisieren, als sich eines Tages Þorbergur Aðalsteinsson meldete, der damalige Trainer der isländischen Handball-Nationalmannschaft. Das war im Frühjahr 1992. Die Jahreszahl ist deshalb wichtig, weil Þorbergur gerade das Team zusammenstellte, mit dem er im Sommer bei den Olympischen Spielen in Barcelona antreten wollte. Dass ihm dabei mein Name in den Sinn gekommen war, freute mich natürlich. Aber sollte ich deswegen das Camp absagen? Diese Frage klingt verwegen, ich weiß, immerhin ging es um Olympia. Aber ich dachte wirklich so. Vor allem versuchte ich, die Angelegenheit möglichst nüchtern zu betrachten. Das Team war gut besetzt. Auf meiner Position gab es mindestens zwei Spieler, denen ich den Platz nur hätte streitig machen können, wenn sie sich verletzten. Wie groß also würde meine Chance sein, dass sie mich nach Barcelona mitnahmen? Ich holte mir Rat bei zwei, drei Stammspielern, die ich von Valur kannte, entscheiden aber musste ich schließlich allein. Und ich entschied mich fürs Camp.

Von seinem letzten Aufenthalt wusste Nonni, dass man im Camp die besten Jobs bekam, wenn man eine Rettungsschwimmer-Ausbildung vorzuweisen hatte, nämlich die als Lifeguards am Pool oder an dem kleinen See, der sich auf dem weitläufigen Gelände befand. Also versuchten wir, auch das noch geregelt zu bekommen. Nonni fragte seinen Cousin, der arbeitete in einem Schwimmbad. Da es gerade keine Rettungsschwimmer-Kurse gab, wurde einer nur für uns veranstaltet. Also mussten wir uns gegenseitig retten. Ingibjörg stand am Beckenrand und schoss Fotos. Ich legte mich rücklings ins Wasser und mimte den Bewusstlosen. Nonni versuchte, meinen Kopf halbwegs über der Wasseroberfläche zu halten und rückwärts mit mir durchs Becken zu paddeln. An sich keine lustige Angelegenheit, aber irgendetwas muss den Lachreiz in uns ausgelöst haben. Ein paar Meter schafften wir trotzdem, dann nahmen wir jeder – unabsichtlich – einen kräftigen Schluck vom Beckenwasser, der Mund und Rachen füllte und gleich dazu die Nase ... und das war dann nicht mehr lustig. Wir dachten, wir ertrinken.

Wahrscheinlich wollten wir nicht, dass unsere T-Shirts
nass werden: mit Nonni (l.) in New York

Der Sommer kam. Ich verabschiedete mich für drei Monate von Ingibjörg. Dann machten wir uns auf den Weg. In New York legten wir einen kurzen Zwischenstopp ein. Es erging uns nicht anders als den meisten, die die Stadt zum ersten Mal erleben: Dieser Koloss überwältigt einen. Aber das ließen wir uns selbstverständlich nicht anmerken. Wir schlenderten lässig die Fifth Avenue hinauf und hinunter, streiften durch SoHo und Greenwich Village, und als uns die Füße schwer wurden, hockten wir uns im Central Park auf eine Bank und taten so, als würden wir dorthin gehören. Ob Brooklyn Bridge, Times Square oder Empire State Building, wir ließen nichts aus. Nicht zu vergessen die Twin Towers des World Trade Centers, die gab es damals noch.

Im Camp wurde jedem von uns eine Gruppe mit zehn bis zwölf Kindern zugeteilt. Die meisten blieben zwei Wochen, manche auch länger, danach kam der nächste Schwung. Der überwiegende Teil stammte aus den USA. Es waren aber auch welche aus südamerikanischen und europäischen Ländern dabei und aus Asien. Unter den Betreuern war die Mischung noch internationaler. Sie kamen von überall her, selbst aus Nepal und Australien. Für jede Gruppe waren zwei Counselors verantwortlich. Zusammen mit den Kids wohnten sie in einer Hütte. Die Tage waren nach festen Zeiten geregelt. Wollte man morgens in Ruhe duschen, musste man im Morgengrauen aufstehen, auf jeden Fall vor den Kindern. Die wurden Viertel vor sieben geweckt und hatten im Schnelldurchlauf ihre Morgentoilette zu erledigen: fünf Minuten duschen, Zähneputzen, dann ging es zum Frühstück. Vor dem Verpflegungstrakt fand so etwas wie ein Morgenappell statt, der darin bestand, gemeinsam ein Lied zu trällern. Aber damit hatte man sich noch nicht den Zutritt verdient. Es folgten kleine Wettbewerbe, die entschieden, welche Gruppe zuerst in den Speisesaal durfte. Das wiederholte sich vor jeder Mahlzeit. Die Kinder hatten einen Höllenspaß daran. Es waren keine komplizierten Aufgaben. Mal ging es darum, welche Gruppe am schnellsten einen Kreis bilden konnte. Ein anderes Mal wurden die lustigsten Grimassen gesucht. Oder es wurde die Gruppe, deren Hütte am ordentlichsten aufgeräumt war, mit der Pole-Position an der Verpflegungstheke belohnt. Worin die Challenge auch bestand, fürs Ergebnis zählte jedes Mal, wie die Kids sie als Gruppe bewältigten, wie sie zusammenhielten und sich gegenseitig unterstützten. Das zog sich durch den Tag, bei fast allen Aktivitäten, die auf dem Programm standen. Teambuilding auf spielerische Weise. »We are many, we are one« – so hieß das Leitmotiv des Camps. Passend dazu gab es ein Lied mit dem gleichen Titel, das jeden Abend gesungen wurde.

Das Gelände des Camps muss man sich wie einen riesengroßen Erlebnispark in der Wildnis vorstellen. Man konnte Kanu fahren, schwimmen, auf Berge kraxeln oder in Bäumen herumklettern. Aber auch wer sich für künstlerische Sachen interessierte, durfte sich ausleben: malen, basteln, Filme drehen, eine Tanz-Show einstudieren oder ein kleines Theaterstück. Mir gefielen die Aktivitäten am besten, die unter dem Motto »outdoor living skills« liefen – Überlebenstraining in der freien Natur und so etwas.

Einmal zogen Nonni und ich nach dem Abendessen mit unseren Gruppen los, um im Wald zu übernachten. Jede Gruppe hatte nicht mehr als ein paar Decken dabei und eine Plane, die wir als provisorisches Dach zwischen Bäume spannten. Die Schlafplätze der beiden Gruppen lagen ungefähr einen Kilometer auseinander. In der Nacht zog plötzlich ein Gewitter auf. Es muss heftig gescheppert und geschüttet haben, aber das weiß ich nur von Nonni. Seine Kids und er waren davon wach geworden und hatten sich in ihre Hütte geflüchtet. Dann war Nonni – ganz der Held – noch einmal losgezogen, um meine Gruppe und mich aus dem Unwetter zu retten. Doch als er unser Nachtlager erreichte, schliefen alle selig. Anscheinend vertrauten mir die Jungs so sehr, dass sie in meinem Beisein nicht einmal das Gewitter fürchteten. Oder sie waren einfach nur hundemüde gewesen.

An die Zeit im Camp erinnerte ich mich nicht erst jetzt, da ich für die österreichische Nationalmannschaft verant-

Suchbild mit Nonni und mir:
das Betreuer-Team im Camp

wortlich war. Bereits in Bregenz hatte ich einige Sachen ins Training eingeflochten, die ich von damals kannte. Nichts Aufwändiges, kein Überlebenstraining im Dschungel oder etwas in der Art, sondern kleine Übungen, die den Trainingsfluss nicht unterbrachen. Einmal zum Beispiel sollten sich alle Spieler auf eine Turnbank stellen. Als sie sich postiert hatten, bekamen sie die Aufgabe, sich nach Alter zu sortieren – allerdings ohne die Bank zu verlassen und ohne einander zu berühren. Wenn ich so etwas ins Training einbaute, kündigte ich es natürlich nicht als Teambuilding-Maßnahme an, sonst wäre es nur Krampf geworden. Idealerweise läuft es nämlich wie bei den Kids im Camp. Denen hatten wir auch nicht gesagt, wofür das gut war, was sie da machten. Oder was wir ihnen damit beibringen wollten. Sie hatten ihren Spaß, alles andere stellte sich von allein ein.

Im Sommer 2009, ein halbes Jahr vor der Heim-EM in

Österreich, flog ich mit der Mannschaft nach Reykjavík. Eine klassische Out-of-the-box-Idee. Ich wollte, dass die Jungs einmal aus ihrer gewohnten Umgebung herauskamen und eine andere Welt erlebten – etwas, was sie als Kollektiv stärker zusammenschweißen würde. Wie gesagt, so etwas ist immer ein Versuchsballon, man weiß vorher nie, ob er fliegt oder gar nicht erst vom Boden aufsteigt.

Tagsüber trainierten wir in der Halle von Valur. Für danach hatte ich mir verschiedene Aktivitäten ausgedacht. Einmal gingen wir Paintball spielen, was nun keine neue Erfindung war. Aber falls einer von den Jungs es schon einmal gemacht haben sollte, dann sicher nicht nachts. Also organisierte ich ein Spiel genau um Mitternacht. Das Gleiche beim Golf. Der Höhepunkt der Reise jedoch sollte eine Wanderung werden. Ich hatte den Spielern vorher gesagt, sie sollten entsprechende Kleidung einpacken. Bei Österreichern, so dachte ich, darf man normalerweise voraussetzen, dass sie wissen, welche Ausrüstung sich für eine Wanderung in den Bergen empfiehlt. Und dass der Sommer in Island nicht mit dem in ihrer Heimat zu vergleichen war, dürfte für sie auch kein Geheimnis gewesen sein. Als wir aufbrachen, erschienen einige von ihnen dennoch in Turnschuhen und Jeans. Anscheinend hatten sie meine Anweisung nicht ernst genommen, aber das war dann ihr Problem. Ich kam in voller Montur: Outdoor-Klamotten, Riesenrucksack, Wanderstiefel. Man hätte mich glatt für einen Bergsteiger halten können. Aber ich wusste auch, wohin es gehen sollte, im Gegensatz zu den anderen.

In einem kleinen geländegängigen Bus verließen wir Reykjavík und fuhren auf dem Gullni hringurinn (deutsch: Goldener Ring), einer beliebten Touristenroute, in südöstliche Richtung. Nach etwa zwei Stunden und einigen Kilometern Schotterpiste erreichten wir die Ausläufer des Eyjafjallajökulls. Falls jemandem das Wort bekannt vorkommt: Das ist der für Nichtisländer etwas schwierig auszusprechende Name des Vulkans, der ein Dreivierteljahr später, im März 2010, bis zu einhundertfünfzig Meter hohe Lavafontänen spien und durch gigantische Aschewolken für Tage den Flugverkehr über Mittel- und Nordeuropa lahmlegen sollte.

Am Fuße jenes Eyjafjallajökull starteten wir unsere Wanderung. Zweiundzwanzig Kilometer lagen vor uns. Die Strecke, die ich mir ausgesucht hatte, führte in über eintausend Meter Höhe über den Gletscher. Ich war sie selbst noch nicht gegangen. Einmal hatte ich es mit zwei Freunden probiert. Wir hatten unsere Exkursion jedoch abbrechen müssen, weil das Wetter zu schlecht war. In Island – besonders in den Bergen, aber auch am Meer – schlägt das Wetter mitunter innerhalb von wenigen Minuten um. Allein aus diesem Grund war unser Vorhaben nicht ganz ungefährlich. Auf der Strecke waren schon mehrere Wanderer ums Leben gekommen. Das alles behielt ich aber für mich.

Doch als hätte einer der Spieler meine Gedanken erraten, hörte ich plötzlich die Frage: »Wann kommt der Guide?«

»Welcher Guide?«, fragte ich. »Ich bin euer Guide. Oder meinst du, bei der Europameisterschaft kommt uns irgendjemand zu Hilfe? Egal, was geschieht, wir müssen es allein schaffen – wie hier.«

Wir liefen los. Der Weg führte ziemlich steil nach oben. Bald stapften wir durch knietiefe Schneefelder. Für die Spieler, die in Turnschuhen unterwegs waren, wird das keine Freude gewesen sein. Falls sie gemurrt haben sollten, ich hörte nichts. Ich hätte auch gar nichts hören wollen. Mir bereitete etwas anderes Sorgen: Die Wolken über uns, inzwischen waren sie zum Greifen nah.

*Riskante Tour am Eyjafjallajökull: Teambuilding
mit der österreichischen Nationalmannschaft*

Als wir nach einer Weile eine Pause einlegten, steckten wir in einem Dilemma – oder besser gesagt: mitten in den Wolken. Man sah kaum noch, wo der Weg weiterführte. Am Rand standen alle paar Meter Holzstangen, die an der Spitze gelb waren, damit man sie besser sehen konnte. Sie sollten Wanderern helfen, sich zu orientieren. Was, wenn die Wolken so dicht wurden, dass die Stangen nicht mehr sichtbar wären? Ich ging ein Stück beiseite und tat so, als würde ich mich in der Gegend umgucken. Als ich weit genug entfernt war, dass die anderen mich nicht hören konnten, rief ich den Landwirt an, dessen Hütte unser Ziel war. Ich schilderte ihm unsere Lage, erzählte auch, dass uns zwei Wanderer entgegengekommen waren, die gemeint hatten, es sei äußerst riskant weiterzugehen. Wir hatten erst ein Drittel der Strecke geschafft. Der Weg zurück wäre also kürzer gewesen. Fragte sich nur, was es in den Köpfen der Spieler angerichtet hätte, wären wir umgekehrt. Hatte ich ihnen unten nicht gesagt, wir müssten es allein schaffen, komme, was wolle?

Ich fragte den Landwirt: »Was sollen wir machen?«

»Kannst du die nächste Stange sehen?«, wollte er wissen.

Ich ließ meinen Blick schweifen, erkannte ein Stück weiter eine gelbe Spitze und sagte: »Ja.«

Er: »Dann Augen zu und durch! Ich erwarte euch.«

Bevor wir aufbrachen, fragte ein Spieler, wie lange unser Marsch noch dauern würde. Ich antwortete: »Zwei Stunden.«

Es wurden acht – aber wir schafften es.

Was die Wanderung brachte? Dazu müsste man die Spieler befragen. Jeder ordnet solch ein Erlebnis anders für sich ein. Außerdem ist es ja nie *die* eine Aktion, die dann alles verändert. Was man auch unternimmt, es sind immer nur Schritte oder Etappen, die einen – wenn man Glück hat – Stück für Stück weitertragen auf dem Weg zum Ziel. Und das Ziel selbst ist dann auch wieder nur ein kurzer Zwischenhalt auf dem Weg zum nächsten Ziel. Unser nächstes Ziel war die Europameisterschaft 2010.

Die Vorrunde begann am 19. Januar. Wir starteten in Gruppe B, die ihre Spiele in Linz austrug. Dort hatten wir auch Quartier bezogen. Allerdings nicht im offiziellen EM-Hotel, wo die anderen Mannschaften unserer Gruppe untergebracht waren. Darum hatte ich die Verantwortlichen beim Österreichischen Handballbund gebeten. Ich wollte ein Hotel, in dem unser Team allein war. Einmal, um Ruhe zu haben, aber auch, weil ich aus eigener Erfahrung wusste, wie man sich fühlt, wenn einem im Hotel alle naselang die großen Stars über den Weg liefen: Du kennst jeden von denen, aber niemand kennt dich. Sein Selbstbewusstsein stärkte man auf die Weise nicht.

Auslosung zur EM 2010: mit den Trainerkollegen
Heiner Brand und Ulrik Wilbek (Dänemark)

In unserer Gruppe mangelte es nicht an großen Namen. Einer davon war übrigens Ólafur Stefánsson, mein alter Kumpel, mit dem ich nach Wuppertal gezogen war. Ólafur war wie ich inzwischen sechsunddreißig und als Ältester in seinem Team der unbestrittene Leitwolf. Er hatte Islands Nationalmannschaft bei den Olympischen Sommerspielen 2008 in Peking zur Silbermedaille geführt, dem größten sportlichen Erfolg in der Geschichte unseres Landes. Dafür hatte ihm der Staatspräsident das Großritterkreuz verliehen. Auch mit den Vereinen, für die er in der Zwischenzeit aufgelaufen war, hatte er Großes erreicht, zig Meistertitel und Pokalwettbewerbe gewonnen, dazu mit Magdeburg einmal die Champions League, mit Ciudad Real sogar dreimal.

Die Tatsache, dass ich als Trainer der Österreicher gegen meine Landsleute antreten musste, verlieh der Konstellation in unserer Gruppe zusätzliche Brisanz. Als die Gruppen ausgelost wurden und Island in unsere kam, war mir ein kalter Schauer über den Rücken gelaufen.

Emotional hatte ich mir Island gewünscht, handballerisch nicht unbedingt. Außer Island warteten Dänemark und Serbien auf uns. Von den vier Mannschaften würden sich die drei besten für die Hauptrunde qualifizieren. Wir waren – ganz ohne falsche Bescheidenheit – der Außenseiter.

Die Partie gegen Dänemark, unser erstes EM-Spiel, ist schnell erzählt. Sollte die Erinnerung an die böse Niederlage in der Vorbereitung noch in den Köpfen der Spieler herumgespukt sein, so merkte man davon nichts. Wir begannen stark, die Dänen schienen etwas überrascht zu sein. Zwar führten sie meist mit ein oder zwei Toren, aber weiter ließen wir sie nicht davonziehen. Zur Pause waren sie uns zwei Treffer voraus. In der zweiten Hälfte schwächelte unsere Abwehr. Die Dänen zogen souverän ihr Spiel durch, aber leicht machten wir es ihnen nicht. Am Ende des ersten Europameisterschaftsspiels in der Geschichte des österreichischen Handballs stand es 33:29 für den Favoriten. Von einer gelungenen Premiere zu sprechen wäre übertrieben, es war trotz allem eine Niederlage. Aber ein Ausrufezeichen hatten wir gesetzt.

Zwei Tage später das Match gegen Island. Das Team wurde von Guðmundur Guðmundsson angeführt, unter ihm hatte ich selbst noch gespielt. Als Co-Trainer stand ihm Óskar Bjarni Óskarsson zur Seite, mit dem ich seit der Jugendzeit befreundet war. Óskar trainierte auch die erste Männermannschaft bei Valur und war Headcoach für den Nachwuchsbereich. Als ich dort Geschäftsführer war, haben wir eng zusammengearbeitet. Unsere Söhne waren im gleichen Alter. Sie hatten sich angefreundet, nachdem wir nach Island zurückgekehrt waren. Auf einmal sollte Óskar mein Konkurrent sein, genau wie Ólafur, Guðmundur und all die anderen – eine seltsame Situation. Einerseits, andererseits – das will ich nicht leugnen – war es aber auch ein besonderer Ansporn. Wie gut die Isländer Handball spielen konnten, wusste jeder, der sich in dem Sport ein bisschen auskannte. Nun galt es zu zeigen, wozu der Nobody Österreich imstande war, wenn man es richtig anpackte.

Die Halle war bis auf den letzten Platz gefüllt, als das Spiel angepfiffen wurde. Unsere Jungs sorgten gleich dafür, dass gute Stimmung aufkam. Im Angriff starteten wir mit derselben Formation wie gegen Dänemark. Nicht jeder hatte in der ersten Partie überzeugt, aber es machte keinen Sinn, deswegen alles umzuschmeißen. Die Spieler mussten spüren, dass ich ihnen vertraue, das würde ihnen Sicherheit geben. In der Abwehr spielten wir mit einer 5-1-Deckung, also mit einem vorgezogenen Spieler. Aus gutem Grund: Ich wusste, dass Ólafur die zentrale Figur im Spiel meiner Landsleute war. Also versuchten wir, seinen Wirkungskreis einzuschränken, um gleichzeitig zu verhindern, dass er seine Torgefährlichkeit ausspielen konnte. Allerdings musste man das bei einem Spieler von Ólafurs Format erst einmal schaffen. Er machte an dem Tag trotzdem sieben Tore. Aber ohne Extrabewachung hätten es leicht doppelt so viele werden können.

Nach siebeneinhalb Minuten stand es 4:4. Bis zur zwölften Minute waren immer wir es, die vorlegten, dann übernahm Island das erste Mal die Führung. Im Angriff lief es gut bei uns. Victor Szilágyi, den ich bei meinem Amtsantritt zum Kapitän gemacht hatte, traf zuverlässig. Roland Schlinger ebenso. Selbst Conny Wilczynski, dem gegen die Dänen kein einziger Treffer gelungen war, netzte wieder in gewohnter Manier ein. Dafür haperte es in der Abwehr. Wir erlaubten den Isländern zu viele einfache Tore. Trotzdem schafften wir es, uns bis zur neunzehnten Minute mit drei Toren Vorsprung abzusetzen: 13:10. Guðmundur Guðmundsson warf seine Time-out-

Taktik, Taktik, Taktik: während einer Auszeit mit Spielern des österreichischen Teams

Karte auf den Kampfrichtertisch, um durch die Auszeit unseren Lauf zu stoppen. Tatsächlich brachte uns die kurze Pause aus dem Konzept. In den folgenden fünf Minuten warfen die Isländer fünf Tore hintereinander, wir keins. Vielleicht wollten wir in dieser Phase zu viel. Wir hatten eine Zweiminutenstrafe kassiert. Anstatt mit fünf Feldspielern weiterzumachen, hatte ich – sobald wir am Ball waren – Nikola Marinovic, unseren Torwart, herausgenommen und gegen einen zusätzlichen Feldspieler ersetzt. Generell ist das keine schlechte Variante, um die Überzahl zu kompensieren. Gegen Dänemark hatte es gut funktioniert. Nur darf dann kein Fehler passieren. Doch uns passierten gleich zwei. Jedes Mal brauchte Island den Ball nur noch im leeren Tor unterzubringen. Bis zur Halbzeit holten wir den Rückstand nicht auf. Als wir in die Kabine gingen, stand es 20:17.

173

In der zweiten Halbzeit benötigten wir elf Minuten, um den Rückstand in eine Führung zu verwandeln. Von da an blieben sich beide Mannschaft dicht auf den Fersen – mal führte Island, mal führten wir, mal stand es unentschieden, wie in der vierundfünfzigsten Minute beim 32:32. Sekunden darauf musste Bernd Friede für zwei Minuten vom Feld. In Unterzahl kassierten wir zwei Treffer, danach gleich noch einen. Drei Tore sind im Handball kein sicherer Vorsprung, allerdings lief die Zeit gegen uns. Wir trafen noch zweimal ins Tor, aber Island auch – achtundfünfzig Sekunden vor Schluss stand es 34:37.

Ich weiß nicht, wie oft ich mir das Spiel hinterher auf Video angeguckt habe, vor allem die letzten Minuten. In manchen Sequenzen bin ich zu sehen, wie ich an der Seitenlinie stehe und den Spielern Anweisungen gebe. Es sieht aus, als wäre ich völlig ruhig, keine hektischen Bewegungen. Als hätte ich dort an der Auslinie unter einer Glasglocke gestanden und nichts von dem Trubel um mich herum mitbekommen. Ich glaube, keinen von den Zuschauern hielt es noch auf seinem Platz. Der Geräuschpegel war ungefähr so, als wäre ein Düsenjäger mit Höchstgeschwindigkeit mitten durch die Halle geflogen.

Ob ich in dem Moment, einen Hauch vorm Ende, glaubte, dass wir noch eine Chance hatten? Ich glaubte gar nichts. Und erst recht nicht habe ich irgendetwas gedacht. Ich war einfach nur konzentriert, wie in einem Tunnel. Aber vielleicht spürte ich, dass die Partie noch nicht verloren war. Beim Boxen würde man sagen: Der große Favorit war angeknockt. Das merkte man.

Offensichtlich hatten meine Landsleute nicht damit gerechnet, dass der Handballzwerg Österreich sie dermaßen unter Druck setzen würde. Sie wirkten alles andere als souverän. Bei diesem Stand versucht man normalerweise, den Vorsprung über die Zeit zu retten. Stattdessen verfielen sie in Hektik, agierten unkonzentriert. Ein gutes Zeichen für uns. Aber was nützte es, würde hinterher geschrieben: Sie boten dem großen Favoriten bis zur letzten Sekunde Paroli. Das wäre spätestens übermorgen vergessen gewesen.

Wie viele Spiele hatte ich bis zu diesem Tag erlebt, als Spieler und als Trainer? Bestimmt über eintausend. Und der größte Teil davon war eng gewesen bis zum Schluss und dann mit einem knappen Resultat ausgegangen. Doch was wir an diesem Abend in der TipsArena von Linz erlebten, schlug so ziemlich alles.

Ich mache also in der neunundfünfzigsten Minute weiter, beim Spielstand von 34:37. Was sich von da an abspielte, kann man gar nicht so schnell lesen, wie es geschah:

Nach dem Tor der Isländer hatten wir Anwurf. Kurzer Ballwechsel. Auf Höhe des Freiwurfkreises, auf halbrechter Position, fasste sich Roland Schlinger ein Herz und zog ab. Islands Torhüter schien von dem schnellen Abschluss überrascht. Der Ball landete im Netz – 35:37. Noch neunundvierzig Sekunden bis zur Schlusssirene.

Die Schiedsrichter unterbrachen das Spiel, die Zeit wurde bei neunundfünfzig Minuten und vierzehn Sekunden angehalten. Einer der Schiedsrichter lief zum Kampfrichtertisch, der rechts neben mir stand. Guðmundur, Islands Coach, eilte hinzu, gestikulierte mit den Händen und redete auf den Schiedsrichter ein. Ich ließ mich davon nicht beeindrucken, drehte mich zum Spielfeld und gab den Spielern Zeichen, ruhig zu bleiben.

Anpfiff für Island – die Zeit lief wieder. Den Isländern gelang ein Anspiel zum Kreisläufer, in den Rücken unserer Deckung. Doch Torhüter Nikola Marinovic stand wie ein Fels. Der Ball prallte von seinen Beinen ab. Wir schnappten ihn uns – noch dreißig Sekunden.

Augenblicklich starteten wir einen Gegenstoß, mit einem langen Pass auf Linksaußen. In der Mitte lief Bernd Friede mit. Die Abwehr der Isländer stand noch nicht wieder sortiert. Bernd bekam den Ball und zögerte keine Sekunde. Der gesamte Angriff dauerte nicht länger als acht Sekunden – schon wieder schlug der Ball ins Tor ein. Es stand 36:37.

Noch zwanzig Sekunden. Island hatte Anwurf. Ich dirigierte alle Spieler zur Mittellinie. Ab jetzt Manndeckung. Irgendwie das Leder erwischen und noch einen Wurf versuchen. Ólafur auf der rechten Seite bekam den Ball. Alle seine Mitspieler wurden von unseren Leuten gedeckt. Er dribbelte Richtung Siebenmeterpunkt. Die Uhr zeigte neunundfünfzig Minuten und sechsundvierzig Sekunden an. Wenn er jetzt das Feuerwerk zündete, wäre alles verloren. Das wäre unsere zweite Niederlage. Und die Chance, in die Hauptrunde einzuziehen, wäre nur noch eine theoretische gewesen.

Doch Ólafur touchierte einen seiner Mitspieler, kam aus dem Takt, sodass ihm ein Schrittfehler unterlief. Der Schiedsrichter pfiff. Freiwurf für uns. Noch zehn Sekunden.

Markus Wagesreiter nahm den Ball, um den Freiwurf auszuführen. Beide Außenspieler liefen im Eiltempo nach vorn. Es sah aus, als wollte Markus einen weiten Pass auf unseren Linksaußen werfen. Doch plötzlich zögerte er. Das alles geschah innerhalb von Bruchteilen von Sekunden. Er zögerte, weil er in dem Moment sah, dass Hreiðar Guðmundsson, Islands Torwart, nicht an seinem Platz stand. Er war während des Angriffs seiner Vorderleute zur Mannschaftsbank gelaufen. Anscheinend ahnte er noch, was Markus vorhatte. Erschrocken stürzte Hreiðar Richtung Tor. Doch der Ball war schneller dort als er – der Ausgleich: 37:37!

176

Und Ende.

Unsere Spieler rissen die Arme hoch, jubelten und führten einen Freudentanz vor. Für sie fühlte es sich wie ein Sieg an, für mich auch. Wer mich in diesem Augenblick beobachtete, wird sich gefragt haben: Was ist denn in den gefahren? Es gibt eine kurze Videosequenz davon. Der Schlusspfiff ertönte. Ich riss meine Arme hoch, aber nur bis auf halbe Höhe. Ich strahlte übers ganze Gesicht, ging zögerlich ein, zwei Schritte Richtung Spielfeld. Fast wäre ich zur Mannschaft gelaufen. Auf einmal blieb ich abrupt stehen, sah fast aus wie versteinert. Das Lachen in meinem Gesicht verschwand, als hätte es jemand ausgeknipst. Und während sich mein Blick zu Boden senkte, drehte ich mich um und verschwand durch einen Gang hinter mir in die Kabine. Sosehr ich mich freute, für die Jungs, für mich, für den österreichischen Handball – gegen die eigene Nation feiern, das hätte ich nicht fertiggebracht.

Die Zeitungen am nächsten Tag überschlugen sich mit Lobeshymnen. Wir seien das neue Wunderteam und die Europameister der Herzen. Sogar mit dem »Wunder von Córdoba« wurde das Unentschieden verglichen. In dem legendären Spiel in der Zwischenrunde der Fußball-Weltmeisterschaft 1978 in Argentinien hatte Österreich Deutschland mehr als überraschend mit 3:2 besiegt und damit aus dem Turnier katapultiert.

Damit waren wir noch nicht in der Hauptrunde, aber das erledigten wir beim nächsten Spiel. Es ging gegen Serbien mit Momir Ilić als Führungsfigur. Wir erwischten keinen guten Start, gerieten gleich in Rückstand. Erst als ich den Torhüter wechselte und der neue acht Würfe hintereinander entschärfte, gelang uns der erste Ausgleich. Trotzdem lagen wir bis zur Halbzeit wieder mit drei Toren zurück. Nach der Pause erwachte der Geist des Island-Spiels. Wir übernahmen zum ersten Mal die Führung, ließen uns nicht mehr von unserem Weg abbringen und gewannen am Ende deutlich mit einem Plus von sechs Treffern.

Es ist schwer, im Nachhinein zu erklären, was der Einzug in die Hauptrunde für Österreichs Handball bedeutete. Der ÖHB war belächelt worden, als er sich um die Ausrichtung der Europameisterschaft beworben hatte. Damals war Österreich kaum eine Randnotiz auf der Weltkarte des Handballsports. Nicht einmal die kühnsten Optimisten hätten der Mannschaft einen Sieg und ein Unentschieden in der Vorrunde zugetraut. Und noch weniger, dass wir in der Hauptrunde nach zwei verlorenen, aber guten Spielen gegen Norwegen und Kroatien ausgerechnet das russische Team schlagen würden. Dass es danach nicht weiterging, tat der Euphorie keinen Abbruch. Der neunte Platz, der es am Ende wurde, war das beste Ergebnis, das eine österreichische Mannschaft jemals auf internationaler Bühne erzielt hatte. Außerdem waren solche Handballnationen wie Russland und Deutschland ebenfalls nach der Hauptrunde ausgeschieden und in der Tabelle sogar hinter uns gelandet.

Für die Isländer ging die Reise übrigens nach der Hauptrunde weiter. Ólafur und sein Team schafften es auf Platz drei, nur Frankreich und Kroatien waren stärker.

Unser letztes Spiel, die Partie gegen Russland, fand an einem Donnerstagabend statt, in der Wiener Stadthalle. Am nächsten Morgen fuhr ich zum Flughafen und nahm eine Maschine, die mich nach Berlin brachte. Die Stadt war inzwischen unsere neue Wahlheimat geworden.

VII
Das nächste Spiel kommt nur einmal

Eine folgenreiche Autofahrt – Berlin, Bob und das Ampelsystem – Der »alte Herr« aus Spanien – Lügen und Strafen – Ein Albtraum und die Wiederauferstehung – Das Kex – Die Herren mit Krawatten

Es klingt, als wäre es erfunden, aber es ist wahr: Als wir in Bregenz überlegten, ob wir dort bleiben, nach Deutschland gehen oder in unsere Heimat zurückkehren sollten, hatte ich zu Ingibjörg gesagt: »Einen Trainerposten könnte ich mir nur bei einem Spitzenverein in der Bundesliga vorstellen – oder in Berlin.« Die Füchse Berlin waren damals kein Spitzenverein, sondern nach zwanzig Jahren Erstliga-Abstinenz gerade erst wieder in die Bundesliga aufgestiegen. Aber ich fand Berlin als Stadt interessant. Ich konnte mir gut vorstellen, dort zu leben. Und ich hatte seit einiger Zeit das Projekt Füchse aus der Ferne beobachtet. Das wiederum hing damit zusammen, dass Konrad Wilczynski, den ich in Bregenz zum Stamm-Linksaußen gemacht und später in die österreichische Nationalmannschaft geholt hatte, zu den Berlinern gewechselt war. Im Zuge seines Transfers war Bob Hanning, der Geschäftsführer der Füchse, nach Bregenz gekommen, um sich seinen Wunschkandidaten live bei einem Spiel anzugucken. Bei dieser Gelegenheit hatten

Bob und ich miteinander gesprochen, allerdings nur ein paar Worte. Es war auch nicht unser erstes Zusammentreffen. Wir waren uns zuvor schon in Wuppertal begegnet. Dort war er als Trainer verpflichtet worden, kurz bevor ich nach Japan ging. Beinahe hätte ich noch ein Relegationsspiel unter seiner Regie bestritten, das wurde dann aber abgesagt.

Umgekehrt schien Bob meinen Weg ebenfalls verfolgt zu haben. Das kann ich zwar nur vermuten, aber sonst hätte er sich kaum bei mir gemeldet, als er – inzwischen Manager bei den Füchsen – einen neuen Coach fürs Team suchte. Genau genommen war es zunächst Conny, der mich in Reykjavík anrief, Ende 2008, ein gutes Jahr vor der Europameisterschaft. In Island war mit der Finanzkrise gerade das schiere Chaos ausgebrochen. Die drei größten Banken kollabierten und rissen unzählige Unternehmen in die Pleite, übrigens auch das meines Kumpels Kristinn, mit dem ich die Logistikfirma aufgezogen hatte. Der Kurs unserer Währung stürzte ins Bodenlose, das Land stand kurz vor dem Staatsbankrott. Niemand wusste, wie es weitergeht. Bei Valur, wo ich nach wie vor Geschäftsführer war, wurden sämtliche Projekte gestoppt und für unbestimmte Zeit auf Eis gelegt.

Bei dem Telefonat mit Conny erfuhr ich, dass der Trainerposten bei den Füchsen mit Ende der Saison frei würde und dass Bob Hanning in Erwägung zog, mich für diesen Job zu verpflichten – falls ich ihn wollte. Für seine Auswahl hatte er folgende Kriterien aufgestellt: Der Neue sollte Deutscher sein oder aus Skandinavien stammen – wegen der Mentalität, wie er meinte –, dann aber Deutsch können. Er suchte jemanden, der das Spiel verstand, weltoffen war und mit jungen Leuten arbeiten konnte. Und der Hunger auf Erfolg hatte und den unbändigen Willen, gemeinsam mit ihm den Verein an die Spitze zu führen, Titel zu holen. Unter diese Liste hatte er für sich die potenziellen Kandidaten notiert, um sie mit seinem Anforderungsprofil abzugleichen. Am Ende waren vier oder fünf Namen nicht durchgestrichen. Einer davon war meiner.

Als mich der nächste Anruf aus Berlin erreichte, war Bob selbst dran – und kurz darauf kam er nach Island. Ich holte ihn am Flughafen ab. Wir setzten uns ins Auto und nahmen Kurs auf Reykjavík. Für die Strecke braucht man eine knappe Stunde. Während wir fuhren, sprachen wir über die Mannschaft der Füchse. Bob hatte mir Videoaufzeichnungen von Spielen geschickt und wollte nun meine Meinung zu verschiedenen Spielsystemen und zu einzelnen Spielern wissen. Wir tauschten uns auch darüber aus, wie sich jeder von uns die idealen Strukturen in einem Verein vorstellte. Ich erzählte ihm von Valur, von unserer Jugendarbeit und der Motivation, die man als Nachwuchsspieler allein daraus zog, seinen Vorbildern in der Männermannschaft nah zu sein, ihnen auf dem Flur zu begegnen, in derselben Halle zu trainieren wie sie – all das, was ich als junger Spieler selbst erlebt und was mich angetrieben hatte. Die Nachwuchsarbeit schien für ihn ein wichtiges Thema zu sein. Aber da rannte er bei mir offene Türen ein.

Wir hatten die Stadtgrenze von Reykjavík gerade erreicht, als Bob plötzlich meinte: »Der Höflichkeit halber können wir gern noch essen gehen. Aber wenn du willst, kannst du mich auch direkt wieder zurückfahren, und ich nehme den nächsten Flieger. Von mir aus hast du den Job.«

Wir gingen an dem Abend dann trotzdem in ein gutes Fischrestaurant und besprachen die nächsten Schritte. Und ein halbes Jahr später zogen Ingibjörg und die Kinder mit mir nach Berlin. Der Job bei Valur war damit Ge-

Emotionen an der Seitenlinie: bei einem Spiel der Füchse
mit Geschäftsführer Bob Hanning

schichte, aber Trainer der österreichischen Nationalmannschaft blieb ich. So kurz vor der Europameisterschaft den Posten aufzugeben wäre schäbig gewesen. Das
war nie ein Gedanke. Ich hatte die Saat ausgebracht, jetzt
wollte ich auch erleben, wie sie aufging.

Nachdem sich das Team so bravourös geschlagen hatte,
sollte ich die Jungs, so der Wunsch des Österreichischen
Handballbundes, noch bis zu den WM-Qualifikations-
spielen gegen die Niederlande begleiten, die im Frühsom-
mer auf dem Plan standen. Doch das musste Bob ent-

scheiden. Ich hatte einen Vertrag mit den Füchsen. Der mit den Österreichern war nach der Europameisterschaft beendet. Für Bob wäre es ein Leichtes gewesen, die Bitte abzuschlagen. Niemand hätte es ihm übelnehmen können. Er war verantwortlich dafür, dass es bei den Füchsen lief, und hätte schnell in die Schusslinie geraten können, wenn es nicht so gewesen wäre. Aber er zeigte Größe. Und ich trug meinen bescheidenen Anteil dazu bei, dass Österreich sich nach siebzehn Jahren wieder für eine Handball-Weltmeisterschaft qualifizierte.

Bevor meine erste Bundesliga-Saison als Trainer der Füchse begann, war noch einiges zu erledigen. Die Mannschaft war gut bestückt, auf einigen Positionen jedoch verbesserungswürdig. Darin waren Bob und ich uns bereits auf der Autofahrt nach Reykjavík einig gewesen. Zum Beispiel brauchten wir dringend einen neuen Kreisläufer. Ich hörte mich bei verschiedenen Leuten um, wie man das macht, wenn man auf der Suche ist und keinen konkreten Namen im Blick hat. Jemand lenkte mich auf die Spur von Torsten Laen, einen Dänen, der in Spanien bei Ciudad Real unter Vertrag stand. Ciudad gewann in der Saison die Champions League, zum zweiten Mal in Folge, und genauso die spanische Meisterschaft. Dennoch schien unser Kandidat einen Vereinswechsel in Betracht zu ziehen. Bevor wir ihm ein Angebot unterbreiteten, rief ich Ólafur an, der in dem Jahr seine letzte Saison für Ciudad bestritt. Ólafur sagte sofort: »Torsten ist ein absoluter Supertyp.« Er war begeistert von ihm, als Handballer und als Mensch. Der Haken war nur: Torsten wollte zurück in seine Heimat.

Wir konnten ihn überreden, seine Heimkehr um ein paar Jahre zu verschieben und so lange einen Zwischenstopp in Berlin einzulegen. Ólafur hatte kein bisschen übertrieben. Torsten entpuppte sich als vorbildlicher Athlet und Siegertyp, der mich mit seinem Ehrgeiz und seiner Einstellung, Niederlagen nicht zu akzeptieren, an meine aktive Zeit erinnerte. Noch während der Vorbereitung auf die neue Saison beschloss ich: Er wird unser Mannschaftskapitän.

Damit entthronte ich allerdings einen anderen verdienstvollen Spieler, unseren Torwart Petr Štochl, der in Berlin mittlerweile eine Legende ist. Der Tscheche mit der Mannschaft aus der zweiten Liga aufgestiegen, er stand für den Erfolg, war beliebt und von den anderen als Leitfigur akzeptiert. Und dennoch war ich überzeugt, es wäre richtig, mit Torsten ein neues Signal zu setzen. Er hatte mit der dänischen Nationalmannschaft bei Europameisterschaften zweimal Bronze geholt und bei einem der erfolgreichsten Vereine der Welt gespielt. Er wollte immer gewinnen und besaß auf dem Spielfeld eine Präsenz, mit der er die anderen mitreißen konnte. Das musste Petr akzeptieren. Nur so funktionieren große Teams: Jeder muss sein Ego ein bisschen zurückschrauben. Petr machte das vorbildlich. Obwohl es für ihn sicher keine einfache Zeit war. Bevor ich bei den Füchsen unterschrieben hatte, war für die bevorstehende Saison Silvio Heinevetter als Torwart verpflichtet worden. Und Silvio, dem der Ruf vorauseilte, ein Heißsporn zu sein, war bestimmt nicht aus Magdeburg gekommen, um sich mit einer Position in der zweiten Reihe zu begnügen.

Für Spielerverpflichtungen hatten Bob und ich uns auf ein Ampelsystem verständigt. Wollten wir eine Position verstärken, konnte jeder seine Vorschläge einbringen – und dann wurde entschieden: entweder grün, gelb oder rot. Plädierten wir beide für grün, wie im Fall von Torsten Laen, war die Sache geritzt. Sagte einer grün und der andere rot, ließen wir es bleiben. Lagen wir jedoch nicht weit auseinander, sodass sich einer für grün und der andere für gelb entschied, nahmen wir den Kandidaten noch einmal unter die Lupe, wogen Pro und Contra ab. Als Geschäftsführer hätte sich Bob über ein Gelb von mir hinwegsetzen können, tat er aber nicht. Überhaupt kann ich mich nicht erinnern, dass wir uns einmal nicht einig geworden wären.

Dagegen ist mir ein Fall noch gut in Erinnerung, bei dem wir uns beide auf Anhieb für rot entschieden, den Spieler dann aber doch unter Vertrag nahmen. Anfang 2011 meldete sich der Agent von Iker Romero bei Bob und verkündete, sein Mandant verspüre den sehnlichen Wunsch, in Deutschland zu spielen. Keine Frage, Iker Romero war ein Star, ein Weltklassespieler. Er war mit Spanien Weltmeister, Vize-Europameister und Olympia-Dritter geworden und hatte mit dem FC Barcelona, wo er seit acht Jahren spielte, mehrere Landesmeisterschaften, nationale und internationale Pokalwettbewerbe sowie zweimal die Champions League gewonnen. Aber er war inzwischen dreißig Jahre alt, hatte bei Barcelona zuletzt meist auf der Bank gesessen und häufig an Verletzungen laboriert. Sein rechtes Knie war wiederholt operiert worden, dort plagte ihn eine chronische Arthrose. Insofern traf es nicht ganz den wahren Sachverhalt, als damals eine Zeitung formulierte: »Die Füchse jagen Iker Romero.« Vielmehr war es so, dass Bob und ich nach dem Anruf des Agenten sofort entschieden hatten: Den verpflichten wir auf keinen Fall.

Doch Ikers Agent ließ nicht locker. Er meldete sich ein zweites, drittes und viertes Mal und drängte darauf, dass wir seinen Klienten wenigstens einmal treffen sollten. Daraufhin flog Bob nach Schweden – dort lief gerade die Weltmeisterschaft –, um Iker persönlich zu erklären, dass er für uns nicht infrage käme. Die beiden saßen zwei

Stunden zusammen, danach meldete sich Bob und sagte: »Ich bin für grün. Er hat mich überzeugt.«

Im ersten Moment glaubte ich, mich verhört zu haben: »Bob, du bist verrückt! Er ist müde, ihm stecken vierzehn Jahre Profisport in den Knochen, er ist verletzt, er passt nicht zu uns. Selbst beim besten Willen käme ich höchstens auf dunkelgelb, niemals auf grün.«

Doch Bob sagte: »Das dachte ich auch. Sprich mit ihm, danach wirst du sehen, dass er einer für uns ist.«

Dazu sollte man wissen, dass Bob niemand ist, der heute hü und morgen hott sagt. Es muss schon einiges passieren, damit er von seiner ursprünglichen Meinung abrückt. Bei Iker, das erklärte er mir hinterher, sei es vor allem dessen Ausstrahlung gewesen. Er habe gespürt, dass er etwas Besonderes an sich habe. Da sei einerseits der erwachsene Mann gewesen, andererseits die fast kindliche Freude am Spiel und am Wettkampf. Die habe er so bei keinem anderen erlebt. In dem Gespräch sei ihm bewusst geworden, warum Iker als Sportler so erfolgreich war und warum ihn die Leute liebten.

Bob hatte ihm bei dem Treffen gesagt, dass wir kein Budget wie Barcelona zur Verfügung hätten oder wie Kiel oder die Rhein-Neckar-Löwen. Im Vergleich zu denen seien die Füchse ein kleines Familienunternehmen. Aber Geld schien für Iker nicht das ausschlaggebende Kriterium zu sein. Er sagte: »Bob, money is no problem.« Anscheinend wollte er tatsächlich nach Berlin, zu uns.

Blieb noch der gesundheitliche Aspekt zu klären. Iker kam zum Medizincheck. Die Ärzte schoben ihn in eine MRT-Röhre, um sich vor allem ein genaues Bild vom Zustand seines Knies zu machen. Nach der Untersuchung meinten sie, dass es strapaziert, aber nicht kaputt sei.

Ich hatte in der Zwischenzeit auch mit ihm gesprochen, unser Spielsystem erläutert und dabei keinen Hehl daraus gemacht, dass ich ihm keine Garantie für einen Stammplatz geben könne. Er sagte, er müsse nicht am Anfang spielen, aber zum Schluss, wenn die Entscheidung fällt. Als es später wirklich so kam, dass ich ihn auf der Bank ließ, während ein Neuzugang aus dem Nachwuchs wie beispielsweise Paul Drux mit der Startaufstellung aufs Parkett durfte, schüttete er Bob sein Herz aus: »Jetzt darf schon die A-Jugend ran, aber mich lässt der Trainer nicht spielen.« Darauf konnte ich nur keine Rücksicht nehmen. Meine Aufgabe bestand darin, aus den Spielern, die mir zur Verfügung standen, die bestmögliche Mannschaft zu formen. Dazu gehörte, den Jungs ein Spielsystem an die Hand zu geben, das einerseits ihren Fähigkeiten entsprach, ihnen andererseits aber auch die Möglichkeit bot, ihr Potenzial in vollem Maße zu entfalten. Derjenige, der diesen Anforderungen entsprach und zu dem System passte, spielte. Gab es auf einer Position zwei davon, bekam der Bessere den Vorrang. Namen und frühere Verdienste spielten dabei so wenig eine Rolle wie das Alter.

Iker bekam einen Dreijahresvertrag, den er später – wir baten ihn darum – um ein Jahr verlängerte. Als er zum ersten Training erschien, sollte er wie die anderen zum Aufwärmen eine halbe Stunde laufen. Ich hatte es noch gar nicht richtig ausgesprochen, da sagte er schon: »Dagur, laufen ist nicht gut für mich.« Sein Knie war zwar nicht kaputt, aber es bedurfte besonderer Pflege. Er konnte zweimal in der Halle hin und her laufen, dann musste es gekühlt werden. An einen Sprungwurf war gar nicht erst zu denken. Aber Iker hatte ein Kämpferherz und einen unglaublichen Willen. Er wollte unbedingt fit werden und ein wichtiger Teil der Mannschaft sein. In den Jahren, die er bei den Füchsen war, versäumte er kaum ein Training. Meistens war er sogar der Erste in der Halle und der Letzte, der ging.

Mit Iker Romero, unserem Mann für die
besonderen Momente

In Abstimmung mit dem Mannschaftsarzt und den Physiotherapeuten schneiderte ihm Erik Helm, unser hervorragender Athletiktrainer, einen individuellen Trainingsplan, den Iker akribisch abarbeitete. Selbst Schmerzen konnten ihn nicht bremsen. Eher wäre er zusammengebrochen, als dass er aufgegeben oder gejammert hätte, es geht nicht mehr. Er nahm zehn Kilo ab, legte dafür an Muskelmasse zu, verbesserte Rumpfstabilität und Ausdauer. Um sein lädiertes Knie zu stärken, absolvierte er spezielle Kraftübungen, auch sie waren Teil seines Sonderprogramms. Das alles ging nicht von heute auf morgen, aber es führte dazu, dass er nach einiger Zeit schmerzfrei laufen und eine ganze Partie im Angriff durchspielen konnte. Sogar mit Sprungwürfen trumpfte er wieder auf, als hätte jemand die Zeit zurückgedreht.

Iker hatte viele gute Eigenschaften. Eine war seine Bescheidenheit. Er sah sich nicht als Star und gab sich auch nicht als solcher. Eine andere sein Humor. Stets einen

Spruch auf den Lippen, sorgte er für gute Stimmung in der Mannschaft. Überhaupt ging er mit einer angenehm positiven Lebenseinstellung durch den Tag. Das war besonders dann hilfreich, wenn es bei einem Spiel um viel ging, die Spieler mehr als üblich unter Druck standen. Durch seine Jahre bei Barcelona kannte er solche Situationen zur Genüge. Druck hemmte ihn nicht, sondern spornte ihn zusätzlich an. »Ohne Druck«, sagte er nicht nur einmal, »bist du nur ein halber Spieler.«

Als Torsten Laen nach vier Jahren die Füchse verließ, was ein großer Verlust war, musste ich nicht lange überlegen, um zu entscheiden, wer sein Nachfolger als Kapitän werden sollte: unser »alter Herr« aus Spanien. Sosehr ich mich anfangs gegen ihn gesträubt hatte – es war ein Segen, jemanden wie ihn in der Mannschaft zu haben. Bob sagte einmal, Iker sei unser Mann für besondere Momente.

Einen geradezu unvergesslichen Moment bescherte er uns im April 2014. Zum ersten Mal waren wir bis ins Final Four des DHB-Pokals vorgestoßen, das in Hamburg ausgetragen wurde. Wir gewannen das Halbfinale gegen MT Melsungen und standen einen Tag später, im Finale, der SG Flensburg-Handewitt gegenüber. Für uns bedeutete auch das eine Premiere, im Unterschied zu den Flensburgern. Die waren seit Jahren Stammgäste des Pokalfinals, zuletzt sogar dreimal in Folge, hatten es einige Male gewonnen, wobei ihr letzter Sieg neun Jahre zurücklag.

Vor dem Spiel schwor Iker als Kapitän seine Mitspieler ein: »Heute gibt es nicht sechzehn Spieler, sondern nur einen – und der heißt: Füchse Berlin!« Davon war in der Anfangsphase allerdings nicht viel zu merken, nach zwölf Minuten lagen wir mit fünf Treffern zurück und hatten selbst erst zwei im Flensburger Tor untergebracht. Doch dann ging ein Ruck durch die Mannschaft, als hätten sich die Jungs wie auf Kommando an Ikers Worte erinnert.

Plötzlich trafen wir, allen voran Konstantin Igropulo, der fast die Hälfte aller unserer Tore besorgte. Und Silvio Heinevetter im Tor fischte einen Ball nach dem anderen weg. Bis zur Halbzeit glichen wir auf 11:11 aus. Nach der Pause wurde weiter um jeden Ball gefightet, von beiden Mannschaften. Zwei Minuten vor Schluss dann die Entscheidung: Es stand 21:21. Wir waren im Angriff. Iker kriegte in der Mitte den Ball und feuerte blitzschnell einen Hüftwurf ab, den Flensburgs Keeper zu spät sah, um noch etwas ausrichten zu können. Damit führten wir. Jetzt war Flensburg am Zug, kam am Kreis völlig frei zum Wurf, aber Silvio hielt überragend. Es war seine zwanzigste Parade in der Partie. Wir spielten den nächsten Angriff, kriegten einen Freiwurf zugesprochen, kurz darauf wieder einen – genau das, was wir wollten. Wir blieben im Ballbesitz, und die Zeit lief herunter. Noch einmal landete der Ball bei Iker. Die Jungs wussten: Bei ihm war er in guten Händen. Iker – umringt von zwei Gegenspielern – strahlte Ruhe aus, als ginge es um nichts. Er prellte den Ball auf den Boden, zwei, drei Mal – jede Sekunde brachte uns dem Ziel näher. Er guckte, warf … noch bevor der Ball sein Ziel erreichte, ertönte die Schlusssirene. Das Spiel war aus. Auf dem Feld jubelte ein Knäuel grün-weißer Trikots – die sechzehn Spieler, die einer geworden waren.

In dem Jahr, als Iker zu uns gestoßen war, musste ich in einer anderen Personalangelegenheit eine Entscheidung treffen, die mir lange schwer im Magen lag. Conny Wilczynski hatte sich bei der Europameisterschaft in Österreich, in der Partie gegen Serbien, einen Bänderriss am rechten Handgelenk zugezogen. Unterstützt von den Künsten der medizinischen Abteilung, kämpfte er sich noch durch die Hauptrundenspiele. Danach zwang ihn die Verletzung zu einer Pause. Er musste entscheiden, ob er seine Hand operieren ließ oder eine konservative Heilungsmethode wählte. Mit einer Operation wäre es schneller gegangen. Da Conny jedoch fürchtete, die Beweglichkeit seiner Wurfhand könnte nach dem Eingriff durch Vernarbungen eingeschränkt bleiben, nahm er die längere Auszeit in Kauf. Um seinen Ausfall zu kompensieren, verpflichteten wir für seine Position kurzfristig den Kroaten Ivan Ninčević, der sich gut ins Team einfügte und Conny nach dessen Rückkehr von seinem Stammplatz verdrängte.

Durch unsere gemeinsame Zeit in Bregenz und bei Österreichs Nationalmannschaft war Conny für mich mehr als ein Spieler. Zwar hatte ich in Bregenz versucht, eine gewisse Distanz zwischen den anderen Spielern und mir zu schaffen. Sehr groß konnte die allerdings nicht ausfallen, schließlich war ich zu einem Teil das Gleiche wie sie – ein Spieler. Ich hockte nicht nach jedem Training mit ihnen zusammen, doch wenn wir gewonnen hatten, tranken wir gemeinsam in der Kabine Bier. Auch für die Nationalspieler war ich eher der Kumpeltyp gewesen, weitaus nahbarer, als ich das heute als Trainer bin.

Conny war wie ein Freund für mich. Aber davon durfte ich mich jetzt nicht leiten lassen, so schwer das fiel. Als Trainer war ich dem Verein verpflichtet. Connys Vertrag würde mit Ende der Saison auslaufen. Bob und ich überlegten, ob es eine Möglichkeit gab, ihn zu halten. Aber Ivan hatte sich auf Linksaußen durchgesetzt. Und mit Colja Löffler drängte ein Spieler aus dem eigenen Nachwuchs auf dieselbe Position. Und das war nun einmal eines unserer obersten Ziele: Die Jungen ausbilden und die Besten von ihnen in die erste Mannschaft führen. Unsere Vereinsphilosophie, unser Anspruch, unsere Leitlinie – irgendwie alles. Nicht zuletzt natürlich auch ein wirtschaftliches Modell. Auf der gleichen Position noch einen Dritten zu beschäftigen, wäre in Hinblick auf das Vereinsbudget fahrlässig gewesen. Sowohl Bob als auch mir war klar: Falls uns bis zum Saisonende nichts einfiele, würde die Trennung von Conny unvermeidlich sein.

Es war dann Conny, der auf eine schnelle Entscheidung drängte. Die Saison war nicht einmal zur Hälfte vorüber, als er Bob und mich um ein Gespräch über seine Zukunft bei den Füchsen bat. Wir trafen uns zu dritt in einem Café. Es war so schon ein schwieriger Moment, als Conny dann aber erzählte, dass seine Frau Sabrina schwanger sei und sie deshalb planen müssten, fühlten wir uns richtig mies. Für Conny war es ein Schock, als wir ihm offenbarten, dass sein Vertrag nicht verlängert werden kann. Er war sauer, das spürte man, völlig zu Recht, da gab es nichts schönzureden. Nach der Saison wechselte er nach Wien, zu seinem früheren Verein, als Spieler und gleichzeitig als Manager. Einige Zeit später trafen wir uns dort bei einem Saison-Vorbereitungsspiel. Als wir auf das unschöne Ende bei den Füchsen zu sprechen kamen, sagte er: »Das war damals hart, aber jetzt als Geschäftsführer verstehe ich, dass man so etwas nie richtig machen kann.«

Dass Conny ein fairer Sportsmann und überhaupt ein guter Kerl ist, bewies er, als abzusehen war, dass ich die Füchse verlassen würde und Bob einen Nachfolger für mich suchte. Einer seiner Kandidaten war Erlingur Richardsson, ein Landsmann von mir, der erst kurz zuvor als Trainer bei den Wienern angeheuert hatte. Obwohl Erlingur ein Zweijahresvertrag an den Verein band, legte Conny ihm keine Steine in den Weg und ließ ihn vorzeitig ziehen.

Doch ich bin der Zeit etwas vorausgeeilt. Bob war bei den Füchsen von Anfang an mein wichtigster Vertrauter. Anders hätte es nicht funktioniert. Wir sind beide keine einfachen Typen, und wir waren nicht immer derselben Meinung. Aber wir waren stets ehrlich zueinander und diskutierten die Dinge aus. Keiner von uns musste sich verbiegen. Weil wir wussten, dass es nicht um unsere Befindlichkeiten ging, sondern um die Sache. Uns war klar, um das Projekt Füchse voranzutreiben, mussten wir eine Linie finden. Dabei war sicherlich von Vorteil, dass Bob in der Vergangenheit als Trainer gearbeitet hatte und ich als Geschäftsführer. Dadurch kannten wir die Perspektive des anderen, konnten uns in dessen Lage hineinversetzen. Falls wir in einem Punkt einmal nicht übereinstimmten, war uns im Sinne des Vereins wichtig, dass nur eine Meinung nach außen drang. Welche das war, darauf verständigten wir uns gemeinsam. Bisweilen kam es vor, dass Dritte versuchten, einen Keil zwischen uns zu treiben. Manche meinten auch, Bob hätte sich bewusst einen jungen Trainer ausgesucht, um ihn wie eine Marionette dirigieren zu können. Jeder kann seine Meinung haben. Wir amüsierten uns darüber nur.

Ich habe es nicht gezählt, aber ich schätze, dass Bob sich in den Jahren, die ich bei den Füchsen war, keine zehn Trainingseinheiten in voller Länge angeguckt hat. Während er sich zu einhundert Prozent um den Nachwuchs kümmerte, überließ er mir zu einhundert Prozent das Bundesliga-Team. Beides wurde streng getrennt, manchmal konsequenter, als mir lieb war, jedenfalls was den Nachwuchs betraf. Jedes Mal, wenn ich einen von den Jungen in meine Mannschaft holen wollte, musste ich immer erst Bob fragen. Aber so hatten wir es nun einmal ausgemacht. Und Regeln sind dafür da, dass man sich daran hält. Es sei denn, man will, dass Anarchie einzieht. Das würde ich einem Verein allerdings nicht empfehlen.

Bob ist ein Alphatier, er marschiert immer vorneweg.

Man kann sich das vorstellen wie einen Schneepflug, der den Weg freiräumt. So ähnlich war das mit ihm. Das ermöglichte mir, mich auf meine Arbeit zu konzentrieren und mich nicht mit irgendwelchen Ablenkungen herumschlagen zu müssen, die nur Zeit raubten. Ich musste mit Bob nie diskutieren, ob diese oder jene Aufgabe, die zusätzlich auf mich zukam, wichtig war oder nicht. Wenn er mir zum Beispiel auftrug, einem Journalisten ein Interview zu geben, wusste ich: Das ist wichtig. Und ich wusste auch, dass er vorher vermutlich zehn andere Interviews abgesagt hatte, die seiner Meinung nach nicht in diese Kategorie fielen. Bisher habe ich mit Medien keine schlechten Erfahrungen gemacht. Das kann aber auch daran liegen, dass ich nicht so wahnsinnig wichtig finde, was über mich geschrieben wird. Meistens lasse ich mir ein Interview nicht einmal zum Autorisieren vorlegen. Sicher ist es eine Form der Anerkennung, wenn sich nach einem Titel wie bei der Europameisterschaft alle um einen reißen. Aber das ist am nächsten Tag Schnee von gestern, was bleibt, ist der Titel, auf den kommt es an.

Ein anderer wichtiger Verbündeter wurde Alexander Haase, den Bob als Co-Trainer verpflichtet hatte. Als wir uns das erste Mal begegneten – Bob sperrte uns für eine Stunde in der Geschäftsstelle der Füchse zusammen –, wussten wir beide nichts so recht miteinander anzufangen. Alexander meint, unsere ersten Monate seien von professioneller Distanz geprägt gewesen. Dazu muss man sich ihn mit einem schelmischen Grinsen vorstellen. Wobei seine Beschreibung es gut trifft. Er wusste nicht, was ihn mit dem fremden Isländer erwartete, und der fremde Isländer versuchte herauszufinden, warum Bob der Meinung war, wir beide könnten ein gutes Gespann abgeben.

*Wo laufen sie denn? Als Füchse-Coach mit
Co-Trainer Alexander Haase (l.) und Physiotherapeut
Fabian Kittmann (Mitte)*

Wie weit wir auseinanderlagen, verdeutlicht eine Begebenheit, die sich während eines Trainings zu Beginn unserer ersten Saison zutrug: Es war die letzte Trainingseinheit vor einem Punktspiel. Nichts lief zusammen. Die Mannschaft war vollkommen unkonzentriert. Es passierte ein Fehler nach dem anderen. Eine einzige Katastrophe. Als ich merkte, dass ich nicht weiterkam, unterbrach ich das Training und schickte die Spieler in eine Trinkpause. Alexander war das Desaster natürlich nicht entgangen. Man merkte richtig, wie er innerlich kochte. »Das halte ich nicht aus«, schimpfte er. »Es wird Zeit, denen mal zu sagen, dass es die größte Scheiße ist, was hier abläuft.«

Nach einer Weile ließ ich die Spieler wieder antraben. Doch anstatt ihnen die Leviten zu lesen, teilte ich ihnen lediglich mit, dass das Training hiermit beendet sei und sie gehen könnten. Ganz unaufgeregt. Die Jungs schienen ziemlich verdutzt. Normalerweise wäre das Training noch eine halbe Stunde weitergegangen. Bevor sie verschwanden, gab ich ihnen noch etwas mit auf den Weg, auch in einem ruhigen Ton: »Wenn wir morgen auch nur annähernd so spielen, brauchen wir gar nicht erst aufzulaufen.«

Als wir allein waren, sah Alexander mich mit fragendem Blick an: »Soll das jetzt alles gewesen sein? Du musst doch mal reagieren und richtig auf den Tisch hauen.«

Vielleicht hatte er recht, trotzdem sah ich es anders: »Warum soll ich jetzt, einen Tag vorm Spiel, mit ihnen Stress anfangen? Den nehmen sie nur mit ins Spiel, davon wird's auch nicht besser.«

Alexander wäre pädagogischer herangegangen. Das war wahrscheinlich der Unterschied zwischen uns. Ich hatte nicht den Anspruch, aus den Spielern bessere Menschen zu machen. Ich ging davon aus, dass es gute Kerle waren, jeder auf seine Art. Und wenn einer meinte, er müsste mich provozieren, etwa indem er mit einer Baseballcap zum Krafttraining erschien und keine Anstalten machte, sich von seiner Kopfbedeckung zu trennen – von mir aus, sollte er doch. Solange er vernünftig trainierte und im nächsten Spiel alles aus sich herausholte, hatte ich daran nichts auszusetzen. In jeder Mannschaft finden sich ein paar Kindsköpfe, denen es Spaß zu bereiten scheint, zu testen, wie weit sie bei einem neuen Trainer gehen können. Darf man beim Training zu spät kommen? Kann man bei ihm offen reden? Womit kann man ihn provozieren? Wann flippt er aus? Aber das hört auch wieder auf, wenn man seine Regeln konsequent durchzieht.

Ich legte es nie darauf an, doch gelegentlich kam ich nicht umhin, mit Strafen zu arbeiten. Einmal meinte ein junger Spieler, der neu in der Mannschaft war, er könne die Trainingszeiten nach seinen Bedürfnissen gestalten, und tauchte mehrmals mit Verspätung in der Halle auf. Er entschuldigte sich jedes Mal brav, es gab aber nie einen

Grund außer seiner übertrieben zur Schau gestellten Lässigkeit, die mit der Einstellung gepaart zu sein schien: Papa wird's schon in Ordnung bringen.

Wir steckten mitten in der Saisonvorbereitung, als er sich wieder einmal zwanzig Minuten Verspätung genehmigte. Wie immer kam prompt eine Entschuldigung. Ich sagte nichts dazu, schickte ihn zu den anderen und brachte die Trainingseinheit zu Ende. Dann schob ich einen Tisch in die Mitte der Halle und beorderte ihn hinauf. Wenn er glaubte, ihm stünde eine Sonderrolle zu, sollte er sie haben. Während er als Jungspund dort oben thronte, mussten die anderen, darunter gestandene Spieler wie Iker Romero, eine zusätzliche schweißtreibende Laufeinheit absolvieren – für ihn. Er kam danach nie wieder zu spät.

Man darf eines nicht vergessen: Sie mögen gute Sportler sein, aber sie sind eben auch Jungs, die mal Blödsinn anstellen und sich ausprobieren. Manches kann man tolerieren, anderes jedoch nicht. Wo meine Grenzen liegen? Das lässt sich so pauschal nicht sagen. Ich habe nie einen Katalog aufgestellt. Was ich aber definitiv nicht vertrage, sind Lügen. Und wer es mit Alkohol übertreibt, findet bei mir auch kein Pardon. Ich habe nichts gegen feiern – zur richtigen Zeit und am richtigen Ort. Dabei sollte man aber niemals vergessen, dass man Sportler ist.

In meiner dritten oder vierten Saison bei den Füchsen nahmen wir an einem Turnier in Süddeutschland teil. Nach dem letzten Spiel lud der Veranstalter in eine Diskothek ein, zur Players Party. Am nächsten Morgen sollte die Mannschaft nach Berlin zurückfliegen. Für einen der Spieler hatten wir einen früheren Flug gebucht, da er zu einem Sponsorentermin musste. Um solche Dinge kümmerte sich der Mannschaftsbetreuer. Er war es auch, der mich frühmorgens anrief und darüber informierte, dass der Spieler nicht zu erreichen sei. Weder ginge er an sein Handy, noch öffne er die Tür. Auch sein Kompagnon, der sich mit ihm das Zimmer teilte, rühre sich nicht. Irgendwann tauchte der Spieler dann doch im Frühstücksraum auf. Es war nicht zu übersehen, dass er wenig geschlafen, dafür aber reichlich Alkohol konsumiert hatte. Von Hotelangestellten wussten wir inzwischen, dass er spät in der Nacht in einem ziemlich desolaten Zustand ins Hotel zurückgekehrt war.

Ich stellte ihn zur Rede, doch er bestritt, betrunken gewesen zu sein. Dabei hätte ich wetten können, dass er selbst in dem Moment noch einiges an Promille im Blut hatte. Das sagte ich ihm auch ins Gesicht. Doch er blieb bei seiner Version. Also forderte ich ihn auf, in ein Krankenhaus zu fahren, um eine Blutalkoholbestimmung machen zu lassen. Das verweigerte er. Er musste dann los zum Flughafen. Aber damit war die Geschichte nicht ausgestanden. In welcher Reihenfolge er danach wen anrief und wie oft er mit jedem sprach, kann ich nicht sagen. Das spielt auch keine Rolle, da er jedem das gleiche Märchen auftischte – Bob, dem Mannschaftsbetreuer und mir auch noch einige Male. Dabei gaben wir ihm genügend Gelegenheiten, die Sache geradezurücken. So aber ließ er mir keine Wahl. Als die Saison anfing, steckte ich ihn für die ersten Spieltage in die zweite Mannschaft und hoffte, dass er auf diese Weise seine Lektion lernte. Damit war das Thema für mich aber auch erledigt. Nach einigen Wochen durfte er wieder im Bundesliga-Team spielen, und ich behandelte ihn wie alle anderen.

Aber noch einmal zu Alexander: Wir mögen in einigen Punkten unterschiedlicher Ansicht gewesen sein. Wenn es jedoch um taktische Fragen ging, lagen wir meist auf einer Linie. Wie oft haben wir die Taktiktafel vor uns gelegt, Spielzüge ausgetüftelt und an der Besetzung der

Mannschaft gefeilt. Das waren immer intensive, gute Momente, fast ein bisschen wie Schachspielen.

In einem waren wir uns sogar so ähnlich, dass wir Zwillinge hätten sein können: Er hasste Niederlagen genauso wie ich. Früher dachte ich, als Spieler empfindet man Niederlagen am intensivsten. Doch das stimmt nicht. Seit ich Trainer bin, nimmt es mich viel mehr mit, wenn wir die Halle als Verlierer verlassen. Allerdings bin ich besser darin geworden, mir das nicht anmerken zu lassen. Es würde niemandem nützen, würde ich mich beim Training am Tag nach einer Niederlage gramgebeugt vor die Mannschaft stellen. Die Spieler wissen selbst, wenn sie Mist gebaut haben. Es geht nicht mehr um das, was war, sondern um das, was kommt. Und das nächste Spiel kommt nur das eine Mal. Wenn es danebengeht, kann man es im Nachhinein nicht korrigieren. Also muss man vorher zusehen, dass man alles unternimmt, um es erfolgreich zu gestalten.

Was der Mannschaft nach einer Niederlage viel mehr hilft, sind neue Impulse. Beim letzten Mal ging das, was wir uns ausgedacht und vorgenommen hatten, nicht ganz auf, also lasst es uns beim nächsten Mal so oder so versuchen. Damit sollten wir besser fahren, weil … Das Vergangene kriege ich am besten aus den Köpfen der Spieler, wenn ich ihnen etwas Neues gebe, womit sie sich beschäftigen müssen. Ein neues taktisches Element, eine Veränderung in der Aufstellung, eine andere Freiwurfvariante. Idealerweise vermittle ich ihnen das so, dass in ihnen der Glaube wächst, mit diesen Mitteln wird der nächste Gegner zu bezwingen sein.

Als ich die Mannschaft der Füchse übernahm, hatte sie ihre zweite Bundesliga-Saison hinter sich und auf Platz zehn beendet. Mein Auftrag bestand darin, sie weiter nach vorn zu führen, um spätestens in zwei Jahren international spielen zu können. Das Ganze sollte auf einer wirtschaftlich gesunden Basis geschehen. Lieber wollten wir auf einen teuren Profi verzichten, als uns finanziell zu übernehmen. Die Bundesliga ist reich an Geschichten von Vereinen, die aus wirtschaftlichem Übermut einen Sturz ins Bodenlose hinlegten.

Im ersten Jahr erreichten wir das Ziel nicht. Mit Platz neun sah es nicht einmal nach einer großen Steigerung aus. Dabei hatten wir immerhin zehn Punkte mehr auf dem Konto als in der Vorsaison. Vor allem lagen wir nur wegen einer schlechteren Trefferquote hinter dem TV Großwallstadt, für den sich mit Platz acht das Tor zur Teilnahme am EHF-Pokal öffnete. Es hätte nicht knapper sein können: Wir hatten die Saison punktgleich mit den Großwallstädtern beendet, sodass die Tordifferenz entschied – und uns fehlte genau ein Treffer.

Der große Sprung gelang uns in der Saison darauf. Wir landeten auf Platz drei, hinter dem HSV Hamburg, der zum ersten Mal Meister wurde, und dem THW Kiel. Die Kieler hatten genauso viele Punkte wie wir, nur das bessere Torverhältnis. Platz drei bedeutete, dass wir für die Champions League gesetzt waren. Unsere Premiere auf internationalem Parkett, und dann gleich in der Königsklasse – allein das war ein Riesenerfolg.

In der Gruppenphase machten wir direkt Bekanntschaft mit solchen Spitzenmannschaften wie KS Kielce, KC Veszprém und Atlético Madrid, wohinter sich das ehemalige Team unseres Kapitäns Torsten Laen verbarg, Ciudad Real. Auch Iker hatte dort gespielt, bevor er zu Barcelona gewechselt war. Der Verein war aus finanziellen Gründen in die spanische Hauptstadt gezogen und hatte sich umbenannt. Die drei Top-Klubs ließen uns dann auch hinter sich, aber Platz vier genügte für den Einzug ins Achtelfinale. Dort bekamen wir den HSV vorgesetzt. In der Meisterschaft hatten uns die Hamburger im Hin- und auch im Rückspiel geschlagen. Dafür revanchierten wir uns jetzt mit zwei knappen Siegen. Das schreibt sich leicht, in Wirklichkeit war es ein irrsinniger Kraftakt. Das war die gesamte Saison schon gewesen, und erst recht war es nun die »Verlängerung« mit der Champions League, die parallel zur neuen Saison absolviert werden musste.

Im Viertelfinale erwartete uns Ademar León, wie wir Drittplatzierter der heimischen Liga. Das Hinspiel fand bei den Spaniern statt, im Palacio de los Departes, der nur gar nicht wie ein Sportpalast aussah. Es war ein Tag zum Vergessen. Möglicherweise waren wir von unserem bisherigen Erfolg in der Champions League so berauscht, dass wir León etwas unterschätzten. Wir wussten, dass es kein Kinderspiel würde, aber dass sie uns von der ersten Minute an dermaßen unter Druck setzten, damit hatten wir nicht gerechnet. Sie fingen gleich mit zwei Kreisläufern an, die unsere Abwehr regelrecht auseinandernahmen. Den Rest erledigten ihre Mitspieler aus dem Rückraum. Dagegen lief bei uns nichts zusammen, weder im Angriff noch in der Deckung. Technische Fehler häuften sich ebenso wie Fehlwürfe, selbst aus freien Wurfpositionen am Kreis oder vom Siebenmeterpunkt. Bis zur Halbzeit gelangen uns bescheidene neun Treffer. Fast konnten wir dankbar sein, dass León nur mit sechs Toren davongezogen war.

Man kann es nicht erklären, man versucht, die Jungs aufzurichten, ihnen durch taktische Änderungen eine Hilfestellung zu geben. Aber was man auch anstellt, nichts bewirkt das, was man sich erhofft. Als würde man gegen Windmühlen kämpfen. Das ist mir als Spieler auch ein paarmal widerfahren. Man weiß, woran es liegt, die Lösung liegt praktisch wie ein offenes Buch vor einem,

trotzdem kommt man einfach nicht raus aus dem Schlamassel. Damit ich das Elend gedanklich nicht noch einmal durchleben muss, nur so viel: Wir fingen uns eine
saftige Klatsche ein – 34:23.

Nach dem Debakel trotteten die Jungs wie begossene
Pudel vom Spielfeld. Keiner sagte einen Ton, auch in der
Kabine nicht. Das einzige Geräusch verursachte Silvio,
als er seine Wut mit einem kräftigen Tritt an einem Was-
serkasten ausließ. Doch plötzlich stand Iker auf und
sagte: »Heute ist alles scheiße, aber ich weiß, in Sport, in
Handball, alles ist möglich.«

Wenn einem die Illusion genommen wird, sollte man
anfangen, die Dinge pragmatisch zu sehen. Die Niederlage war mehr als bitter. Doch die Situation hatte auch ihren Reiz, so verrückt das nach diesem Ergebnis klingen
mochte. Mit dem ersten Spiel war die erste Halbzeit vorüber. Wir lagen elf Tore zurück. Was musste geschehen,
damit wir nach der zweiten Halbzeit, dem Rückspiel in
einer Woche bei uns in der Max-Schmeling-Halle, vorn
lagen? Dafür musste man nicht lange rechnen: Wir
brauchten einen Vorsprung, der um ein Tor höher ausfallen musste als der jetzige von León. Nun fielen zwölf
Tore, wenn man die Zahl so nahm, unter die Kategorie:
aussichtslos. Zumindest wäre einiges an Gehirnakrobatik
erforderlich gewesen, um sich vorstellen zu können, dass
zwölf Tore nicht aussichtslos sein sollten. Teilte man jedoch die sechzig Minuten, die uns im Rückspiel blieben,
in viermal fünfzehn Minuten, sah die Rechnung gleich
etwas freundlicher aus. Dann waren es noch drei Tore, die
wir mehr werfen mussten – nur eben alle Viertelstunde,
und das viermal.

Unter anderem über diese Zahlenspielerei dachte ich
nach, als wir am nächsten Morgen mit einem Bus nach
Madrid fuhren, um von dort nach Berlin zurückzuflie-

gen. Nach vorn zu blicken, war das Einzige, was die Situation erträglich machte. Uns blieb eine Woche, um die Mannschaft aufzurichten. Die Fahrt dauerte fast fünf Stunden. Ich hatte also ausreichend Zeit, mir Gedanken zu machen, wie wir das mit den Toren in Angriff nehmen konnten. Nach einer Weile bat ich Alexander, mir Gesellschaft zu leisten. Ihn hatte das Spiel nicht weniger mitgenommen als mich. Wir holten die Taktiktafel hervor und begannen, verschiedene Spielzüge mit den Magneten durchzuspielen. Wie die Spanier aufgestellt waren, wussten wir jetzt, und auch, womit sie uns das Leben schwer gemacht hatten. Ohne zu sehr ins Detail zu gehen: Als einen taktischen Schachzug beschlossen wir, unsere Angriffe mit sieben Feldspielern zu bestreiten und für die Zeit den Torhüter herauszunehmen. Das hatten wir in anderen Spielen schon praktiziert, allerdings nur punktuell, meistens wenn es zum Ende hin knapp wurde und wir in Rückstand lagen. Diesmal wollten wir mit dieser Variante gleich zu Beginn überraschen. Und auch hinten, in der Abwehr, krempelten wir einiges um.

All das erklärten wir der Mannschaft beim nächsten Training. Nun ist es eine Sache, den Spielern die eigenen taktischen Vorstellungen zu unterbreiten und sie mit ihnen durchzuexerzieren, bis sie sitzen. Eine ganz andere jedoch, die Spieler auch wirklich davon zu überzeugen, dass es der richtige Weg ist. Sie müssen einem die Botschaft abkaufen und tief in ihrem Inneren daran glauben, nur dann kann der Plan gelingen. Als Iker nach dem Spiel in der Kabine sagte, im Handball sei alles möglich, war ihm ein anderer Spieler in die Parade gefahren und hatte gemeint, er solle den Mund halten. Wäre ich in diesem Moment mit meinen Taktikplänen gekommen, ich bin sicher, niemand hätte auch nur einen Cent darauf gesetzt. Außer Iker vielleicht. Wenn das Samenkorn gedeihen

soll, darf man es nicht auf unfruchtbarem Boden auslegen.

Eine Woche arbeiteten alle intensiv an unserer Wiederauferstehung, ob es der Athletikcoach Erik Helm war, der
Physiotherapeut Fabian Kittmann, unser Mannschaftsarzt Jürgen Bentzin, Alexander oder ich. Und natürlich
die Mannschaft. Und Bob. Und die Betreuer rundherum.
Dann kam der 29. April 2012. Es war ein Sonntag. Der
»Fuchsbau«, die Max-Schmeling-Halle, unser Heim-
revier, war bis auf den letzten Platz ausverkauft. Anpfiff:
16 Uhr. Zwei slowenische Schiedsrichter leiteten die Partie. Solche Details merke ich mir nicht von allen Spielen.
Und sicher hätte ich sie mir auch von diesem nicht ge-
merkt, wären die folgenden sechzig Minuten anders ver-
laufen.

Unser erster Angriff: Silvio sprintete aus dem Tor zur
Mannschaftsbank. Dort stand Bartłomiej Jaszka bereit,
unser Spielmacher. Er hatte sich ein Leibchen überge-
streift, als Erkennungszeichen für den siebten Feldspieler,
der den Torwart ersetzte. Der Wechsel nahm keine zehn
Sekunden in Anspruch. Wir hatten die Laufwege genau
einstudiert. Es war nur ein winziger Moment, und doch
ein großes Signal, auch ans Publikum, das uns so offensiv
noch nie erlebt hatte. Nach acht Minuten führten wir 4:1,
dann 11:4 – der Pausenstand lautete: 13:6. Dass wir in
dreißig Minuten nur sechs Treffer zugelassen hatten, war
ein Zeichen dafür, dass die Abwehr wie ein Bollwerk
stand. Und dafür, dass unsere Umstellung genau das
brachte, was wir beabsichtigt hatten. Nicht zu vergessen
Silvio im Tor, er hielt an diesem Tag unfassbar. Ich glaube,
es waren sechzig Prozent aller Würfe, die er entschärfte.
Eine Quote, die der beste Torhüter nicht oft in seiner Karriere erreicht. Und dennoch: Es lief nicht alles perfekt.
Das kann man in solch einem Spiel auch kaum erwarten.

In der zweiten Halbzeit war es vor allem Iker, der die Jungs immer wieder antrieb und in schwierigen Phasen, wenn unser Vorsprung schmolz, einen kühlen Kopf bewahrte. Beim 21:10 hatten wir zum ersten Mal elf Tore mehr. Doch León legte umgehend drei Treffer nach. Es wogte hin und her. Wir blieben deutlich vorn, aber der Abstand genügte nicht. Es war dann Torsten Laen, unser Kapitän, der drei Minuten vor Schluss das 29:18 markierte. Das hätte gereicht, da wir in León mehr Tore erzielt hatten als die Spanier bei uns. Aber es waren noch drei

Meine Nerven! Nach einer schlimmen Hinspiel-Pleite besiegen wir León und stehen im Final Four der Champions League

Minuten zu spielen. Und zu allem Überfluss kassierte Torsten Sekunden später, beim nächsten Angriff der Spanier, eine Zeitstrafe, sodass wir in der Abwehr nur noch zu fünft standen. Ich weiß selbst nicht, wie ich die letzten einhundertzwanzig Sekunden durchstand. Ich weiß nur, dass ich hinterher schweißgebadet und im Kopf völlig leer war.

Wir gingen in die Kabine und später in den VIP-Raum, jeder gratulierte einem. Keine Ahnung, wie viele Hände ich schüttelte und wie viele Leute mir auf die Schulter klopften oder mich umarmten. Irgendwann meinte Alexander: »Lass uns noch ein Bier trinken gehen.« Ich weiß, das war gut gemeint, aber ich wollte kein Bier trinken gehen. Ich wollte nirgendwohin, nur nach Hause, meine Ruhe haben. Wir standen in der Finalrunde der Champions League. Das bedeutete: Die Füchse waren eine der vier besten Mannschaften Europas.

Beim Final Four einen Monat später in Köln wären wir beinahe ins Finale eingezogen, verloren im ersten Spiel mit nur einem Treffer Rückstand gegen Kiel. In der zweiten und letzten Partie, gegen AG Kopenhagen – es ging um Platz drei –, war dann irgendwie die Luft raus. Wir stemmten uns bis zuletzt gegen die Niederlage, aber es reichte nicht. Trotzdem, wir hatten eine gigantische Saison hingelegt. Umso mehr, da wir auch in der Meisterschaft – trotz Doppelbelastung – nicht nachgelassen hatten und am Ende erneut Dritter wurden.

Doch die vergangenen zwei Spielzeiten hatten uns enorm viel Kraft abverlangt, physisch wie psychisch. Daher fand ich, dass sich die Mannschaft eine Abwechslung verdient hatte. Wenn man den Berg stets über den gleichen Weg erklimmt, wird es eintönig, die Konzentration lässt nach, es fällt schwerer, die Motivation auf einem hohen Level zu halten.

Und so starteten wir die Vorbereitung auf die neue Saison nicht in Berlin, sondern in Reykjavík. Die Ortsveränderung war allerdings nicht das Einzige, womit ich die Jungs konfrontierte. Wenn wir sonst irgendwohin reisten, in ein Trainingslager oder zu Spielen, kamen wir für gewöhnlich in normalen Hotels unter, und dort teilten sich dann zwei Spieler ein Zimmer. Für unseren Ausflug nach Island hatte ich für die gesamte Mannschaft genau ein Zimmer organisiert. Dieses Zimmer war etwas größer als übliche Hotelzimmer, das musste es auch sein, da anders kaum sechzehn Betten hineingepasst hätten. Und es befand sich auch nicht in einem Hotel, sondern im Kex, was auf Isländisch Keks oder Gebäck heißt. Das Kex firmiert offiziell unter Hostel, ist aber mehr als das. Hotspot, Künstlertreff, Musikerbühne, Kreativtempel – ich schätze, jeder, der einmal dort war, sieht etwas anderes darin.

Auf jeden Fall ist es eine urgemütliche Herberge – und das sage ich nicht, weil das Kex das Ergebnis einer jener Ideen ist, die ich mit Freunden ausgebrütet habe, wie früher das Café mit Lárus. Diesmal war Kristinn mein Partner, mit dem ich die Logistikfirma hatte. Kristinn machte damals gerade eine schlimme Zeit durch. Seine letzte Firma – eine Schreibwaren- und Buchladenkette, von der es Ableger in sechs Ländern gab – war durch die Finanzkrise pleitegegangen. Er hatte alles verloren, sogar seine Wohnung musste er aufgeben und mit Frau und Kindern bei Freunden unterkommen. Ihm ging es richtig dreckig. Wir lebten zu der Zeit bereits in Berlin, ich telefonierte aber regelmäßig mit ihm und besuchte ihn, sobald ich nach Reykjavík kam. Man kann nicht alles, was einen im Sport vorwärtsbringt, auf das Leben übertragen. Aber sich nicht in seiner Niederlage zu suhlen, stattdessen nach vorn zu schauen, sich auf neue Aufgaben zu konzentrieren, das hilft in jedem Bereich. Auch Kristinn tat es gut, Pläne zu schmieden. Am Anfang schwebte uns eine Bar vor. Der Gedanke, dass es ein Hostel werden könnte, oder ein Hostel mit Bar, kam erst später hinzu. Kristinn entwarf ein Konzept und entwickelte dazu einen Businessplan. Ein ganzes Heft schrieb er voll, dreißig Seiten. Aber noch war alles nur ein Traum.

Eines Tages streifte Kristinn mit seinem Schulfreund Óskar Þór Axelsson durch die Stadt. Óskar ist Filmregisseur. Er war gerade dabei, den Kriminalroman *Svartur á leik* – ein ziemlich gruseliges Buch – zu verfilmen und suchte für eine bestimmte Szene noch eine Location. Irgendwann landeten sie auf der Skúlagata. Die Straße liegt am Rand des Stadtkerns, nur wenige Schritte vom Meer entfernt. In der Gegend sah es damals – anders als heute – recht düster aus. Einige Gebäude standen leer, sie sollten abgerissen werden, darunter eine ehemalige Keksfabrik.

Man kann sagen, es war Liebe auf den ersten Blick. Kristinns Begeisterung entflammte, kaum dass er einen Fuß ins Innere des Gebäudes gesetzt hatte. Für eine Bar war die ausgediente Fabrik mit ihren drei Stockwerken zwar etwas geräumig, für ein Hostel jedoch geradezu ideal. Wir klärten die Eigentumsverhältnisse, organisierten Investoren, steckten selbst Geld rein, aber noch viel mehr Herzblut. Für die Innengestaltung engagierten wir den Set-Designer des Filmprojekts. Er nahm unsere Ideen, veredelte sie mit seinen und reiste in die USA, um nach alten Möbeln und allen nur denkbaren Dekorationsutensilien Ausschau zu halten. Am Ende seines Trips hatte er eine ganze Containerladung zusammengetragen. Eines seiner Lieblingsstücke war ein riesiger zimmerhoher Safe, der genug Platz bot, um darin einen Original US-Barber-Shop einzurichten, den er gleich mit aufgetrieben hatte. Während er in Amerika herumstöberte, gingen wir in

Foyer, Pub und Bar in einem: das »Herz« des Kex

Deutschland auf die Suche, in Leipzig, Dresden und Berlin, bis wir auch hier einen Schiffscontainer mit historischen Kostbarkeiten gefüllt hatten – Leuchten, Möbel, Bilder, Landkarten, sogar die Ausstattung eines uralten Klassenzimmers. Das Kex ist wie eine riesengroße Schatzkiste. Anfangs schien das nicht jeder erkannt zu haben, doch inzwischen ist das Hostel fast ständig ausgebucht.

Der Film, durch den wir überhaupt erst auf dieses schlummernde Juwel gestoßen waren, soll übrigens einer der erfolgreichsten isländischen Filme sein. Er erhielt einige Preise und wurde sogar deutsch synchronisiert.

Sechzehn ausgewachsene Mannsbilder in einem Zimmer, beim Schlafen gestapelt in Stockbetten, und das eine Woche lang – damit muss man erst einmal zurechtkommen. Ingibjörg und ich hatten uns einiges ausgedacht, damit den Jungs außerhalb der Trainingszeiten nicht langweilig

Nachdenken im Kex

wurde. Da das mitternächtliche Paintballspielen beim österreichischen Team gut angekommen war, wiederholten
wir den Spaß. Wobei das ja nicht nur der pure Spaß ist.
Man braucht schon taktisches Geschick und ein gewisses
Maß an Konzentration, sonst ist man schneller raus, als
man gucken kann. Natürlich wollten wir ihnen auch
Reykjavík zeigen, dachten uns aber, dass es für junge
Männer vermutlich nichts Langweiligeres gibt als eine
stinknormale Stadtführung oder -rundfahrt. Also veranstalteten wir einen kleinen Wettbewerb. Dazu teilten wir
die Mannschaft in fünf Gruppen. Jede Gruppe bekam die
gleichen Aufgaben, durfte aber frei entscheiden, wann sie
welche erledigte und vor allem wie. Das Wie war nicht
ganz unwichtig. Für jede Aufgabe, die bewältigt wurde,
gab es eine bestimmte Anzahl an Punkten. Ließ sich eine
Gruppe zu der eigentlichen Aufgabe etwas Besonderes
einfallen, konnte sie Zusatzpunkte sammeln. Die Grup-

pe, die am Ende der Woche die wenigsten Punkte auf ihrem Konto haben würde, sollte die Gemeinschaftsunterkunft reinigen. Darauf war niemand scharf, zumal die Reinigungsaktion unmittelbar vor der Abreise durchgeführt werden musste. Und die war für den frühen Morgen geplant, sehr früh, halb in der Nacht.

Die Aufgaben waren nach unterschiedlichen Schwierigkeitsgraden gestaffelt. Eine der einfachsten bestand darin, an Islands berühmtester Fastfood-Bude Hotdogs zu essen. Angeblich sind es die besten Europas, jedenfalls hat das der *Guardian* mal geschrieben. Es ist nur ein unscheinbarer Stand in der Nähe des Hafens, doch seitdem der frühere US-Präsident Bill Clinton sich einen der Hotdogs schmecken ließ, strömen jeden Tag eine Menge Leute dorthin, Einheimische wie Touristen. Für eine andere Aufgabe sollten sie sich auf die Suche nach einem Islandpony machen und es zum Beweis, dass sie eins aufgespürt hatten, fotografieren. Überhaupt musste die Erfüllung jeder Aufgabe fotografisch dokumentiert werden. Etwas mehr Aufwand verlangte es, einen der Gipfel des Esja zu erklimmen. Der Esja ist der Gebirgszug, den man sieht, wenn man vom Kex aufs Meer guckt. Um ihn zu erreichen, muss man ein Stück die Bucht entlangfahren, bis man einen Parkplatz für Wanderer erreicht, von dort geht es zu Fuß weiter – bis auf eine Höhe von fast neunhundert Metern. Die härteste Aufgabe aber dürfte die gewesen sein, die verlangte, dass man ein Bad im Freien nahm, und zwar nicht in einem der wohlig warmen Hot Pots oder geheizten Schwimmbäder, von denen es fast in jedem Dorf welche gibt, sondern im Meer. Obwohl wir im Juli dort waren, also Hochsommer hatten, dürfte die Wassertemperatur kaum mehr als acht, neun Grad betragen haben.

Am letzten Abend dann die Stunde der Wahrheit. Jede Gruppe hatte ihre Fotos abgegeben. Der Trainerstab, der die Funktion der Jury übernahm, bastelte eine Slideshow daraus, die der versammelten Truppe vorgeführt wurde. Dann erfolgte die Bewertung. Jede Gruppe hatte alle Aufgaben erfüllt, allerdings zum Teil auf recht unterschiedliche Weise. Den Aufstieg zum Gipfel des Esja zum Beispiel hatte eine Gruppe lange vor sich hergeschoben. Da Iker zu der Gruppe gehörte, vermute ich, dass er seinem Knie die Strapazen einer Bergwanderung nicht zumuten wollte. Allerdings wussten er und seine beiden Mitstreiter, dass es für diese Aufgabe die höchste Punktzahl gab. Und da keiner von den dreien darauf erpicht war, den nächtlichen Putzservice zu übernehmen, hatten sie sich kurzerhand entschlossen, einen Helikopter zu chartern, der sie auf den Berg brachte. Das zählte natürlich auch – also volle Punktzahl. Auf dem Rückflug hatten sie sich sogar noch einen Zusatzpunkt verdient. Als

Spritztour mit Helikopter: Iker Romero, Konstantin Igropulo und Silvio Heinevetter (v.l.n.r.)

*Mit dem Team der Füchse in der Bláa Lónið –
der Blauen Lagune – bei Keflavík*

eine der Aufgaben sollte die Hallgrímskirkja fotografiert
werden. Das hatten sie zwar schon erledigt, aber ein Selfie
aus der Luft, mit der Kirche von oben, machte sich natürlich noch besser. Damit konnte die Gruppe nicht mehr
verlieren. Zumal sie diejenige war, die nicht nur ins eiskal-
te Meerwasser gestiegen war, sondern sich auf dem Be-
weisfoto auch noch nackt präsentierte – was mit dem
nächsten Zusatzpunkt belohnt wurde.

Bevor die neue Spielzeit begann, verlängerte ich meinen
Vertrag bei den Füchsen. Wir hatten einen guten Start
hingelegt, jetzt galt es, dem Erfolg ein Fundament zu geben – und auf einen ersten Titel hinzuarbeiten. Das war
das Ziel, oder besser gesagt: das große Ziel. Daneben hatten wir jede Woche unsere kleinen Ziele, nämlich in der
Bundesliga zu punkten. Die Saison war noch keinen Monat alt, als wir wieder einmal den großen Meisterschafts-
favoriten zum Heimspiel empfingen. Die Matches gegen

den THW Kiel waren immer etwas Besonderes. Nirgends auf der Welt gab es eine Mannschaft, die die heimische Liga so beherrschte, wie das der deutsche Serienmeister seit Mitte der Neunzigerjahre tat. Erst in der Saison zuvor hatten die Kieler einen Rekord für die Ewigkeit aufgestellt, indem sie die Meisterschaft ohne einen einzigen Verlustpunkt beendeten. Dass sie daneben auch den DHB-Pokal und die Champions League gewannen, schien angesichts dieser Traumserie fast schon logisch. Man konnte vor Alfreð Gíslason, meinem Kollegen und Landsmann, nur den Hut ziehen, er machte einen super Job. Wenn Kiel der Gegner war, spielte es keine Rolle, wo man selbst in der Tabelle stand – man war immer der David, der gegen den übermächtigen Goliath antrat. Aber das machte die Aufgabe auch reizvoll, jedes Mal wieder aufs Neue. Allerdings war es uns bisher nur einmal gelungen, Kiel zu schlagen, in meiner zweiten Saison bei den Füchsen.

Als der THW diesmal nach Berlin kam, war er seit fünfhundert Tagen ungeschlagen, hatte von fünfzig Pflichtspielen kein einziges verloren, sich nicht einmal ein Unentschieden eingehandelt. Höchste Zeit also, dachte ich – natürlich aus rein sportlichen Gründen –, dass jemand der Serie ein Ende bereitete.

Die erste Hälfte wurde eine wahre Abwehrschlacht. Kiel warf zwölf Tore, wir warfen neun – ungewöhnlich wenig für beide Mannschaften. Außer beim 2:1, das uns in der dritten Spielminute gelang, lagen wir durchweg hinten. Das änderte sich auch in der zweiten Hälfte nicht. Die Kieler waren drauf und dran, ihren einundfünfzigsten Sieg in Folge einzufahren. Sechs Minuten vor Schluss hatten sie uns mit vier Toren abgehängt. Mitte der zweiten Halbzeit waren es sogar fünf gewesen, doch dann hatten wir den Turbo gezündet und waren bis auf zwei

Treffer herangekommen. Dieser kleine Zwischenerfolg war wichtig für die Schlussphase. Denn den hatten wir im Kopf, als es auf die Zielgerade ging: Sich nicht aufgeben, weitermachen, konzentriert bleiben, dann geht etwas. Wenn wir im Angriff waren, schickte ich jetzt zwei Kreisläufer aufs Feld. Dadurch musste die Kieler Abwehr defensiver stehen, was wiederum Platz für unsere Rückraumschützen schuf. Und ich brachte Iker Romero, unseren Mann für die besonderen Momente, der sich umgehend mit einem Tor revanchierte. So hatte ich mir das vorgestellt. Inzwischen betrug der Abstand nur noch zwei Tore, und keine zwei Minuten später hatten wir zum 25 : 25 ausgeglichen. Ab da fielen noch genau zwei Tore – für jede Seite eins. Wir gewannen das Spiel zwar nicht, nach fast sechzig Minuten Aufholjagd fühlte sich das Unentschieden aber fast so an. Auf jeden Fall war damit Kiels historische Siegesserie Geschichte.

Nach dem Spiel regten sich einige Kieler über die Schiedsrichter auf. Uns hatten sie auch nicht glücklich gemacht. Vor allem Silvio war mit ihnen aneinandergeraten und hatte dafür eine Zweiminutenstrafe kassiert. Es war ein relativ unerfahrenes Gespann, zumindest was Bundesliga-Einsätze anging. Niemand unterstellte ihnen, böswillig falsche Entscheidungen getroffen zu haben. Sie schienen mit einer Partie auf diesem Niveau und mit diesem Tempo nur etwas überfordert gewesen zu sein.

Jeder, der ein bisschen Ahnung von Handball hat, weiß, wie schwer die meisten Spiele zu pfeifen sind. Auf einem Handballfeld mag zwar ähnlich taktisch agiert werden wie auf einem Schachbrett. Man sucht ständig nach einem Weg, dem Gegner eins auszuwischen. Doch anders als beim Schach bewegen sich die Figuren von allein, und das mit einer irren Geschwindigkeit. Und es werden permanent Figuren ausgetauscht. Aber am kompliziertesten wird es für die Schiedsrichter, wenn die Spieler miteinander in Clinch gehen, was so ziemlich bei jedem Angriff passiert und nicht selten in kleine Ringkämpfe ausartet. Selbst wenn man unmittelbar danebenstünde, was in der Praxis gar nicht möglich ist, könnte man kaum auseinanderhalten, wer gerade wo seine Hände oder Arme hat. Was ich damit sagen will: Es ist unmöglich, keine Fehlentscheidungen zu treffen. Dazu muss man sich den Höllenlärm vorstellen, den das Publikum oft veranstaltet, gerade bei engen Partien. Man steht auf dem Spielfeld, pfeift gegen die Heimmannschaft, und plötzlich hat man zehntausend Leute gegen sich, die ihren Unmut lautstark kundtun, dass einem angst und bange werden kann. Man muss als Schiri ganz schön abgebrüht sein, um sich davon nicht unter Druck setzen zu lassen. Das sehe ich alles. Andererseits wissen sie, worauf sie sich mit diesem Job einlassen. Es ist ihre verdammte Pflicht, unparteiisch zu sein, keine der beiden Mannschaften zu benachteiligen, und wenn die Halle noch so bebt. Nun würde kein Schiri von sich behaupten, er wäre parteiisch, sonst könnte er sich gleich eine andere Freizeitbeschäftigung suchen. Schiedsrichter sind im Profi-Handball die einzigen Amateure auf dem Feld. Es fände sich vermutlich auch kein Referee, der zugäbe, mit unterschiedlichem Maß zu messen. Aber das sehe ich anders.

Ein Erlebnis aus meiner Anfangszeit als Trainer in der Bundesliga hat sich mir besonders eingebrannt. Wir spielten in Flensburg. Wie immer dirigierte ich unsere Mannschaft von der Seitenlinie aus. Und wie fast immer hielt es mich dabei nicht auf der Bank. Im Stehen kann man seine Botschaft einfach besser an die Spieler auf dem Feld weitergeben. Ganz abgesehen von der enormen Anspannung, die es einem schwer machte, das Geschehen auf der Bank sitzend zu verfolgen. Aber dagegen, dass ich stand, hatten die Schiris nichts auszusetzen, das macht jeder Coach. Allerdings beschwerten sie sich, weil ich beide Arme in die Höhe hielt, und das nicht nur einmal. Irgendwann zückten sie die gelbe Karte. Die Verwarnung wäre mir egal gewesen, hätte Flensburgs Trainer mit seinen Armen nicht das Gleiche veranstaltet – ohne dass sich jemand daran gestoßen hätte. Überhaupt kannte ich kaum einen Trainer auf diesem Niveau, der während eines Spiels nicht mit erhobenen Armen an der Seitenlinie stand und gestikulierte. Worum also war es den Schiedsrichtern gegangen? Mir, dem Neuen, ihre Macht zu demonstrieren?

Leider schien es so, als müsste man sich ihren Respekt erst erarbeiten. Mir war kein Trainer bekannt, dem es Spaß bereitete, an der Seitenlinie herumzuspringen und wie ein Idiot auszusehen. Aber wenn man sich brav wie ein Musterschüler auf die Bank verzog und jede Entscheidung still über sich ergehen ließ, hatte man erst recht verloren. Unabhängig davon, ich hätte das gar nicht hingekriegt – ich meine, ruhig zu bleiben und zuzusehen, wie man verschaukelt wurde. Ungerechtigkeit bringt mich auf die Palme. Dagegen kann ich nichts machen. Das Vertrackte ist, dass beim Handball sehr wenige Entscheidungen genügen, um den Ausgang eines Spiels zu beeinflussen. Manchmal reicht eine einzige. Es braucht bloß in der Schlussminute ein Siebenmeter nicht gegeben zu werden. Oder es wird einer für den Gegner gepfiffen, der unberechtigt ist. Oder ein Stürmerfoul wird ignoriert. Oder übersehen, dass ein Spieler im Kreis stand, bevor er den Ball Richtung Tor feuerte. Was nicht gepfiffen wird, ist oft ärgerlicher als das, was gepfiffen wird. Vor allem, wenn es immer nur die eigene Mannschaft trifft, die dadurch benachteiligt wird. Ist uns mit den Füchsen alles passiert, nicht bloß einmal.

Ich gewöhnte mir schnell an, vor einem Spiel nie zu

gucken, wer pfeifen wird. Ich entwickelte auch keinen Ehrgeiz, mir Namen von Schiedsrichtern einzuprägen. Genauso wenig merkte ich mir, welche Referees uns bei einem Spiel benachteiligt hatten, was nach meinem Empfinden nicht selten vorkam. Das schützte mich davor, mit Vorurteilen in eine Partie zu gehen.

Umgekehrt hätte ich für mich gern in Anspruch genommen, dass mich Schiedsrichter ausschließlich nach dem bewerteten, was an dem Tag in dem Spiel geschah. Und nicht für eine alte Geschichte, die wir irgendwann einmal miteinander ausgetragen hatten. Ich fürchte nur, das funktionierte bei denen nicht so gut. Viele Schiedsrichter schienen nach einem Spiel das Bedürfnis zu verspüren, bestimmte Dinge, die vorgefallen waren, mit einem ausdiskutieren zu wollen. Was hätte man besser machen können und so. Ich wollte das nie. Vermutlich wurde mir das manches Mal als Arroganz ausgelegt. Aber diese Sportskameradenromantik zwischen Schiedsrichtern und Trainer halte ich für Bullshit. Wir wollen sicher alle, dass es auf dem Spielfeld fair zugeht, aber wir stehen nicht auf derselben Seite.

Mit meinen Gefühlsausbrüchen handelte ich mir über die Jahre eine ganze Reihe Gelber Karten ein und nicht wenige Zeitstrafen. Einmal meinten die Schiedsrichter sogar, sie müssten mich mit einer Roten Karte der Halle verweisen. Nicht in der Bundesliga, das war bei der Europameisterschaft in Österreich, im Spiel gegen Kroatien – drei Minuten vor Schluss, um genau zu sein. So etwas vergisst man schließlich nicht.

Wir waren drauf und dran, die Kroaten in die Knie zu zwingen. Es war das beste Spiel, das ich jemals von einer österreichischen Nationalmannschaft gesehen hatte. Doch das Schiedsrichter-Duo, zwei Schweden, bemühte sich nach Kräften, unsere Jungs mit einer Vielzahl von Fehlentscheidungen zu demoralisieren. Was sich da abspielte, war dermaßen offensichtlich, dass mir ein paarmal der Kragen platzte. Sofort war natürlich einer der Technischen Delegierten der European Handball Federation zur Stelle, um mich zu ermahnen. Diese Herrschaften erkennt man daran, dass sie meistens Krawatten tragen, oft als einzige am Kampfgerichtstisch. Ihre Aufgabe ist es, die Schiris zu entlasten und neben dem Spielfeld für Ordnung zu sorgen. Man kann sich vielleicht vorstellen, wie das ist: Man kocht innerlich, dann kommt einer dieser Herren mit Krawatte daher und tut so, als gäbe es überhaupt keinen Grund, sich aufzuregen. Als wäre das, was man mit eigenen Augen gesehen hatte, nur eine Fata Morgana gewesen. Ich mag einigen von ihnen Unrecht tun, aber man braucht nicht Psychologie studiert zu haben, um sich ausrechnen zu können, dass man in solchen Situationen niemanden beschwichtigt, indem man ihm sagt, er solle sich beruhigen. Schon gar nicht, wenn wie in dem Kroatien-Spiel die eine Bank – nämlich unsere – permanent ermahnt wird, während die andere treiben kann, was sie will.

In meiner Erregung ließ ich mich irgendwann zu der wenig schmeichelhaften Äußerung hinreißen: »You're sitting there like a chicken with tie.« Das wurde prompt ins Spielprotokoll aufgenommen und brachte mir im Nachhinein eine Geldstrafe ein, samt Spiel-Sperre auf Bewährung. Der Satz war nicht in Ordnung, darüber gibt es nichts zu diskutieren. Überhaupt hatte ich mich zu sehr meinen Emotionen hingegeben, keinen kühlen Kopf bewahrt. Wenn im Spielprotokoll allerdings auch behauptet wurde, ich hätte in der Coaching-Zone einen Sessel umgestoßen, so war das schlichtweg eine Lüge. Die nahm ich allerdings auf mich, um einen unserer Spieler, der seinem Frust auf diese Weise Luft gemacht hatte, zu schützen – er

Das Schweigen nach der Roten Karte: bei der EM 2010
im Spiel Kroatien gegen Österreich

wäre sonst womöglich fürs nächste Spiel gesperrt worden.

Wer mich im Januar bei der Europameisterschaft in Polen am Spielfeldrand erlebte, wird gedacht haben, dass mich nichts aus der Ruhe bringen kann. Dabei brodelt es heute noch genauso in mir. Inzwischen gelingt es mir nur besser, meine Gefühle nicht herauszulassen, in den meisten Fällen jedenfalls. Wenn ich spüre, dass die Emotionen zu kräftig in mir hochkochen, rede ich mir selbst gut zu: Halte dich zurück! Lass die Jungs spielen. Für sie ist eine ruhige Bank auch besser. Sie pumpen schon genügend Adrenalin durch ihren Körper.

Trotzdem denke ich, dass dem Handball mehr geholfen wäre, würde man anstelle der Technischen Delegierten oder Supervisors, wie sie neuerdings genannt werden, einen dritten Schiedsrichter einsetzen. Oder zusätzlich. Einen, der sich in der Mitte des Spielfelds aufhält, sodass sich die beiden anderen hauptsächlich auf Strafraumsituationen konzentrieren können. Weniger Fehlentscheidungen würden letztlich auch für mehr Ruhe auf der Bank sorgen. Wie gesagt, ich kenne keinen Coach, dem es Vergnügen bereitet, an der Seitenlinie das Rumpelstilzchen zu geben.

Die Saison – wir sind im Jahr 2013 – beendeten wir diesmal auf Platz vier. Für einen Start in der Champions League genügte das nicht. Zwar erhielten wir eine Wildcard für ein Qualifikationsspiel, das verloren wir jedoch. Somit rutschten wir in den EHF-Pokal, in dem es um die zweitwichtigste Trophäe für europäische Vereinsmannschaften ging. Wir schafften es bis ins Final Four, scheiterten dort im ersten Spiel, siegten aber im zweiten, sodass am Ende Platz drei heraussprang. Ein kleiner Erfolg, noch besser hätte uns der große gefallen, zumal die Finalrunde im Frühjahr 2014 in unserem »Zuhause«, der Max-Schmeling-Halle, stattfand. Fast auf den Tag genau ein Jahr später standen wir an gleicher Stelle dann endlich im Finale – es ging wieder um den EHF-Pokal – und gewannen unseren ersten internationalen Titel. Man hätte sich die Choreografie kaum besser ausdenken können: Das Beste als krönender Abschluss. Es folgten noch fünf Bundesliga-Spiele, dann endete meine Zeit bei den Füchsen.

VIII
Wer viel redet,
sagt häufig das Gleiche

Neuanfang – Der Erfolg braucht das Team –
Von Nähe und Distanz – Bad Boys –
Siegen lehrt siegen – Als Fremder zu Hause –
Die ominöse Wildcard – Krach der Funktionäre –
EM, wir kommen!

Wieder war ein Kapitel meines Lebens zu Ende gegangen, doch ich hatte längst ein neues aufgeschlagen. Das hatte ein Jahr zuvor begonnen, im Sommer 2014. Wollte man es an ein bestimmtes Datum festmachen, dann war es wohl der 14. Juni, der Tag, an dem die deutsche Handball-Nationalmannschaft in Magdeburg gegen die Auswahl Polens verlor. Es war das entscheidende Qualifikationsspiel für die Weltmeisterschaft 2015. Nachdem die Deutschen bereits das Hinspiel in Danzig verloren hatten, stand fest, dass sie bei dem Turnier in Katar nicht dabei sein würden. Davor hatte das Team bereits die Olympischen Spiele 2012 in London verpasst und die Europameisterschaft 2014 in Dänemark. Bis dahin hatte noch nie eine Europameisterschaft ohne Deutschland stattgefunden. Nun der dritte Rückschlag. »Siebeneinhalb Jahre nach dem WM-Titel liegt der deutsche Handball am Boden«, schrieb die *Frankfurter Allgemeine Zeitung,* und sie war nicht die einzige, die die Totenglocken läuten hörte.

Beim Deutschen Handballbund herrschte Krisenstimmung. Nach dem neuerlichen Debakel würde Martin Heuberger, der damalige Bundestrainer, der 2011 Heiner Brand beerbt hatte und seit längerem in der Kritik stand, nicht mehr zu halten sein. Sein Vertrag lief noch im selben Monat aus. Dass er nicht verlängert werden würde, war ein offenes Geheimnis – und so kam es auch. Die Suche nach einem neuen Bundestrainer fiel in den Verantwortungsbereich von Bob Hanning. Neben seinem Posten bei den Füchsen war er inzwischen zum Vizepräsidenten des Deutschen Handballbundes gewählt worden und in dieser Funktion für den Bereich Leistungssport zuständig, somit zuallererst für die Nationalmannschaft. Bob ist Realist, er kennt das Geschäft. So gern ich den Job bei den Füchsen machte und so erfolgreich wir den Verein innerhalb weniger Jahre nach vorn gebracht hatten – ihm war klar, dass meine Zeit dort eines Tages ein Ende haben würde. Darüber hatten wir immer offen gesprochen.

Im Grunde war das seit 2011 ein Thema. Nach dem Rücktritt von Heiner Brand hatte der Handballbund eine Trainerfindungskommission eingesetzt, die einen geeigneten Nachfolger suchen und diesen auf Herz und Nieren prüfen sollte. Bob war damals in dieser Kommission, als einer von zwei Bundesliga-Vertretern. Die anderen Mitglieder waren der damalige Verbandspräsident, sein Vize, der damalige Präsident der Handball-Bundesliga und Heiner Brand. Ich erfuhr, dass ich als einer von vier oder fünf Namen auf der Kandidatenliste stand. Wie die anderen wurde ich von der Kommission zu einem Gespräch eingeladen, das Ende April in einem Frankfurter Hotel stattfand. Ob der Handballbund ernsthaft in Erwägung zog, jemand anderem als Martin Heuberger, der Heiner Brands Co-Trainer gewesen war, den Posten zu geben, kann ich nicht beurteilen. Ich hatte das Gefühl, dass er hinter den Kulissen längst als Thronfolger feststand. Bob bestätigte später meine Vermutung. Beim Verband hieß es, man wolle einen deutschen Trainer. Und mit Martin Heuberger war auf besagter Liste genau ein Kandidat aufgeführt, der aus Deutschland kam. Als ich die Absage erhielt, war ich vielleicht ein wenig enttäuscht – ich traute mir den Job zu und fand, dass ich die richtige Besetzung gewesen wäre –, aber ich war nicht sauer. Jedenfalls war es seit dieser Zeit zwischen Bob und mir kein Geheimnis, dass es Herausforderungen gab, für die ich bereit war, die Füchse zu verlassen, wenn auch schweren Herzens.

Der Anruf erreichte mich in Island. Ich saß mit Andri, einem guten Freund, im Auto. Wir waren im Hochland reiten gewesen und fuhren gerade nach Reykjavík. Bob war dran. Er meinte, die Chancen stünden gut, dass sie mich diesmal nehmen würden.

Es gab wieder mehrere Kandidaten, und wie beim letzten Mal hieß es, ein Deutscher müsse die Nationalmannschaft übernehmen. Allen voran machte Heiner Brand sich dafür stark, auch öffentlich. Er brachte Namen wie Markus Baur und Christian Schwarzer ins Gespräch, die unter seiner Ägide als Spieler Weltmeister geworden waren. Dazu Martin Schwalb vom HSV, der allerdings wenige Tage zuvor einen Herzinfarkt erlitten hatte. Auch Michael Biegler konnte er sich in dem Amt vorstellen. Der trainierte damals das polnische Nationalteam, das die Deutschen aus der WM-Quali geworfen hatte. Stefan Kretzschmar, ebenfalls eine einflussreiche Stimme im deutschen Handball, schlug in dieselbe Kerbe. Und die Bundesliga-Trainer schickten eine Petition an die Verbandsspitze, in der sie neben anderen Punkten einen Deutschen als Bundestrainer forderten.

Beim Handballbund sah man die Dinge etwas anders,

zumindest Bob, für den die Zukunft der Nationalmannschaft oberste Priorität besaß und der einen radikalen Neuanfang anstrebte. Für ihn gab es vier Kandidaten: Ljubomir Vranjes von der SG Flensburg-Handewitt, Velimir Petkovic, der zuletzt Frisch Auf Göppingen trainiert hatte, Alfreð Gíslason vom THW Kiel und mich. Die Details kenne ich nicht, aber offenbar wurde eine Weile diskutiert, zunächst intern, dann zwischen dem Verband und dem Management der Bundesliga, das andere Namen ins Spiel brachte. Einen Bundestrainer gegen den Willen der Liga durchzusetzen wäre keine gute Idee gewesen. Schließlich muss er mit den Vereinen zusammenarbeiten, braucht deren Unterstützung. Dort trainieren die Spieler, vor allem bilden die Vereine den Nachwuchs aus. Sie sind sozusagen die Kornkammer der Nationalmannschaft. Irgendwie müssen sich alle Beteiligten einig geworden sein. Für wen sie sich am Ende entschieden, ist bekannt.

Ich konnte die Gedanken von Heiner Brand und den anderen sehr gut nachvollziehen. Wäre es um Islands Nationalmannschaft gegangen, ich hätte wie sie gesagt: Wieso einen Ausländer? Wir haben genügend eigene Trainer, die ausgezeichnete Arbeit leisten. Deswegen nahm ich all diese Äußerungen auch nicht persönlich. Trotzdem hätte ich mir zu meinem Amtsantritt natürlich eine schönere Begleitmusik gewünscht. Statt Aufbruchstimmung herrschte erst einmal Gegenwind.

Die Kritiker hatten auch recht, wenn sie meinten, der Bundestrainer sollte nicht gleichzeitig Chefcoach eines Bundesliga-Teams sein. Das war so kurzfristig nur nicht anders zu lösen. Die neue Saison stand unmittelbar bevor, wir steckten mit den Füchsen in der Endphase der Vorbereitung. Außerdem sollte es nur für eine Übergangszeit sein, bis zum Ende der Saison. Und ich hatte Erfahrung mit der Doppelbelastung. Durch die Zeit, in der ich neben den Füchsen die Nationalmannschaft Österreichs betreut hatte, wusste ich, was mich erwartete. Und ich wusste, dass es machbar sein würde. Vor allem aber brannte ich darauf, die neue Aufgabe in Angriff zu nehmen. Ich hätte mir keine schönere Herausforderung vorstellen können. Das sagt sich leicht, mit dem Erfolg im Rücken, aber es war tatsächlich so.

Man muss einen guten Plan haben und an den Erfolg glauben, sonst braucht man gar nicht erst anzufangen.

Erfolg ist immer Teamarbeit. Man benötigt Mitstreiter, die einem helfen, das umzusetzen, was man sich ausdenkt – und die selbst Ideen einbringen. Die Nationalmannschaft wird von einem ganzen Stab betreut, angefangen beim Team-Manager Oliver Roggisch, in dessen Zuständigkeit alles Organisatorische fällt, von der Quartiersuche bis zum Mannschaftsbus. Oliver gehörte zum Weltmeisterteam von 2007, er verkörpert die goldene Ära des deutschen Handballs. Auf die jungen Spieler wirkt er wie ein Leuchtturm. Enorm wichtig ist die medizinische Abteilung: Mannschaftsarzt Professor Kurt Steuer und die Physiotherapeuten. Sie stehen selten im Fokus, dabei kann man ihre Arbeit nicht hoch genug schätzen, gerade bei Großereignissen wie Welt- und Europameisterschaften oder Olympischen Spielen, wenn eine Partie die nächste jagt, die Spieler körperlich ans Limit gehen – und nicht selten darüber hinaus.

Meine engsten Mitarbeiter sind die beiden Co-Trainer Alexander Haase und Axel Kromer. Alexander kenne ich seit unserer Zeit bei den Füchsen. Wir sind ein eingespieltes Team. Axel ist das Verbindungsglied zum Nachwuchs. Er ist zugleich Co-Trainer der Juniorennationalmannschaft und seit einiger Zeit Nachwuchskoordinator des Handballbundes. Die zwei sind in ihrer Funktion gleich-

226

Das Team hinter dem Team: mit Doc Kurt Steuer, Physio Peter Gräschus und Co-Trainer Alexander Haase (v.l.n.r.)

berechtigt. Was ich sehr angenehm finde: Beide sind absolute Profis, fachlich überaus kompetent, als Mitarbeiter durch und durch loyal und menschlich einfach feine Kerle. Wie mir geht es ihnen ausschließlich um die Sache, um den Erfolg der Mannschaft – und nie um persönliche Befindlichkeiten oder darum, wer von ihnen vielleicht der Wichtigere sein könnte.

Freude am Spielfeldrand: mit den beiden Co-Trainern
und Team-Manager Oliver Roggisch (r.)

Dass ich mir zwei Co-Trainer zur Verstärkung holte, war
eine der ersten Neuerungen. Bei meinem Vorgänger hatte
es nur einen Assistenten gegeben. Die Entscheidung hatte
vor allem zwei Gründe: Die Nationalmannschaft stand
vor einem Umbruch. Die sogenannte Goldene Generati-
on der Weltmeister trat ab. Der Nachwuchs sollte nach-
rücken. Sowohl Axel als auch Alexander waren – neben
ihren anderen Fähigkeiten – ausgewiesene Experten für
die Förderung junger Talente. Unsere Aufgabe bestand
auch darin, keins von diesen Talenten zu übersehen, selbst
wenn es in der zweiten oder dritten Liga spielte.

Der andere Grund hatte mit einer ominösen Wildcard
zu tun. Auch wenn wir die Nutznießer waren, konnte
man sich über die Entscheidung des Handballweltver-
bandes, der International Handball Federation, wundern.
Der hatte kurzerhand entschieden, dem deutschen Team

trotz Nichtqualifikation die Teilnahme an der Weltmeisterschaft in Katar zu ermöglichen – durch ebendiese Wildcard. Ein Vorgang, den es so noch nie gegeben hatte. Dafür wurde der Mannschaft Australiens, die sich qualifiziert hatte, der Platz weggenommen. Angeblich weil die Oceania Continent Handball Federation kein anerkannter Kontinentalverband sei. Dabei hatten die Australier davor bereits an sieben Weltmeisterschaften teilgenommen.

Ich fand die Geschichte für den Handball ziemlich peinlich. Aber hätte der Deutsche Handballbund deswegen die Wildcard verweigern sollen? Ich fürchte, das hätte nur noch mehr Komplikationen nach sich gezogen. So bekamen wir wenigstens die Chance, das Ansehen der Nationalmannschaft wieder etwas aufzupolieren. Aber es wartete auch eine Menge Arbeit auf uns. Die sportliche Vorbereitung der Mannschaft war nur ein Teil. Gleichzeitig mussten wir uns taktisch auf unsere Gegner einstellen. Das bedeutete viele Stunden Videoanalyse – Wurfbilder, Deckungsvarianten, Angriffsoptionen, das volle Programm, bis hin zu den Stärken und Schwächen der einzelnen Spieler. Das war zu dritt besser zu bewältigen, erst recht während eines Turniers wie der Weltmeisterschaft, wo zwischen den Spielen nur wenig Zeit blieb. Mein Plan war, dass sich die beiden Co-Trainer im Wechsel jeweils auf den nächsten Gegner konzentrierten, alle relevanten Informationen zusammentrugen, die notwendig waren, um eine eigene Spieltaktik zu entwickeln.

Eine andere Änderung, die ich einführte, betraf die Trainingslager beziehungsweise Lehrgänge mit der Mannschaft. Bisher war es üblich gewesen, die Spieler an relativ abgelegenen Orten zusammenzuholen. Dabei wurde das Team meist in Sportschulen einquartiert, sodass die Jungs nicht viel mehr zu sehen bekamen als die Trainingshalle, das Quartier und mehr oder weniger ländliche Idylle. Außerdem wurden sie mit täglich drei Trainingseinheiten, stundenlangem Videostudium, verschiedenen Besprechungen und allen möglichen Terminen zugepflastert und zu sportwissenschaftlichen Tests verdonnert. Gegen all das war nichts einzuwenden – wenn man daran glaubte, dass es dem Leistungsvermögen der Spieler zuträglich war und ihre Freude erhöhte, mit der Nationalmannschaft unterwegs zu sein und für sie zu spielen.

Meine Erfahrung als Spieler sagte mir jedoch etwas anderes. Die besten Zeiten mit der Nationalmannschaft hatte ich gehabt, wenn wir in Reykjavík trainierten, die Spieler zu Hause schlafen konnten und auch sonst nicht den ganzen Tag zusammengepfercht waren. Außerdem war mir aufgefallen, dass deutsche Spieler ihre Nationalmannschaftskarriere oft relativ früh beendeten. Viele traten als Nationalspieler zurück, spielten aber weiter im Verein. In Island war das anders, in Dänemark, Schweden, Polen und in anderen Ländern auch. Dafür musste es einen Grund geben. Ich hatte bei den Füchsen erlebt, wie müde – im Kopf – die deutschen Spieler mitunter von solchen Lehrgängen zurückgekehrt waren, wohingegen ihre Mannschaftskameraden aus Dänemark oder Schweden geradezu frisch wirkten.

Ich wollte, dass wir in gute Hotels gingen, die möglichst mitten in der Stadt lagen, mit einer Trainingshalle in der Nähe. Und ich reduzierte das Programm auf eine Trainingseinheit pro Tag. Besprechungen, die nur dazu dienten, die Spieler zu beschäftigen, wurden abgeschafft. Überhaupt gab ich ihnen viel mehr Freiraum. Das bedeutete aber auch, dass ich ihnen mehr Verantwortung übertrug. Man kann das Talent eines Spielers fördern und ihn perfekt ausbilden. Man kann ihn aber nicht dazu zwingen, sein Leben darauf auszurichten, Höchstleistungen für seine Mannschaft zu bringen. Entweder er will das selbst mit ganzem Herzen, oder er ist fehl am Platz.

Beim Handballbund beäugten sie die Quartierfrage, und nicht nur die, skeptisch. In der ersten Zeit rief mich mehrere Male ein Verbandsmitarbeiter an, um mir zu erklären, dass es einfacher und kostengünstiger wäre, das Team wie gehabt in einer Sportschule unterzubringen. Meine Antwort fiel dann immer sehr kurz aus: Eine Sportschule kam nicht infrage, und wenn es noch so kompliziert sein würde, ein vernünftiges Hotel aufzutreiben. Es ging schließlich nicht um eine Laune von mir. Was nützte ein Konzept, das auf Erfolg ausgerichtet war, wenn es an der erstbesten Hürde scheiterte? Wenn man Dinge ändern will, muss man konsequent sein. Hätte ich mich einmal auf eine Ausnahme eingelassen, garantiert wäre die Frage beim nächsten Mal wieder gekommen.

Wahrscheinlich war es für manche Leute beim Verband am Anfang ein ziemlicher Kulturschock. Das lag an mir, keine Frage. Sie waren seit Jahren bestimmte Abläufe und Regelungen gewohnt. Auf einmal kreuzte dieser Isländer auf und warf alles über den Haufen. Vielleicht wäre es anders gewesen, hätte ich zu jeder Änderung eine Art Beipackzettel gereicht, auf dem ausführlich dargelegt wurde, warum ich sie für notwendig hielt. Doch diesen Schritt ließ ich meistens aus. Bob kannte das nicht anders von mir. Auch er verstand nicht immer, warum ich bestimmte Dinge anders machen wollte, aber er vertraute mir, und das war viel wichtiger.

Manchmal waren es Kleinigkeiten, an denen man merkte, dass zwei Welten aufeinanderprallten – beispielsweise beim Thema Kommunikation. Kaum hatte ich meinen Vertrag beim Handballbund unterschrieben, wurde mein E-Mail-Account regelrecht mit Nachrichten überflutet. Es waren nicht nur viele, zahlreiche waren auch schrecklich lang. Und die meisten waren nicht einmal an mich gerichtet. Es schien, als würde jeder, der eine Mail verfasste, die in irgendeiner Weise mit der Nationalmannschaft zu tun hatte, mich in Kopie setzen. Ich hätte gar nicht die Zeit gehabt, alle Nachrichten zu lesen. Vor allem wollte ich nicht, dass jedes Thema – und damit auch die Verantwortung dafür – bei mir abgeladen wurde. Nicht umsonst gab es die verschiedenen Zuständigkeitsbereiche. Meine Aufgabe war es zum Beispiel nicht, einen Bus zu organisieren, der uns vom Hotel zur Trainingshalle brachte. Aber genau darauf wäre es hinausgelaufen. Wenn man sich auf seine Arbeit fokussieren will, muss man Dinge delegieren, sonst verpulvert man Zeit und Energie. Ich guckte mir das ein halbes Jahr an, dann bestand ich darauf, dass ich Mails ab sofort nur noch von einer Person beim Verband bekam. Derjenige sollte vorher aussortieren, welche Informationen für mich relevant waren und welche nicht. Inzwischen hat Axel diese Aufgabe übernommen. Er kennt mich gut, vor allem ist er mutig genug, auch mal Entscheidungen zu treffen, ohne mich zu fragen.

Zu meiner Zeit bei den Füchsen sagte Bob einmal, ich würde mich nicht über Kommunikation verschleißen. Wenn ich es richtig deutete, meinte er damit meine etwas wortkarge Art, die uns Isländern allgemein nachgesagt wird. Es ist richtig, dass ich kein Freund von belanglosem Smalltalk bin. Immer kann ich mich solchen Situationen nicht entziehen, aber ich tue mein Bestes, ihnen aus dem Weg zu gehen. Warum sollte ich mit jemandem übers Wetter reden, das sich ohnehin nicht ändern lässt? Wobei ich glaube, dass sich Bobs Bemerkung hauptsächlich auf den Umgang mit Spielern bezog. Aber auch da stimme ich ihm zu. Sicher käme niemand von ihnen auf die Idee, mich als Plaudertasche zu bezeichnen. Das hat unter anderem damit zu tun, dass es meiner Meinung nach zwischen Coach und Spielern eine gewisse Distanz geben sollte. Eine Gemeinschaft, die nach dem Leistungsprinzip funktioniert wie ein Handballteam, braucht eine Hierarchie. Ein Spieler kann jederzeit zu mir kommen, wenn ihn irgendetwas bedrückt. Es ist aber genauso in Ordnung, wenn er seine Sorgen für sich behalten will. Ich muss nicht alles über einen Spieler wissen.

Ein anderer Punkt ist, dass man als Trainer nicht überzeugender wird, je mehr man spricht. Wer viel redet, sagt häufig das Gleiche. Und jeder weiß, womit man sein Gegenüber am schnellsten langweilen kann. Und dass Langeweile meist dazu führt, dass der Zuhörer unaufmerksam wird. Irgendwann kennt er alle Sprüche und lässt die Worte nur noch an seinen Ohren vorbeiflattern.

Als ich in Doppelfunktion die Füchse und die Nationalmannschaft trainierte, überschlug ich einmal, wie viele Gelegenheiten durch den Trainingsalltag und die Spiele zusammenkamen, um den Spielern meine Botschaften mitzuteilen. Ich ging von rund einhundert Spielen und etwa vierhundert Trainingseinheiten aus. Pro Spiel konnte jede Mannschaft drei Time-outs nehmen. Das allein ergab übers Jahr gerechnet sechshundert, in denen ich zu den Spielern sprach. Zählte ich die Besprechungen vor den Spielen und danach und die in den Halbzeitpausen sowie beim Training hinzu, kam ich auf rund eintausenddreihundert solcher Gelegenheiten. Hätte ich jedes Mal nur eine Minute gesprochen wie bei den Time-outs, wären es in der Summe gut zwanzig Stunden gewesen. Da Besprechungen selbst bei mir für gewöhnlich etwas länger dauerten als sechzig Sekunden, war es schätzungsweise doppelt bis dreimal so viel Zeit, die ich damit zubrachte, meine Botschaften an die Spieler weiterzugeben. So viel reden manche Eheleute nicht miteinander.

Ich bin kein Freund langer Reden. Die hebe ich mir für die Angeltouren mit meinen Freunden auf. Aber das ist dann eine andere Situation. Wenn ich mit Spielern spreche, konzentriere ich mich auf das Wesentliche. Ich schmücke nichts aus, das würde nur von der eigentlichen Information ablenken. Für Spieler sind klare Botschaften wichtig, die sie in kürzester Zeit aufnehmen und sofort umsetzen können. Oft nehme ich die Taktiktafel hinzu. Bei den Time-outs ist sie obligatorisch, aber auch sonst nutze ich sie gern, um das Gesagte zu visualisieren – was wiederum Worte spart.

Als ich im September 2014 das erste Mal auf die Spieler der Nationalmannschaft traf, mussten es natürlich ein paar Worte mehr sein. Zuerst erklärte ich ihnen, was ich vorhatte, wie ich mir die künftige Spielweise des Teams vorstellte, welche Abwehrvarianten ich zum Beispiel anstrebte und welche Angriffskombinationen – und wem von ihnen welche Rolle dabei zukommen sollte. Und dann erzählte ich ihnen die Geschichte von den Detroit Pistons, die als Bad Boys Ende der Achtziger-, Anfang der Neunzigerjahre in der NBA für Furore gesorgt hatten. Wie wir hatten die Pistons damals keine großen Stars in ihrer Mannschaft. Gegenüber solchen legendären Teams wie den Lakers, den Celtics oder auch den Bulls mit Superstars wie Larry Bird, Michael Jordan und Magic Johnson galten sie als absolute Underdogs. Trotzdem schafften sie es, die NBA Championships zu gewinnen, sogar zweimal hintereinander. Ihre Stärken waren das Team, ein unbändiger Wille, die Respektlosigkeit gegenüber großen Namen und vor allem eine knallharte Verteidigung. Dazu zeigte ich den Jungs Fotos von Spielen der Pistons, auf denen es richtig zur Sache ging.

Ich dachte, für die Jungs wäre es gut, ein Vorbild zu haben. Wobei mir bewusst war, dass ich mich mit dieser

Geschichte weit aus dem Fenster lehnte. So etwas kann auch nach hinten losgehen. Wenn sich die Spieler von der Story nicht angesprochen fühlen oder keinen Bock auf solche Sachen haben, kehrt sich eine gut gemeinte Idee schnell ins Negative um. Deswegen ging ich behutsam vor, auch um zu testen, ob sie sich mit meinem Ansatz identifizieren konnten. Ich wollte ihnen nichts überstülpen, wenn sie der Meinung waren, dass es nicht zu ihnen passte. Doch die Signale, die ich zurückbekam, waren durchweg positiv. Also intensivierte ich beim nächsten Lehrgang das Thema, indem ich ihnen eine Dokumentation über die Bad-Boys-Ära der Pistons zeigte, die man durchaus als mitreißend bezeichnen kann. Und noch einen Schritt weiter, bei einem der nächsten Spiele ließ ich Poster von den Pistons in der Kabine aufhängen. Eines Tages war es dann Uwe Gensheimer, der Kapitän, der – ohne dass ich ihn darum gebeten hatte – aus Bad Boys unseren Schlachtruf kreierte. Wir standen wie am Ende eines jeden Trainings im Kreis zusammen. Ich sagte ein paar abschließende Worte, auf einmal hörte ich, wie er rief: »Bad! ...« – und die anderen Jungs erwiderten: »Boys!« Spätestens in dem Moment wusste ich, dass die Idee in der Mannschaft angekommen war. Wenn heute ein Spieler neu zum Team stößt, bekommt er als eines der ersten Dinge einen USB-Stick mit der Dokumentation über die Pistons. Das ist gewissermaßen die Eintrittskarte zu unserem verschworenen Klub.

Die Truppe, die wir für die ersten Länderspiele unter meiner Regie zusammenstellten, war eine Mischung aus erfahrenen und jungen Spielern. Von der Weltmeistermannschaft von 2007 war niemand mehr dabei. Dafür Paul Drux, Erik Schmidt, Julius Kühn und Torhüter Andreas Wolff, von denen noch keiner ein A-Länderspiel absol-

viert hatte. Uns blieben fünf Tage, um uns kennenzuler-
nen und vorzubereiten. Da meine Aufgabe in erster Linie
darin bestand, eine schlagkräftige Mannschaft auf die Beine zu stellen, musste das mit dem Kennenlernen erst einmal in den Hintergrund treten. Bei meinem Amtsantritt
hatte ich gesagt, dass die Nationalmannschaft in den letzten Jahren zu wenig gewonnen habe und dass das ihr
Hauptproblem sei. Tatsächlich war sie nur bei der Hälfte
aller Spiele als Sieger vom Parkett gegangen. Daran würde
ich nun gemessen werden.

Für meine Aussage war ich von einigen belächelt worden. Vermutlich klang sie ihnen zu banal. Dabei ist die
Wahrheit selten kompliziert. Es ist nun einmal so, dass
man neben seinem Können vor allem Selbstbewusstsein
braucht, um erfolgreich zu sein. Man muss an sich und
den Erfolg glauben, optimistisch an die Aufgabe herangehen, ein Siegertyp sein. Wer mit hängendem Kopf in eine
Partie marschiert, eingeschüchtert oder gar verängstigt,
hat verloren, bevor sie angepfiffen wird. Zu achtzig Prozent entscheidet der Kopf über Sieg und Niederlage. Vielleicht sind es bei manchen auch neunzig Prozent, bei anderen hingegen nur siebzig, auf jeden Fall ist die mentale
Verfassung ein zentraler Faktor. Deshalb macht es einen
Unterschied, ob ich mit dem Wissen in ein Spiel gehe,
dass ich zu einem Team gehöre, das nur jedes zweite Spiel
gewinnt – oder zu einem Team, das meistens gewinnt. Bei
»meistens« wäre man schon, läge die Siegquote bei sechzig Prozent.

Die ersten beiden Spiele waren Freundschaftsspiele gegen die Schweiz. Eins gewannen wir recht deutlich, das
andere endete unentschieden. Kein schlechter Einstand,
wobei das Unentschieden für mich einen Beigeschmack
hatte. Das erste Spiel hatte uns nicht besonders gefordert,
infolgedessen waren wir das zweite nicht konzentriert ge-

nug angegangen. Das hätte nicht passieren dürfen. Einen Monat später dann das erste Pflichtspiel, gegen Finnland. Es ging um die Qualifikation für die Europameisterschaft 2016. Außer Finnland waren Österreich und Spanien in unserer Gruppe. Nur die zwei besten Teams würden eine Fahrkarte nach Polen erhalten. Die Finnen bereiteten uns keine Probleme, wir siegten mit zwölf Toren Vorsprung. So leicht machten es uns die Österreicher nicht, gegen die wir vier Tage später in Wien antraten, aber auch dieses Match gewannen wir. Bei der Begegnung traf ich meinen alten Freund Patrekur wieder, der inzwischen auf der österreichischen Bank das Zepter übernommen hatte. Mit dem Sieg konnten wir mit einem guten Gefühl ins neue Jahr gehen und Kurs auf die Weltmeisterschaft in Katar nehmen. Auf dieses Ereignis war alles ausgerichtet, was in den nächsten Wochen folgte.

Es begann mit einer Reise nach Reykjavík, die allerdings schon geplant worden war, bevor ich die Mannschaft übernommen hatte. Ich sorgte nur dafür, dass sie im Kex einquartiert wurde, diesmal allerdings nicht im Schlafsaal, sondern in kleineren Zimmern mit jeweils vier Betten. Mein neuer Arbeitgeber, der Deutsche Handballbund, hatte zwei Spiele gegen Island organisiert. Wir spielten in der Laugardalshöllin, jener Halle, in der ich 1995 als junger Kerl bei der Heim-WM angetreten war und danach noch viele Male mit der isländischen Auswahl. Und auch bei einigen Pokalfinalen mit Valur. Es fühlte sich seltsam an. Ich hatte mit den Österreichern bereits gegen meine Landsleute gespielt, aber niemals in Reykjavík und nicht in dieser Halle. Sie war wie ein Stück Heimat für mich. Doch nun war mein Platz auf einmal in der Umkleidekabine der Gastmannschaft, als wäre ich als Fremder dorthin gekommen.

So kurz vor der Weltmeisterschaft war jedes Match für uns wichtig, um Spielpraxis zu bekommen, den richtigen Spielfluss zu finden und um die neuen Spieler zu integrieren. Island war ein anspruchsvoller Gegner. Das erste Spiel gewannen wir, das zweite die Isländer.

Wir nutzten den Aufenthalt in Reykjavík aber auch abseits der Sporthalle, um aus den Spielern ein Team zu formen, soweit das in dieser kurzen Zeit möglich war. Da wir tiefsten Winter hatten, es am Tag kaum zwei Stunden hell wurde, fielen Outdoor-Aktivitäten flach. Aber im Kex konnten wir unsere Kreativität genauso gut entfalten. Wir teilten die Mannschaft in vier Vierergruppen auf. Jede bekam einen Mentor. Für die erste Gruppe engagierten wir einen Schauspieler, der die Jungs in Kostüme steckte und mit ihnen eine Kurzversion von *Romeo und Julia* inszenierte. Die zweite Gruppe nahm der Gitarrist aus Bjarkis Band unter seine Fittiche, um mit ihr einen Song zu basteln, inklusive Text und Noten. Der dritten Gruppe stellten wir einen Magier zur Seite, der seinen Zauberlehrlingen verschiedene Tricks beibrachte, mit denen sie etwas verschwinden lassen konnten. Am besten aber traf es die vierte Gruppe. Für sie heuerten wir eine Tänzerin an, die mit ihnen die Choreografie zu Beyoncés Hit *Single Ladies* einstudierte. In dem Video dazu tanzt die Sängerin mit zwei Mädels zu ihrem Song. Die drei tragen schwarze Bodysuits und High Heels und führen Hüftschwünge vor, dass einem der Atem stockt. Alles sehr geschmeidig, äußerst feminin. Dass die Jungs sich darauf einließen! Sie schreckten nicht einmal davor zurück, sich mit schwarzen Unterhosen und T-Shirts kleidungsmäßig den Damen im Video anzupassen – bis auf die High Heels, die ersetzten sie durch Turnschuhe.

Auch die anderen gingen dermaßen in ihren Aufgaben auf, dass ich staunte. Sie verkleideten sich, schlüpften in

Eine Tänzerin und die vier »Grazien« der
Nationalmannschaft: Teambuilding mal etwas anders

neue Rollen. Ein gutes Zeichen, wie ich fand. Die Jungs
bewiesen Kreativität und in gewisser Weise auch Mut
zum Risiko. Es schien ihnen nichts auszumachen, vom
Gewohnten abzuweichen, um herauszufinden, was an
verborgenen Talenten in ihnen steckte. Und um zu beweisen, dass sie als Team imstande waren, Aufgaben zu
bewältigten, vor denen sie als Einzelkämpfer womöglich
davongerannt wären.

Wieder zurück in Deutschland, bestritten wir zwei
weitere Testspiele. Der Kontrahent hieß beide Male
Tschechien. Die Tschechen hatte ich ausgesucht. Es sollte
ein Gegner sein, der uns bezwingen konnte, wenn wir
nicht gut spielten. Es waren die ersten Partien, in denen
Paul Drux auftrumpfte. Er hatte seine Sache vorher nicht
schlecht gemacht, doch jetzt glänzte er. Die Tschechen
traten mit ihrem Superstar Filip Jícha an, der beim THW
unter Vertrag stand und an guten Tagen in der Lage war,

Spiele fast im Alleingang zu entscheiden. Gegen uns gelang ihm das nicht, weder im ersten noch im zweiten Spiel – beide gewannen wir.

Nächste Station: die Weltmeisterschaft in Katar. Über die Umstände der Titelkämpfe in dem Golfstaat wurde damals viel geschrieben. In einer Zeitung hieß es, es sei »das merkwürdigste aller Turniere«. Wobei vor allem die scheinbar willkürliche Vergabe von Wildcards durch die International Handball Federation kritisiert wurde. Nicht nur Deutschland profitierte davon, auch Island und Saudi-Arabien. Sicher konnte man diese und manch andere Entscheidungen infrage stellen. Doch solche Dinge durften uns mit Beginn des Turniers nicht mehr kümmern, die mussten wir ausblenden. Wir hatten uns einzig und allein auf unsere Spiele zu konzentrieren. Ich verstand, dass die Journalisten trotzdem weiterbohrten, doch die hatten auch einen anderen Job. Meiner bestand darin, das Team zusammen mit den Co-Trainern optimal auf die bevorstehenden Herausforderungen einzustellen.

Aus rein sportlicher Sicht hatten die Kataris mit drei nagelneuen Arenen beste Bedingungen geschaffen. Zum ersten Mal wurde eine Weltmeisterschaft in nur einer Stadt, nämlich Doha, ausgetragen. Genau genommen stand eine der Hallen vor den Toren der Stadt. Trotzdem betrug die weiteste Entfernung zwischen den Spielstätten kaum fünfundzwanzig Kilometer. Auch das konnte nur im Sinne der Sportler sein, da ihnen die sonst übliche Reiserei erspart blieb.

Eine Sache jedoch war ärgerlich – für den deutschen Handball, für die Fans zu Hause, für unsere Sponsoren und letztlich auch für die Mannschaft: Keines unserer Spiele wurde in Deutschland von einem frei empfangbaren Fernsehsender ausgestrahlt. Die genauen Gründe mag ich nicht beurteilen. Aber offenbar war es so, dass sich ARD und ZDF, die normalerweise solche Ereignisse übertragen, mit beIN Sports, einer Tochtergesellschaft des katarischen Medienimperiums Al Jazeera Media Network, die sich die weltweiten Übertragungsrechte gesichert hatte, nicht einig geworden waren. Nur dadurch, dass der Pay-TV-Sender Sky im letzten Moment in die Bresche sprang, konnten die Spiele überhaupt in Deutschland gesehen werden, allerdings mit Bezahlschranke, was die Einschaltquoten nicht gerade in die Höhe trieb. Die Fernsehgeschichte war auch deshalb ärgerlich, weil sie von Journalisten immer wieder thematisiert wurde. Manche, die zu den Pressekonferenzen kamen, schien das mehr zu interessieren als unser nächster Gegner. Was sollte ich auf ihre Fragen antworten? Natürlich war es traurig. Nur änderte man nichts daran, indem man es ständig wiederkäute. Ich an ihrer Stelle hätte mich auf die positiven Nachrichten konzentriert. Davon lieferte die Mannschaft einige.

Zum Auftakt erwartete uns ausgerechnet Polen. Spannender hätte das Turnier kaum beginnen können. Wir spielten gegen die Mannschaft, an deren Stelle wir gestanden hätten, wären wir in der Qualifikation nicht von ihr rausgeworfen worden. Es galt also gleich, eine Scharte auszuwetzen und zu beweisen, dass wir besser waren. Mit dem Selbstvertrauen der gewonnenen Testspiele gingen wir hoch konzentriert und unerschrocken zu Werke. Obwohl mehr als die Hälfte der Spieler, die jetzt in der Lusail Multipurpose Hall auf der Platte standen, bei den Playoffs gegen Polen dabei gewesen waren, schienen die Niederlagen von damals keinen von ihnen zu belasten. Die Jungs präsentierten sich als Team, kämpften mit Hingabe. Natürlich lief nicht alles perfekt, doch am Ende stand es 29:26 für uns – und das zählte. Das erste Spiel bei einem Turnier ist besonders wichtig. Läuft es schlecht, spürt man den Druck doppelt und verliert schnell die Lockerheit. Ein Sieg hingegen, zumal über einen starken Gegner, steigert das Selbstvertrauen. Man weiß, dass man spielerisch und taktisch den richtigen Weg eingeschlagen hat und dass die Jungs mit der richtigen Einstellung an die Aufgabe herangehen.

Allerdings kann es in der nächsten Partie schon wieder ganz anders aussehen. Am Willen der Spieler lag es sicher nicht, dass wir gegen Russland mächtig in die Bredouille gerieten. Trotzdem hatten wir es uns selbst zuzuschreiben, dass wir zur Halbzeit mit vier Toren zurücklagen. Die Abwehr stand ordentlich, aber im Angriff lief kaum etwas zusammen. Gegen die aggressive Deckung der Russen wirkten wir wie zahme Kätzchen, die sich kaum zu fauchen trauten. Wir ließen uns verunsichern, was wiederum in technischen Fehlern mündete und zu unnötigen Ballverlusten führte. Damit luden wir die Russen förmlich ein, uns mit schnellen Tempogegenstößen eiskalt zu bestrafen.

Was ich den Jungs in der Pause sagte, erinnere ich nicht. Wie ich mich kenne, waren es wenige, aber deutliche Worte. Allerdings keine, mit denen ich sie niedermachte. Manche Trainer halten Draufhauen für eine geeignete Methode, sozusagen als Weckruf. Meine Art ist das nicht. Höchstens wenn ich merke, dass die Einstellung nicht stimmt, dann kommt es schon mal vor, dass ich sauer werde und verbal die Axt raushole. Ansonsten halte ich es für den besseren Weg, den Spielern Hilfestellung zu geben, etwa indem man an der Taktik feilt. Was war, kann niemand ändern. Nur auf das, was kommt, können wir Einfluss nehmen.

Scheinbar hatten Alexander, Axel und ich aus unseren Erkenntnissen die richtigen Schlüsse gezogen. In der zweiten Halbzeit dauerte es fünf Minuten, bis wir den Rückstand aufgeholt hatten und Patrick Groetzki den Ausgleich erzielte. Und noch einmal sechs Minuten benötigten wir, um zum ersten Mal die Führung zu übernehmen. Uns gelang sogar ein Drei-Tore-Vorsprung, doch die Russen kämpften sich wieder heran. Es blieb eine enge Partie mit hartem Körpereinsatz. Die Russen kassierten acht Zeitstrafen, wir sieben. Die letzte hätte uns beinahe den Sieg gekostet. Wir führten mit einem Tor, mussten jedoch bis zum Schluss mit einem Spieler weniger auskommen. Russland griff an, holte auf halblinker Position einen Freiwurf heraus. Wir stellten einen Block. Es waren noch zehn Sekunden zu spielen. Weil wir in Unterzahl waren, stand rechts außen ein Russe völlig frei. Der Ball wurde auch prompt in seine Richtung geschickt. Wäre er angekommen, er hätte für seinen Wurf freie Bahn gehabt. Doch zum Glück flog er zu hoch und landete im Aus.

Vor der nächsten Aufgabe grübelten die Co-Trainer und ich etwas intensiver als sonst. Die Herausforderung hieß Dänemark, für mich eine der drei besten Mannschaften der Welt. Trainiert wurde sie von Guðmundur Guðmundsson. Unter ihm hatte ich in der isländischen Nationalmannschaft gespielt. Er war nicht nur mein Trainer und ich sein Kapitän gewesen, wir waren mit der Zeit auch Freunde geworden. Außerdem war er einer meiner Lehrmeister. Viele taktische Sachen hatte ich mir von ihm abgeguckt. Kurz bevor ich Bundestrainer geworden war, hatte Guðmundur das dänische Team übernommen. Durch unsere gemeinsame Vorgeschichte wusste ich, wie er seine Mannschaften trainierte und wie er sie spielen ließ. Vor allem wusste ich, dass er sich auf jedes Match akribisch vorbereitete und niemals ohne einen Köcher voller taktischer Ideen in die Halle kam. Und noch etwas war kein Geheimnis: Neben vielen individuell guten Akteuren stand mit Welthandballer Mikkel Hansen, der bei Paris Saint-Germain sein Geld verdiente, ein überragender Spieler in seinem Team, der manchen Gegner zur Verzweiflung brachte. Uns war klar: Gegen die Dänen würden wir nur bestehen können, wenn es uns gelang, den Wirkungsradius ihres Superstars einzuschränken.

Also nahmen wir die Taktiktafel zur Hand und ließen unsere Köpfe rauchen. Mikkel Hansen, darüber mussten wir nicht erst diskutieren, sollte einen Sonderbewacher bekommen. Aber würden wir dann trotzdem eine 5-1-Deckung spielen können? Sozusagen zusätzlich, sodass wir mit insgesamt zwei Offensivkräften agierten? Und wie mussten die anderen Spieler reagieren, falls dies oder jenes eintrat? Wir tüftelten mithilfe der Magneten alle denkbaren Varianten aus. Und dann versuchten wir, die Abläufe so zu vereinfachen, dass die Spieler sie nachvollziehen konnten. Im Spiel musste die Aufgabe für sie in Sekundenschnelle zu erfassen sein. Das war in diesem Fall umso wichtiger, da die Partie bereits für den nächsten Tag angesetzt war, wir somit keine Möglichkeit hatten, die unterschiedlichen Varianten vorher noch einmal zu trainieren.

Unser Plan ging auf. Zur Pause stand es 16:16, und am Ende hatten beide Mannschaften wieder die gleiche Trefferzahl auf ihrem Konto: 30:30. Trotz aller taktischer Raffinessen der Dänen – Guðmundur griff reichlich in seinen Köcher –, hatten wir nicht nur auf Augenhöhe mitgespielt. Wir hätten die Partie nach einer Drei-Tore-Führung neun Minuten vor dem Ende sogar für uns entscheiden können. Doch das Unentschieden gegen diese Weltklassemannschaft fühlte sich auch wie ein Sieg an. Dass einige von unseren Jungs im ersten Moment unzufrieden die Köpfe hängen ließen, zeigte mir nur, wie erfolgshungrig sie waren. Das war die richtige Einstellung. So wollte ich sie sehen.

In der Vorrunde folgten noch zwei Spiele. Gegen Argentinien wurde es ein klarer Sieg. Wobei wir es uns unnötig schwer machten, unsere Linie aufgaben, sodass wir zur Halbzeit sogar im Rückstand lagen. Die Partie gegen Saudi-Arabien, die wir noch deutlicher gewannen, fiel beinahe unter die Rubik Trainingsspiel. Aber darüber beklagte sich niemand. Die Spiele davor hatten an den Kräften gezehrt. Für die Spieler war es gut, einmal durchatmen zu können – und für uns, Spieler zu testen, die bisher nicht viel Einsatzzeit erhalten hatten. Auf jeden Fall zogen wir als Gruppenerster ins Achtelfinale ein. Das Minimalziel war damit erreicht.

Im Achtelfinale ging es gegen Ägypten. Klingt nicht nach einer großen Hürde, dabei durfte man die Nordafrikaner nicht unterschätzen. Sie kämpften heißblütig und auf eine recht robuste Art, die ihnen zahlreiche Strafminuten einbrachte und unseren Spielern einige Blessuren. Wir setzten unseren Stil dagegen, der sich als der erfolgreichere herausstellte. Nicht zuletzt dank unseres Torhüters Carsten Lichtlein, der die Ägypter mit seinen Paraden schier zur Verzweiflung trieb. Ganz gleich, ob sie am Kreis frei zum Wurf kamen oder vom Siebenmeterpunkt antraten – Carsten schien an diesem Tag acht Arme zu haben. Mit unserem Sieg stießen wir die Tür zum Viertelfinale auf.

Dort erwartete uns Katar, der Gastgeber. Die Kataris, alles andere als eine Handballnation, hatten eine Menge Geld in ihre Mannschaft investiert, mit Valero Rivera López den erfolgreichsten Vereinstrainer der Welt verpflichtet und Spieler aus Frankreich, Spanien, Kuba, Bosnien, Montenegro und sonst woher eingekauft. Und viele hatten sich darüber ereifert. Dabei agierte der katarische

Verband im Rahmen dessen, was das Regelwerk der International Handball Federation hergab, ob man das gut fand oder nicht. In anderen Nationalteams spielten auch Ausländer, die zuvor eingebürgert worden waren, bloß nirgendwo so viele. Das war wieder so eine Geschichte, die es nicht lohnte, sich den Kopf zu zermartern. Viel wichtiger war, dass die Spieler das katarische Team als normalen Kontrahenten wahrnahmen. Unschöne Nebengeräusche konnte niemand gebrauchen, die hätten sie nur abgelenkt.

Daran, wie das Spiel ausging, können sich wahrscheinlich viele noch erinnern – wir verloren knapp. Womit der Traum, ins Halbfinale einzuziehen, ausgeträumt war. Bereits während der Begegnung kursierten wilde Verschwörungstheorien. Das Ganze sei ein abgekartetes Spiel, die Schiedsrichter würden uns verpfeifen, um den Gastgeber im Turnier zu halten. Auch einige von unseren Spielern regten sich auf, sie fühlten sich betrogen. Tatsächlich gab es ein paar Entscheidungen, die man hätte anders auslegen können. Es war auch nicht zu übersehen, dass die Schiedsrichter in Sachen Zeitspiel etwas ungeschickt agierten. Nur waren das alles keine spielentscheidenden Dinge, deswegen verloren wir nicht. Die Wahrheit ist: Wir lieferten kein gutes Spiel ab. Zu viele technische Fehler, zu viele vergebene Chancen. Hinzu kam, dass sich Steffen Weinhold gleich am Anfang verletzte und für den Rest der Partie ausfiel. Für unser Angriffsspiel ein herber Verlust. Steffen war in dem Turnier einer unserer wichtigsten Spieler gewesen. Mit Paul Drux und Martin Strobel hatte er eine starke Achse gebildet, die nun zerbrach. Die anderen kämpften für ihn weiter. Wir probierten es mit verschiedenen taktischen Varianten. Aber das alles genügte nicht. Vielleicht hätten wir taktisch noch mehr versuchen sollen. Vor allem hätte ich die Abwehr viel früher auf das defensive 6-0-System umstellen müssen. Mein Fehler. Aber im Nachhinein ist man immer klüger.

Damit ging es für uns um die Plätze fünf bis acht. Wer es unter die ersten sieben schaffte, war für das Qualifikationsturnier zu den Olympischen Spielen 2016 in Rio gesetzt. Das war nun unser Ziel. Es wurde noch einmal spannend, da wir als nächsten Gegner Kroatien bekamen. Ich mache es kurz: Wir waren zu schwach, leisteten uns zu viele technische Fehler, vergaben im Angriff zu viele Chancen und ließen in der Abwehr zu viele zu. Sosehr sich die Jungs gegen die Niederlage stemmten, sie war nicht zu verhindern. Uns fehlten einfach die Körner.

Somit wurde unsere letzte Partie zu einem echten Endspiel. Wollten wir uns für die Olympia-Quali einen Platz sichern, mussten wir gewinnen. Falls uns das nicht gelang, würden wir mit leeren Händen dastehen. Ein achter Platz wäre ratzfatz vergessen, niemand würde uns dafür loben. Nur die Chance auf Olympia zählte noch. Plötzlich war es unser wichtigstes Spiel bei der Weltmeisterschaft.

Aber den Jungs steckten acht Partien in den Knochen. Steffen Weinhold war nach wie vor verletzt, versuchte aber zu spielen. Überhaupt zeigten die Mannschaft Charakter. Man merkte, dass die Spieler unbedingt gewinnen wollten. Sie gaben alles, bis zum letzten Tropfen, anders kann man es nicht sagen. Unser Gegner, die Slowenen, hing auch ganz schön in den Seilen. Solche Spiele sind nicht besonders attraktiv, viel wird über Kampf entschieden, die Slowenen langten kräftig zu. Doch was zählte, war am Ende das Ergebnis – und da stand ein Sieg für uns.

Meine erste Erkenntnis aus dem Turnier: Wir brauchten mehr Breite. Vielleicht hatte ich die Jungs, die nicht zur Startformation gehörten, zu wenig eingesetzt. Wenn man am Schluss noch Kraft haben will, muss man die Belastung auf mehr Spieler verteilen. Eminent wichtig ist der Mittelblock in der Abwehr. Die Jungs, die dort stehen, brauchen Energie und Frische, um das Spiel des Gegners lesen zu können. Sind sie überlastet, fehlt ihnen die notwendige Kraft dafür. Außerdem geht die Konzentration verloren. Im Angriff sind die Rückraum-Positionen das Fundament. Dort braucht man eine Vielzahl an Variationsmöglichkeiten, um in jeder Situation Power zu haben. Doch das bekommt man nur hin, wenn man die Last auf die Schultern mehrerer Spieler verteilt.

Mit Platz sieben brauchten wir uns nicht zu verstecken. Wir hatten nicht die absolute Spitze erreicht, lagen aber auch nicht Welten dahinter. Mit einem besseren Spiel gegen Katar und etwas mehr Konstanz hätte uns die Welle weit nach vorn tragen können. Aber auch so hatte der deutsche Handball endlich wieder für positive Nachrichten gesorgt. Doch kaum waren wir aus Katar zurück, krachte es beim Handballbund.

Der damalige Präsident, Bernhard Bauer, und Bob, sein Vize, gerieten in die Schlagzeilen. Angeblich schwelte zwischen beiden seit längerem ein Konflikt, der nun in die Öffentlichkeit getragen wurde. Offenbar waren die unterschiedlichen Arbeitsstile der zwei kollidiert, und das wohl nicht zum ersten Mal. Dabei hatten sie seit ihrem Amtsantritt viel im Verband bewegt, auch für die Arbeit mit der Nationalmannschaft neue Strukturen geschaffen, von denen wir profitierten. Das änderte nur nichts daran, dass das Zerwürfnis anscheinend nicht zu kitten war. Anderthalb Monate später kochte die Geschichte noch einmal hoch: In einem Schreiben, das den Medien zugespielt wurde, kritisierte der Verbandschef die Alleingänge und den Egoismus verschiedener Personen, ohne diese namentlich zu nennen – und trat als Präsident zurück.

Die Mannschaft und wir vom Trainerstab bekamen von den Querelen kaum mehr als das mit, was durch die Medien geisterte. Mir war das ganz recht. Wir hatten uns auf andere Aufgaben zu konzentrieren. Ich fand nur schade, dass gleich wieder dunkle Wolken über dem deutschen Handball schwebten. Der Sport hätte ein bisschen mehr positive Stimmung gebrauchen können.

Noch im Frühjahr ging es mit den nächsten Qualifikationsspielen für die Europameisterschaft 2016 weiter. Gegen Finnland und Österreich hatten wir vor der Weltmeisterschaft jeweils das Hinspiel absolviert. Spanien dagegen bekamen wir gleich im Doppelpack. Das Hinspiel in Mannheim gewannen wir mit einem Tor mehr. Vier Tage später das Rückspiel, ausgerechnet an dem Ort, wo ich mit den Füchsen eine kapitale Pleite erlitten hatte: in León. Obwohl wir in dem kleinen Hexenkessel mit sechs Treffern Unterschied verloren, lieferten die Jungs das beste Spiel, seit ich Bundestrainer war. Diese Erkenntnis machte keinen Sieg daraus, aber sie machte die Niederlage halbwegs erträglich.

Dann war wieder Finnland an der Reihe, das Rückspiel in Vantaa. Wir spielten sehr konzentriert und ließen von der ersten Minute an keinen Zweifel aufkommen, dass wir als Sieger vom Parkett gehen wollten. Vierzehn Tore Differenz beschrieben am Ende einen Klassenunterschied. Da am gleichen Tag Spanien die Österreicher besiegte, waren wir damit für die Europameisterschaft qualifiziert. Als uns diese Nachricht erreichte, schickten wir sofort einige Spieler, die bei der Weltmeisterschaft und in ihren Vereinen viel gespielt hatten, in die Ferien. Dadurch bekamen andere, die sonst eher im Schatten standen, ihre Chance im letzten Quali-Spiel gegen Österreich. Es wurde kein einfaches Spiel, aber sie machten ihre Sache gut, wir gewannen.

Erleichtert, dass auch das geschafft war, konnte ich endlich selbst Urlaub machen. Denn gleichzeitig endete mein Engagement bei den Füchsen. Nach dem Jahr in dieser Doppelfunktion war ich fix und fertig. Genau genommen war es kein ganzes Jahr, dabei fühlte es sich an, als wären es drei Jahre gewesen. Zwei solche Jobs, dazu kann ich niemandem raten, jedenfalls nicht, wenn der Verein, wie die Füchse, international spielt. Ich war heilfroh, einen schönen Abschluss hinbekommen zu haben – an beiden Fronten. Jetzt freute ich mich auf die freie Zeit. Die Flüge für Ingibjörg, die Kinder und mich waren längst gebucht. Wo es hinging? In die Heimat natürlich, nach Reykjavík.

IX
Polen, Januar 2016

**Schlechte Nachrichten, gute Signale – Einsame Minuten
im Bus – Die letzte Ansprache – Innenansichten –
Der Wert der Videoanalyse – Im Tunnel –
Noch zwei Ausfälle – Kleine Tricks – Das Finale**

Ein erfolgreiches Team zu bilden erfordert im Handball
vor allem eines: Voraussicht. Man muss sich auf alle
Eventualitäten einstellen. Üblicherweise fange ich damit
an, den Kader erst einmal grob zu skizzieren. Ich überle-
ge mir, welche Systeme wir spielen wollen, in der Abwehr
und im Angriff. Daraus ergibt sich, was für Spielertypen
wir brauchen. Ist im Angriff eher ein Spielmacher gefragt,
oder passt ein Shooter besser zu dem, was wir vorhaben?
Die gleiche Frage stelle ich mir, wenn ich im Gedanken
die Abwehr formiere. Aber das ist noch der einfachere
Teil der Planungen. Komplizierter ist es, das Spiel eines
Kontrahenten zu antizipieren. Wie stellt er seine Mannschaft auf? Mit welcher taktischen Marschroute schickt er
sie aufs Spielfeld? Und wie sollte demnach unser Team
aussehen, damit wir dem Gegner Paroli bieten können?
Doch auch das genügt an Vorarbeit noch nicht. Ebenso
muss ich mir Gedanken darüber machen, was passiert,
wenn jemand von unseren Spielern ausfällt, verletzt oder
wegen einer Roten Karte. Zum Beispiel einer der Ab-
wehrchefs. Durch wen könnten wir ihn ersetzen? Und da
kein Spieler die Kopie eines anderen ist: Welche Umstel-
lungen wären darüber hinaus durch diese Neubesetzung

251

erforderlich? Da ist Kreativität gefragt, zumal man sich nicht nur für eine Position eine Alternative ausdenken muss, sondern für jede.

Im zweiten Schritt setze ich mich mit den Co-Trainern zusammen und spreche jeden Kandidaten mit ihnen durch. Meistens sind wir von vornherein einer Meinung. Falls das einmal nicht der Fall ist, liegen wir zumindest nicht weit auseinander. Diskutiert wird aber immer, einfach um die Argumente der anderen zu hören und zu prüfen, ob die Gründe für unsere Entscheidung richtig sind. Müssen wir uns zwischen zwei Spielern entscheiden, bitte ich Axel und Alexander, sich die beiden noch einmal genau anzugucken, beim Training und mehr noch durch die Videoanalyse ihrer Auftritte in den letzten Spielen. Alexander nennt es unsere »digitale Dreisamkeit«. Sie kommt auch zum Tragen, wenn wir Ausschau nach neuen Spielern halten. Dank *Sideline* braucht man dafür heutzutage nicht mehr durch die Hallen der Vereine zu reisen.

Ich sortiere nicht gern Spieler aus, aber das gehört nun einmal dazu. Wie die Jungs ihre Sachen machen müssen, so muss ich meine Aufgaben erledigen. Persönliche Befindlichkeiten dürfen dabei keine Rolle spielen. Für solche Entscheidungen ist es gut, zwei starke Co-Trainer zu haben, die meine Einschätzungen hinterfragen, wenn sie anderer Meinung sind. Es kommt auch vor, dass sie einen Spieler unbedingt im Team haben wollen, der auf meiner Liste nicht ganz oben stand. Axel hat einen guten Blick für die Fähigkeiten der Jungs aus dem Nachwuchs. Durch seine Expertise rückten beispielsweise Spieler wie Simon Ernst und Jannik Kohlbacher in die Mannschaft.

Damit bin ich auch schon in der heißen Phase vor der Europameisterschaft. Jannik war einer von denen, die erst kurz vorher zu uns stießen und mit Turbogeschwindigkeit durchstarteten. Er bekam im November 2015 seinen ersten Auftritt, im Spiel gegen Brasilien, das wir im Rahmen des sogenannten Supercups in Flensburg bestritten. Für Nichthandballexperten: Der Supercup war eines von den Turnieren, die man veranstaltete, um sich auf den Saisonhöhepunkt vorzubereiten, wie damals die Vier-Nationen-Turniere in Österreich. Der Handballbund hatte außer Brasilien die Mannschaften Serbiens und Sloweniens eingeladen – wir bezwangen alle drei. Dass Jannik so schnell zu seinem Länderspieldebüt kam, lag vor allem daran, dass sich Patrick Wiencek, unser etatmäßiger Kreisläufer, kurz zuvor einen Kreuzbandriss zugezogen hatte. Er war leider nicht der Einzige von den Stammkräften, die aus Verletzungsgründen für die Europameisterschaft ausfallen sollten. Vor ihm hatte es bereits Paul Drux erwischt, der nach einer Schulter-Operation noch nicht wieder einsatzfähig war. Und nach ihm traf es erst Uwe Gensheimer, unseren Kapitän, der einen Muskelfaserriss in der rechte Wade erlitt, und nur wenige Tage darauf Patrick Groetzki, bei ihm wurde ein Wadenbeinbruch diagnostiziert. Das war bitter, aber es sollte noch schlimmer kommen. In der letzten Trainingseinheit des Jahres verletzte sich Michael Allendorf, der für Uwe als Linksaußen nachnominiert worden war. Sehnenabriss in der Hüftmuskulatur. So viel Pech konnte man doch gar nicht gepachtet haben? Damit hatten wir für diese Position nur noch Rune Dahmke, der wie Jannik gegen Brasilien seine Länderspielpremiere gegeben hatte. Runes Einsatz war allerdings fraglich. Er laborierte an einer Sprunggelenksverletzung, konnte nicht trainieren. Uns blieb nur die Hoffnung, dass ihn die medizinische Abteilung rechtzeitig zur Europameisterschaft fit bekäme.

Als wir Anfang Januar, keine zehn Tage bevor wir nach Polen reisten, ein Testspiel gegen Tunesien absolvierten, mussten wir gezwungenermaßen eine Notvariante proben. Da Rune noch nicht spielen konnte, stand uns kein Linksaußen zur Verfügung. Stattdessen setzten wir Niclas Pieczkowski auf der Position ein, der normalerweise Rückraum Mitte spielte. Auch er gehörte zu den Neuen im Team – und erledigte seinen Auftrag gut. Überhaupt gab es nach den ganzen Rückschlägen einige positive Signale, die hoffen ließen. Steffen Fäth, bei dem ich zuvor etwas den Biss vermisst hatte, schien wie verwandelt zu sein. Er hängte sich richtig rein und machte in dem Spiel sechs Tore. Christian Dissinger, der vor meiner Zeit, aber noch nie unter mir im Nationalteam gespielt hatte, steuerte starke acht Treffer bei. Und auch Henrik Pekeler, der lange verletzt gewesen war, meldete sich eindrucksvoll zurück.

Es war also nicht alles schlecht. Obwohl die Verletzungsmisere durchaus unsere Fantasie herausforderte und uns einiges an Flexibilität abverlangte – dem Trainerteam auf der Suche nach der richtigen Taktik, aber ebenso den Spielern. Auch für die Medien waren die Ausfälle ein Thema. Was war einer Mannschaft noch zuzutrauen, die auf vier Stammspieler verzichten musste? Wenn ich nicht schon so lange in Deutschland gelebt hätte, wäre ich wahrscheinlich überrascht gewesen. Immer gleich dieser negative Touch. Wir hatten uns für die Europameisterschaft qualifiziert, was bekanntermaßen zuletzt nicht immer gelungen war. Und wir hatten trotz alledem gute Spieler und eine gute Mannschaft beieinander. Ich war der Letzte, der sich nicht gewünscht hätte, dass die Ausgangsbedingungen andere gewesen wären. Doch durch ewige Jammerei änderte man die Tatsachen nicht. Wir im Team beschäftigten uns gar nicht mehr damit. Keiner der Spieler sollte das Gefühl haben, er sei nur zweite Wahl. Jeder von ihnen hatte es verdient, bei der Europameisterschaft sein Land zu vertreten – das war die Botschaft, die wir den Jungs in die Köpfe pflanzten.

Und noch ein Thema schlug hohe Wellen: Wir hatten uns entschieden, Silvio Heinevetter nicht mitzunehmen. Silvio spielte seit 2009 in der Nationalmannschaft. Er hatte über einhundertdreißig Einsätze mit ihr absolviert. Auch in Berlin war er für mich lange die Nummer eins gewesen. Ich wusste, dass er großartig halten und Spiele entscheiden konnte. Das hatte er bei den Füchsen nicht bloß einmal bewiesen. Und er war in Deutschland einer der bekanntesten Handballer, von den aktiven wahrscheinlich der bekannteste. Dennoch hatten Alexander, Axel und ich nicht lange überlegen müssen, als die Entscheidung anstand. Im Unterschied zu Silvio hatte Andreas Wolff in seinem Verein eine überragende Saison gespielt und auch uns in der Nationalmannschaft kein einziges Mal enttäuscht. Wenn es überhaupt eine Frage gab, dann höchstens die, ob wir auch Carsten Lichtlein Silvio vorziehen sollten. Doch selbst da waren wir nach ausgiebiger Videoanalyse schnell einer Meinung. Carsten war einfach einen Tick besser in Form. Ein bisschen Bauchgefühl kam vielleicht zusätzlich hinzu. Und der Bauch sagte mir: Mit der Kombination Youngster und Routinier würden wir ein sicheres »Hinterhaus« haben.

Nachdem die Entscheidung gefallen war, rief ich Silvio an. Ich hätte mich auch mit ihm getroffen, aber das passte zeitlich bei uns beiden nicht. Ich sagte ihm, dass wir uns nicht gegen ihn, sondern für Andreas und Carsten entschieden hätten. Das war die Wahrheit, machte es für ihn aber nicht besser. Ich kannte ihn gut genug, um mir vorzustellen zu können, wie sehr die Nachricht an ihm nagte. Umgekehrt hatte er mich sechs Jahre bei den Füchsen erlebt und wusste, dass ich einzig nach Leistung entschied und dass es nie persönlich gemeint war. Seine Ent-

Nach der ungewöhnlichen Trainingseinheit: die Bad Boys
in einem Box-Gym in Berlin-Köpenick

täuschung war ihm anzumerken, aber er reagierte sehr professionell.

Als wir am 14. Januar 2016 mit dem Mannschaftsbus nach Breslau aufbrachen, hatte ich ein gutes Gefühl. Rune war im letzten Testspiel, gegen Island, das erste Mal wieder zum Einsatz gekommen und hatte auf Anhieb sechs Tore gemacht. Ohne Linksaußen zu spielen wäre ein Desaster gewesen, aber diese Sorge schienen wir damit los zu sein. Auch die Leistungen, die die anderen während der Vorbereitung gezeigt hatten, stimmten mich optimistisch. Bei manchem hatte noch etwas die Konstanz gefehlt, dafür waren andere regelrecht aufgeblüht. Wir hatten mit den Jungs auch noch mal an ihrer Aggressivität gearbeitet, um die Bad-Boys-Mentalität der Mannschaft zu stärken – unter anderem mit einer schlagkräftigen und äußerst schweißtreibenden Trainingseinheit, die wir in einem alten Box-Gym in Berlin-Köpenick absolvierten.

Skeptische Blicke: Ankunft im Teamhotel in Breslau

Im Mannschaftshotel in Breslau herrschte Bahnhofsatmosphäre, als wir eintrafen. Die anderen Mannschaften aus unserer Gruppe – Spanien, Schweden und Slowenien – waren offenbar schon da. In der Lobby drängten sich die Leute. Am Eingang waren Kameras aufgebaut. Journalisten kamen uns mit Mikrofonen entgegen. Die Fotografen schienen jeden Schritt, den wir zwischen Bus und Rezeption zurücklegten, dokumentieren zu wollen. Ich gab ein paar Statements ab, sah dann aber zu, dass ich eincheckte und auf mein Zimmer kam. Diesen Trubel konnte ich nicht gebrauchen.

Jetzt wurden die Tage zur Routine – immer die gleichen Abläufe. Ob Montag, Mittwoch oder Sonntag war, spielte keine Rolle. Für uns gab es nur den Tag vor einem Spiel, den Tag nach einem Spiel und natürlich den Spieltag selbst.

Am nächsten Tag führten wir ein leichtes Abschlusstraining in der Hala Stulecia durch. Die Jahrhunderthalle, in der alle unsere Gruppenspiele stattfanden, ist eines der Wahrzeichen von Breslau. Ein imposanter Bau, der vor über einhundert Jahren errichtet wurde und heute zum UNESCO-Weltkulturerbe gehört. Aber um ehrlich zu sein: Das interessierte mich an dem Tag nicht besonders. Mein Kopf war mit unserem ersten Spiel beschäftigt. Das ist immer so, unabhängig davon, ob uns ein Freundschaftsspiel bevorsteht oder eine Partie bei einem großen Turnier wie der Europameisterschaft. Für mich macht das erst einmal keinen Unterschied. In beiden Fällen versuche ich, mich nicht verrückt machen zu lassen. Das funktioniert am besten, indem ich mich ausschließlich auf die Punkte konzentriere, die für das Spiel wichtig sind: Taktik, Abwehrvarianten, Angriffskombinationen, all diese Sachen.

Noch intensiver wird diese Phase am Tag des Spiels. Dann bin ich wie in einem Tunnel, was für meine Mitmenschen nicht unbedingt angenehm ist. Jedenfalls nicht, wenn sie auf die kühne Idee kommen, mit mir gemütlich mittagessen und dabei vielleicht auch noch reden zu wollen. Essen – ja. Sprechen – nein. Gemütlich am Tisch sitzen und die Minuten ungenutzt verstreichen lassen – völlig undenkbar. Wie oft hat Bob mir das schon vorgehalten? Von wegen, ich hätte keine Esskultur. Dabei stimmt das gar nicht. Ich setze mich gern in ein gutes Lokal und lasse mich ausgiebig mit kulinarischen Köstlichkeiten verwöhnen. Und ich spreche dann auch mehr als zwei Sätze hintereinander. Meine Freunde meinen, in der richtigen Stimmung könne ich sogar einen ganzen Saal unterhalten. Mag sein, nur sicher nicht vor einem Spiel. Da könnte man mich in einen Saal voller Menschen stecken, ohne dass ich mitbekäme, dass ich nicht alleine bin. Weil ich viel zu sehr damit beschäftigt wäre, mir alle möglichen Situationen, die in einem Spiel eintreten können, durch den Kopf gehen zu lassen.

Unser erstes Spiel. Der Gegner hieß Spanien. Wir fuhren mit dem Bus zur Jahrhunderthalle. Sie lag etwa fünfzehn Minuten entfernt. Als wir ankamen, waren noch anderthalb Stunden Zeit bis zum Spiel. Das übliche Prozedere nahm seinen Lauf. Während die Mannschaft in die Kabine ging, blieb ich im Bus. Das mache ich immer so, außer es gibt in der Halle separate Räume für die Trainer. In Katar hatten sie solche. Meistens bleibt einer der Co-Trainer bei mir. Der andere begleitet die Mannschaft. Die Taktiktafel befindet sich im Mannschaftsgepäck, um das sich die Teambetreuer kümmern. Sie liegt einsatzbereit in der Kabine, wenn ich komme. Es sei denn, ich habe sie im Hotel kurz vor der Abfahrt noch benutzt oder im Bus, dann nehme ich sie mit rein.

Fünfzig Minuten vor dem Spiel ging ich zur Mannschaft. Auch das läuft immer nach dem gleichen Schema ab. Die Spieler sind umgezogen und bereit, sich aufzuwärmen und einzuwerfen. Die Zeit bis dahin überbrückt jeder auf seine Weise. Die meisten haben kleine Rituale. Einer trinkt Kaffee, der andere lässt sich einen Apfel schmecken. Finn Lemke, unser Zweimeterzehn-Hüne im Rückraum, studiert Videoaufnahmen seiner Gegenspieler. Das hilft ihm, sich mental vorzubereiten. So wie ich verschiedene Spielsituationen im Kopf durchgehe, guckt er sich die Körperbewegungen der Spieler an und lässt sie anschließend vor seinem inneren Auge ablaufen, um sie sich einzuprägen. Das ist vielleicht etwas ungewöhnlich, aber jeder hat seine eigene Methode, sich auf ein Match einzustimmen. Dafür muss Platz in der Kabine sein, und das müssen die anderen akzeptieren. Was ich in der Kabine nicht dulde, sind Kopfhörer. Im Bus darf jeder hören, was er will – in der Kabine hören wir gemeinsam Musik. Welche das ist, machen die Jungs untereinander aus. Meinen Geschmack treffen sie dabei selten, aber das ist auch nicht wichtig.

Meine Ansprache dauert drei bis fünf Minuten. Ich gehe die Keywords unseres Matchplans durch, also wie wir uns taktisch ausrichten wollen, in welcher Besetzung wir anfangen, welches System wir spielen, auf welche Gegenspieler besonders zu achten ist, wie wir die Taktik des Gegners aushebeln können, ob wir zwischen Abwehr und Angriff wechseln, was wir fast immer tun. In welchem Ton das Ganze geschieht, hängt von der Stimmung ab. Habe ich das Gefühl, dass die Jungs nervös oder übermotiviert sind, versuche ich mit ruhigen Tönen gegenzusteuern. Erscheinen sie mir dagegen etwas müde, sodass ich nicht spüre, dass sie die Aufgabe mit dem nötigen Biss in Angriff nehmen, drücke ich auf die Tube und versuche, sie ein bisschen aufzuheizen.

Anschließend gehen die Spieler in die Halle, um sich aufzuwärmen. Das dauert ungefähr dreißig Minuten. Für mich fühlt sich das jedes Mal wie eine kleine Ewigkeit an. Ich warte so lange in der Kabine. Manchmal bin ich dort allein, manchmal bleibt ein Physiotherapeut da, manchmal einer der Co-Trainer, und manchmal ist auch Bob anwesend. Fünfzehn Minuten vor Spielbeginn kehren die Spieler zurück. Das ist die Zeit für die letzten Vorbereitungen. Bevor es ernst wird, stellt sich die Mannschaft im

Kreis auf, so wie man es von den Time-outs bei den Spielen kennt. Nur dass nicht ich spreche, sondern der Kapitän ein paar Worte sagt. Und am Ende ertönt unser Schlachtruf: »Bad ... Boys!« Üblicherweise war Uwe Gensheimer für diesen Part zuständig. Da der in Polen nicht spielen konnte, hatten wir Steffen Weinhold zum Kapitän gemacht.

Er führte unsere Mannschaft gegen Spanien aufs Feld. Wir wollten aggressiv spielen und von Anfang an aufs Tempo drücken. Das klappte auch ganz gut. Nach sechs Minuten lagen wir mit 6:4 vorn, nach zwölf mit 9:7. So hätte es weitergehen sollen, doch aus irgendeinem Grund verloren wir den Faden und halfen den Spaniern durch unsere Fehler, besser ins Spiel zu kommen. Ehe wir es uns versahen, lagen wir hinten. Im Nachhinein lässt sich erklären, was in dieser Phase geschah. Es war ein für Handball geradezu typischer Vorgang. Man führt, doch auf einmal hat der Gegner einen Lauf, macht drei Tore hintereinander, sodass man innerhalb weniger Augenblicke vom Gejagten zum Jäger wird. Natürlich will man schleunigst den ursprünglichen Zustand wiederherstellen, agiert überhastet, Fehler schleichen sich ein, was den Druck nur erhöht. Kassiert man in dieser Situation auch noch eine Zweiminutenstrafe, wie es uns passierte, wirkt das wie eine Frischzellenkur für den Gegner. Er nutzt die Überzahl, legt zwei Tore nach, und schon steckt man noch tiefer im Schlamassel.

Ich nahm eine Auszeit und versuchte, die Jungs dazu zu bringen, die Angriffe ruhiger zu spielen, Tempo herauszunehmen und keine überhasteten Torwürfe zu fabrizieren. Als Spieler will man in solch einer Situation genau das Gegenteil, nämlich Gas geben, um den Rückstand schnellstmöglich aufzuholen. Aber so schafft man das nie, nicht gegen einen starken Gegner.

Ich wechselte auch die Torhüter in der Hoffnung, dass der neue zwei, drei klare Chancen der Spanier vereitelt – was die möglicherweise verunsichert hätte. Aber so kam es nicht. Spanien hängte uns mit sieben Toren ab. Es sah aus, als würden wir untergehen. Doch dann bewies die Mannschaft, dass sie Charakter hat – sie kämpfte sich zurück. Zehn Minuten vor Schluss kamen wir sogar bis auf ein Tor heran. Das Spiel zu drehen, schafften wir allerdings nicht mehr. Trotzdem hatte ich nach der Partie kein schlechtes Gefühl. Klar war eine Niederlage zum Auftakt blöd. Aber die Jungs waren gut drauf, sie hatten sich selbst in einer scheinbar aussichtslosen Situation nicht aufgegeben. Wenn es uns gelingen würde, solche Blackouts wie in der ersten Halbzeit zu vermeiden, sollten wir gegen die anderen Gegner in der Gruppe nicht die schlechtesten Karten haben.

Vor dem zweiten Spiel – gegen Schweden – hatten wir einen Tag Pause. Der übliche Turnierrhythmus. Zeit für die Spieler, sich zu regenerieren. Und Zeit für uns Trainer, ein taktisches Konzept für das nächste Match zu entwickeln. Alexander und Axel erledigten die Grobanalyse. Sie teilten sich die Arbeit. Im Wechsel war immer einer von ihnen für den nächsten Gegner zuständig. Das Ergebnis der Grobanalyse waren Videozusammenschnitte aus den letzten zwei, drei Spielen des Gegners. Daraus filterte ich die Szenen heraus, die mir am wichtigsten erschienen. Meistens blieben zwischen zwanzig und dreißig übrig. Mithilfe der Erkenntnisse, die wir daraus gewannen, erstellten wir unseren Matchplan. Sahen wir zum Beispiel, dass der Gegner eine bestimmte Kombination sehr häufig spielte, dachten wir uns eine Variante aus, mit der wir darauf reagieren konnten. Das betraf Spielzüge sowohl im Angriff als auch in der Abwehr. Auf die gleiche Weise

Sechs Augen sehen mehr: mit Alexander Haase
auf der Bank, hinter uns Axel Kromer

nahmen wir einzelne Spieler unter die Lupe. Man highlightet praktisch die gefährlichsten Punkte, ob Spieler, Spielzüge oder Spielsituationen. Das Material bekamen die Jungs auf einem USB-Stick oder übers Internet. Für jeden war es ein speziell zusammengestelltes Paket. Den Torhütern schnitten wir die typischen Wurfbilder der wichtigsten Spieler zusammen. Das meiste Material und die längsten Sequenzen erhielten die Abwehrspieler, damit sie die Bewegungsmuster, Finten und Tricks von jedem ihrer Gegenspieler studieren konnten.

Derjenige von den Co-Trainern, der den aktuellen Gegner analysiert hatte, saß beim Spiel mit auf der Bank, der andere in der Reihe dahinter, mit Sichtkontakt zu uns. Der Co-Trainer auf der Bank kümmerte sich um das Ein- und Auswechseln der Spieler, behielt aber gleichzeitig die Taktik im Blick – ob das gespielt wurde, was wir besprochen hatten, und ob unser Konzept aufging. Darauf achtete ich selbst natürlich auch, aber vier Augen sahen mehr. Der zweite Co-Trainer, der im Hintergrund, führte derweil Statistik. Er notierte Tore, technische Fehler, Fehlwürfe und die gehaltenen Bälle der Torhüter. Außerdem ob unsere Spielzüge gut funktionierten, welche nicht aufgingen, womit die gegnerische Mannschaft besonders erfolgreich war und so weiter. Seine Daten bildeten die Grundlage der Halbzeitanalyse, die wir zu dritt durchführten. Manchmal auch zu viert, wenn Bob dabei war. Doch niemals im Beisein der Spieler. Sie bekamen von mir im Anschluss nur die Quintessenz mitgeteilt. Viele Worte waren das nie, manchmal waren es sehr wenige.

Die Schweden hatten wir nicht gründlich genug analysiert, wie sich herausstellte. Wir begannen mit einer 6-0-Abwehr, bekamen sie damit aber nicht in den Griff. Vor allem Johan Jakobsson machte uns in der ersten Halbzeit zu schaffen. Offenbar hatten wir übersehen, was für ein starker Shooter er ist. Auch die anderen Rückraum-Schützen ließen sich von unserer Abwehr kaum am Toremachen hindern. Wir gerieten schnell in Rückstand und brauchten fast zwanzig Minuten, um das erste Mal auszugleichen. Das war jedoch nur ein kurzer Hoffnungsschimmer. Keine fünf Minuten später lagen wir sogar vier Tore zurück. Und dieser Abstand blieb so bis zur Pause.

Auf dem Weg zur Kabine legten die Co-Trainer, Bob und ich einen Zwischenstopp ein. Das machen wir immer so. Wenn es einen Trainerraum gibt, ziehen wir uns dorthin zurück. Ansonsten suchen wir uns eine ruhige Ecke auf dem Gang. In dem Fall war es eine Treppe, die neben der Kabine nach oben führte. Ich setzte mich auf eine der Stufen und legte die Taktiktafel auf meinen Schoß. Alexander und Axel hatten zuvor schon überlegt, wie wir unsere Abwehr wirkungsvoller aufstellen könnten. Sie schlugen vor, eine offensive 4-2-Deckung zu wählen, also mit zwei vorgezogenen Spielern. Das sollten Rune Dahmke und Tobias Reichmann übernehmen. Ganz so mutig wäre ich allein wahrscheinlich nicht gewesen. Aber die beiden überzeugten mich, dass wir das Risiko erhöhen mussten, wenn wir den schwedischen Angriff wirksam stören wollten. Unsere Besprechung dauerte nicht länger als zwei, drei Minuten, dann ging ich zur Mannschaft und teilte ihr die neue Taktik mit. Wobei man sich das nicht so vorstellen darf, dass die Jungs vor einem sitzen, brav alles schlucken, was man ihnen präsentiert, und es im nächsten Augenblick verinnerlicht haben. Man muss ihnen das neue Konzept so verkaufen, dass sie es nicht nur verstehen, sondern auch davon überzeugt sind.

Die Idee von Alexander und Axel war der entscheidende Impuls, um dem Spiel eine neue Richtung zu geben. Das wäre aber nicht geschehen, hätten die Spieler sie nicht erfolgreich umgesetzt. Ich würde jedenfalls nicht behaupten, dass man Spiele allein dadurch gewinnt, dass der Trainer die Taktik ändert. Das macht vielleicht zehn oder zwanzig Prozent aus. Zu einem wesentlich größeren Teil jedoch ist es das Verdienst der Mannschaft.

Dann passierte Folgendes: Die zweite Hälfte wurde angepfiffen. Die Schweden spielten einen Angriff. Wir empfingen sie in der neuen Abwehrformation. Aber sie taten so, als würde sie das gar nicht interessieren, marschierten in der Mitte durch und netzten den Ball ein – mit einer Leichtigkeit, als wäre es ein Spaziergang gewesen. Allerdings auch mit unserer Unterstützung. Wir standen in dem Moment in der Abwehr denkbar schlecht. Es war mehr unser Fehler als deren Leistung. Trotzdem hätte diese Aktion den Spielern einen Knacks geben können. Da werden sie mit einer neuen Taktik aufs Feld geschickt, und dann versagt die gleich beim ersten Versuch. Wir hätten sie aber auch nicht sofort wieder ändern können. Sonst hätten die Spieler gedacht, wir wissen selbst nicht mehr, was man gegen den schwedischen Angriff unternehmen kann. Deswegen ist es so wichtig, dass Spieler Anweisungen nicht einfach nur ausführen, sondern sie zu ihrer eigenen Überzeugung machen. Sie müssen an das System glauben, das sie spielen. Sonst ist es wie bei einem Sänger, der gezwungen wird, einen Song zu spielen, den er nicht mag.

Aber die Jungs glaubten daran. Erst schafften sie den Ausgleich, dann übernahmen sie die Führung. Jetzt erlebten die Schweden, was uns gegen Spanien widerfahren war. Mit dem Unterschied, dass sie wesentlich länger in Führung gelegen hatten, fast vierzig Minuten, bevor wir das Spiel an uns rissen. Die Schweden versuchten, an ihrem Konzept festzuhalten, was ihnen nicht gelang. Sie wurden unsicher, wozu Andreas Wolff einen nicht unerheblichen Teil beitrug. Er wurde immer besser, entschärfte einen Wurf nach dem anderen. Auch Tobias Reichmann trumpfte auf, und die beiden Steffens, Weinhold und Fäth, und Rune Dahmke, alle machten ihre Sache gut. Innerhalb einer Viertelstunde verwandelten sie einen Vier-Tore-Rückstand in einen Vier-Tore-Vorsprung. Zum Schluss wurde es noch einmal hektisch. Die Schweden kamen wieder heran. Aber nur bis auf ein Tor – wir hielten den Sieg fest.

Als wir realisierten, was uns gelungen war, fiel uns eine riesige Last von den Schultern. Gegen den zweimaligen Weltmeister Spanien war unsere junge Truppe, die jüngste des Turniers, der Underdog gewesen. Nun gegen Schweden hatten wir gezeigt, dass wir auf Augenhöhe mitspielen konnten. Ein großer Schritt für uns. Vor allem war es gut fürs Selbstvertrauen der Spieler. Und wir hatten damit beste Chancen, in die Hauptrunde einzuziehen. Das war unser Minimalziel. Davon ließen wir uns in der nächsten Partie, gegen Slowenien, auch nicht abbringen. Am Anfang wackelten wir kurz, fanden dann aber zu unserem Spiel, zogen es souverän durch und gewannen. Andreas Wolff, den wir diesmal als Nummer eins gebracht hatten, tat alles, um unsere Entscheidung zu rechtfertigen. In der Abwehr standen die Jungs in bester Bad-Boys-Manier, weder schüchtern noch zimperlich. Hendrik Pekeler kassierte zwar kurz vor dem Ende nach seiner dritten Zeitstrafe eine Rote Karte. Aber mit diesem Risiko musste man leben, wenn man hinten konsequent durchgriff. Eine starke Abwehr ist fast immer der Schlüssel zum Erfolg, so war es auch diesmal.

Damit ging es in der Hauptrunde weiter. Das Gute war, dass wir in Breslau blieben. Dadurch verloren wir keine Zeit, konnten uns sofort mit dem Videomaterial des nächsten Gegners beschäftigen. Das war Ungarn. Wir erwarteten ein schweres Match, immerhin hatten die Ungarn vier Spieler aus Veszprém in ihren Reihen, dem ungarischen Serienmeister und mehrfachen Champions-League-Finalisten. Und mit Talant Dujshebaev führte einer der besten Trainer der Welt die Mannschaft an. Deshalb war es für uns selbst eine Überraschung, dass wir uns bereits in der ersten Halbzeit klar absetzen konnten, bis zur Pause mit acht Toren. Aber ich wusste, solch ein klarer Vorsprung kann tückisch sein. In der Siegesgewissheit verliert man schnell die Konzentration. Das sagte ich den Jungs in der Kabine auch. Sie hätten unsere Taktik in der zweiten Hälfte kaum besser umsetzen können. Nach fünfzehn Minuten war das Spiel so gut wie gelaufen. Wir führten mit elf Toren. Mit der Schlusssirene waren es noch zehn.

Dann das Spiel gegen Russland. Ein ähnliches Szenario

wie bei der Weltmeisterschaft in Katar. Ein unbequemer Gegner. Die Russen fingen stark an, führten schnell mit 3:0. Wir dagegen spielten im Angriff zu hastig und hinten zu unaufmerksam. Dadurch liefen wir fast zwanzig Minuten einem Rückstand hinterher, der mal zwei, mal drei Tore betrug. Aber wie in den Partien zuvor bewiesen die Jungs Charakter, steckten nicht auf. Erik Schmidt, unser Kreisläufer, war es dann, der mit dem 10:10 den ersten Ausgleich besiegelte. Kurz darauf gingen wir in Führung. Im Rückraum steigerte sich Christian Dissinger. Er und Erik waren in den zurückliegenden Spielen nicht so dominant gewesen. Das holten sie jetzt gegen die Russen nach. Erik machte in dem Spiel sechs Tore, Christian sieben. Aber wir ließen den Russen im Angriff zu viele Freiheiten. Eine Umstellung unserer Abwehr war fällig. Nach der Halbzeitpause änderten wir unsere Deckung von 6-0 auf 5-1, das half. Dazu glänzte diesmal Carsten im Tor, der einundvierzig Prozent aller Würfe hielt. Wir blieben vorn, bauten unseren Vorsprung bis auf fünf Treffer aus, doch auf einmal kamen die Russen zurück, bis sie ihrerseits den Ausgleich erzielten.

Was für ein Nervenspiel, ich hätte gut darauf verzichten können. Es blieb spannend bis zur letzten Minute. In der kam zu allem Überfluss eine große Portion Tragik hinzu. Es waren noch achtundzwanzig Sekunden zu spielen. Wir führten mit einem Tor Vorsprung, waren im Angriff. Noch ein Treffer und es hätte gereicht. Doch Fabian Wiede ließ sich den Ball aus der Hand schlagen. Sofort starteten die Russen den Gegenstoß, über Dmitri Schitnikow auf Linksaußen. Es sah nicht so aus, als würde er sich stoppen lassen. Steffen Weinhold versuchte es trotzdem, stellte sich ihm vorm Kreis entgegen und wurde regelrecht über den Haufen gerannt. Den Wurf hatte er damit verhindert, aber zu einem hohen Preis. Noch im

Fallen griff sich Steffen an den linken Oberschenkel. Man sah sofort, dass es eine schlimmere Verletzung war. Auf dem Boden krümmte er sich vor Schmerz. Unser Mannschaftsarzt Professor Kurt Steuer und der Physiotherapeut Peter Gräschus mussten ihn stützen, ohne Hilfe hätte er den Weg bis zur Bank nicht geschafft.

Nach der Unterbrechung bekamen die Russen für Steffens Notbremse einen Freiwurf. Ihnen blieben noch elf Sekunden, um den Ausgleichstreffer zu erzielen. Sie spielten drei schnelle Pässe, dann der Wurf – übers Tor! Steffens Einsatz hatte uns den Sieg gerettet. Was in dem Augenblick in mir vorging, lässt sich nicht beschreiben. Als würde das Herz für einen Schlag aussetzen. Dann unbändige Freude. Ich weiß noch, dass Carsten auf mich zugestürmt kam und wir uns kurz umarmten. Aber zugleich spürte ich auch völlige Erschöpfung. Leere.

Am nächsten Morgen die bittere Gewissheit. Die Ärzte im Krankenhaus diagnostizierten bei Steffen einen Muskelbündelriss im Adduktorenbereich. Eine üble Geschichte. Damit stand fest, dass für unseren Kapitän die Europameisterschaft beendet war. Aber uns erreichte noch eine zweite Hiobsbotschaft aus der Klinik. Auch Christian Dissinger hatte sich im Spiel gegen die Russen an den Adduktoren eine Verletzung zugezogen. Die war nicht so heftig wie bei Steffen, aber nach der Untersuchung stand fest, dass auch er nicht weiterspielen konnte. Vor der Europameisterschaft fünf Ausfälle, jetzt die beiden – das wäre selbst für ausgemachte Optimisten ein Schock gewesen. Aber es nützte nichts, den Kopf in den Sand zu stecken. Die Jungs hatten gezeigt, was in ihnen steckt, hatten vier Spiele in Folge gewonnen. Nun fehlte uns noch ein Sieg für den Weg ins Halbfinale. Wer hätte das dieser Mannschaft am Anfang des Turniers zugetraut?

Vor den Journalisten zeigte ich mich betroffen. Für Steffen und Christian tat es mir in der Seele leid. Für das Team natürlich auch. Sobald ich jedoch allein war oder mit den Co-Trainern zusammensaß, beschäftigte mich nur ein Gedanke: Was konnten wir tun, damit unsere erfolgreiche Reise mit dem nächsten Spiel nicht zu Ende ging? Oliver Roggisch hatte in der Zwischenzeit mit Deutschland telefoniert, um Kai Häfner und Julius Kühn in Bewegung zu setzen. Die beiden hatten sich als Nachrücker bei ihren Vereinen in Form gehalten. Sie sollten schnellstens nach Breslau kommen, um Christian und Steffen zu ersetzen. Jede Mannschaft durfte zwei Spieler nachnominieren.

Was die eigentliche Spielvorbereitung betraf, lief es weiter wie gehabt. Allerdings erweiterten wir unsere taktischen Maßnahmen ausnahmsweise auf einen Bereich, den wir dafür sonst nicht nutzten. Vor jedem Spiel fand eine Pressekonferenz statt, meistens am Vortag. Das Interesse der Journalisten war durch unsere Erfolge nicht geringer geworden. Zumal die Übertragungen, diesmal wie gewohnt im öffentlich-rechtlichen Fernsehen, Millionen vor die Bildschirme lockten. Wir erhielten viele Interviewanfragen, und die Fotografen kamen ständig mit neuen Wünschen, um den Redaktionen exklusives Material anbieten zu können. Das Meiste lehnten wir ab, aber das Wenige, was wir machten, war immer noch genug. Als die Pressekonferenz zu dem Spiel gegen Dänemark anstand, meinte ich zu Bob, dass es gut wäre, jemand von den Reportern würde mich fragen, ob wir nach den neuerlichen Verletzungen mit einer B-Mannschaft antreten müssten. Wichtig war mir dabei vor allem, dass der Begriff »B-Mannschaft« fiel. Wie Bob es anstellte, habe ich ihn nie gefragt, aber die Pressekonferenz begann, und irgendwann kam tatsächlich genau diese Frage mit genau dieser Formulierung. Normalerweise äußere ich solche Wünsche nicht. Schon gar nicht lasse ich mir vorgefertigte Fragen stellen. Das weiß jeder, der mich kennt. Doch ungewöhnliche Situationen erfordern manchmal ungewöhnliche Mittel. Und schließlich tat es niemandem weh, dass diese Frage in den Raum gestellt wurde. Meine Antwort lautete ungefähr so: »Das ist richtig, dass wir jetzt quasi mit unserer B-Mannschaft gegen Dänemark, das ein Titelkandidat ist und noch kein Spiel verloren hat, spielen. Wir haben auf jeder Position mindestens einen Spieler verloren.« Ich fand, das klang dramatisch genug. Und ich spekulierte darauf, dass die Nachricht gut verbreitet würde, sodass sie bis zu den dänischen Spielern drang. An anderer Stelle streuten wir noch, dass wir uns aufgrund der neuen Umstände als krasser Außenseiter sahen.

Dänemark hatte gegen Spanien gewonnen, gegen die Schweden jedoch nur unentschieden gespielt. Diese Partie hatten wir uns in der Halle angeguckt. Als wir dachten, sie sei entschieden, für Dänemark, waren wir ins Hotel gefahren, etwa zehn Minuten vor Schluss. Unterwegs hörten wir dann, dass sie den Sieg noch verschenkt hatten. Die Dänen mussten gegen uns gewinnen, um ins Halbfinale zu kommen – und wir gegen sie.

Es war höchst unfair den Dänen gegenüber, dass sie vor dem Spiel einen Tag weniger Regeneration hatten. Aber wir hatten den Spielplan nicht gemacht. Trainer Guðmundur Guðmundsson blieb wenig Zeit, sein Team auf die Begegnung einzustimmen. Da ich Guðmundur lange kenne, konnte ich mir ausmalen, wie er auf die Nachricht, seine Spieler erwarte nur eine deutsche B-Mannschaft, reagieren würde. Ich konnte die Zornesfalten in seinem Gesicht regelrecht vor mir sehen. Ob man mit solchen kleinen Botschaften etwas erreicht, weiß man nie. Mit ein wenig Glück würde in den Köpfen der dänischen Spieler etwas hängenbleiben. Und vielleicht würde das dazu führen, dass uns der eine oder andere nicht so ernst nahm – das hätte mir schon gereicht.

Trotzdem wurde die Partie ein hartes Stück Arbeit. Aber das hatte niemand von uns anders erwartet. Wie bei den letzten Auseinandersetzungen der beiden Teams dominierte die Taktik. Wir spielten alle möglichen Varianten in der Abwehr, hatten uns aber auch für den Angriff neue Kombinationen ausgedacht. Auf der anderen Seite, bei den Dänen, ein ähnliches Bild. Beide Mannschaften spielten sehr diszipliniert, waren ebenbürtig, wenngleich Dänemark zur Halbzeit mit einem Tor vorn lag. Die zweite Hälfte entwickelte sich zu einer Abwehrschlacht. Kaum einmal gelang ein leichtes Tor. Jeder Treffer musste hart erkämpft werden. Meistens führten die Dänen, aber immer nur knapp. Sieben Minuten vor Schluss hatten sie zwei Tore Vorsprung. Vier Minuten später stand es unentschieden. Ab da gelang den Dänen kein Treffer mehr. Aber uns. Erst verwandelte Tobias Reichmann einen Siebenmeter. Dann besorgte Fabian Wiede, dem beim letzten Spiel kurz vor Schluss der Patzer unterlaufen war, die Entscheidung zum 25:23.

Wieder einmal waren es die Jungs mit dem Bundesadler auf der Brust, die auf dem Parkett Freudentänze aufführten. Und wieder einmal jubelten die deutschen Fans, die von Spiel zu Spiel mehr zu werden schienen. Wahnsinn, wir standen im Halbfinale gegen Norwegen – das musste ich erst einmal verdauen.

Wir hatten uns an die Hala Stulecia in Breslau gewöhnt. Sie war für uns ein gutes Pflaster gewesen. Nun mussten wir unseren freien Tag leider mit dem Umzug nach Krakau verschwenden. Dort waren die Finalspiele angesetzt. Als wir nach drei Stunden Busfahrt die neue Unterkunft erreichten, war ich derjenige, dem es die Zornesröte ins Gesicht trieb. Unsere Zimmer waren nicht bezugsfertig. Für einen Moment vergaß ich meine guten Manieren und wurde ziemlich laut. Vielleicht schwang der Ärger noch mit, als wir später zum Training in die Halle kamen. Am liebsten wäre ich gleich wieder umgekehrt. Die Halle war voll mit Leuten. Wie sollte man sich da in Ruhe auf ein Spiel vorbereiten? Weder herrschte Ruhe, noch waren die Jungs richtig bei der Sache – zu viele Ablenkungen. Und mit der Videoanalyse hinkten wir auch hinterher.

Der Einzug der Norweger ins Halbfinale galt genauso wie unser Durchmarsch als Sensation. Sie hatten mit Gastgeber Polen, Kroatien und Frankreich drei Favoriten geschlagen. Wie unsere Jungs waren die Norweger jung, erfolgshungrig und bissig. Gegen sie anzutreten war ein bisschen so, als würden wir in einen Spiegel gucken.

Vor dem Spiel am nächsten Tag wurde ich von einem TV-Reporter gefragt, wer von unseren Jungs heute der entscheidende Faktor sein könnte. Bisher hatten in jeder Partie ein, zwei Spieler herausgeragt, entweder mit wichtigen Treffern oder im Tor mit Paraden, die uns in schwierigen Situationen den Arsch retteten, um es auf gut Deutsch zu sagen. Normalerweise antwortete ich auf solche Fragen nicht, zumindest nicht mit einem Namen. Doch diesmal sagte ich spontan, es könnte Kai Häfner sein, unser Mann im rechten Rückraum. Woher ich diese Eingebung hatte? Keine Ahnung. Vielleicht war es seine Ausstrahlung, die Körpersprache und dieser Siegeswillen, den man jeden Moment bei ihm spürte.

Das Spiel begann. Irgendwie hatte ich kein besonders gutes Gefühl. Zu oft hatte ich solche Begegnungen schon erlebt, als Spieler und als Trainer. Die Mannschaft ist gut drauf, aber nicht sehr gut. Man weiß, dass man es trotzdem irgendwie hinbekommen muss. Doch dann fehlt das kleine Quäntchen Glück, das immer dazugehört. Ein Abpraller landet nicht in den eigenen Reihen, stattdessen beim Gegner. Aussichtsreiche Torwürfe enden am Pfosten, an jeder Ecke hakt es ein bisschen. So war es auch jetzt. Es lief ganz gut, aber nicht so, dass wir uns auf der Siegerstraße wähnten. Mal waren wir einen Tick besser, mal die Norweger. In der ersten Halbzeit, und in der zweiten ging es genauso weiter. Es erinnerte mich an das Russlandspiel, die gleiche Quälerei. Die Sekunden flossen zäh dahin wie Minuten. Es nahm kein Ende. Zwanzig Sekunden vor Schluss führten die Norweger mit einem Tor. War es das?

Nein!

Rune Dahmke glich noch einmal aus. Damit rettete er uns in die Verlängerung.

Und die Quälerei setzte sich fort. Ein Tor für Norwegen, eins für uns, dann wieder eins für Norwegen und wieder eins für uns. Bis Kai Häfner ein Doppelschlag gelang, wodurch wir in Führung gingen. Die Jungs kämpften am Limit. Wir spielten immer das Gleiche, mit Absicht, um es einfach zu halten und Fehler zu vermeiden. Fünfzig Sekunden vor dem Ende der Verlängerung lagen wir mit einem Tor vorn, aber die Norweger waren im Angriff. Den abwehren, dann könnten wir es schaffen. Doch plötzlich rutschte Hendrik Pekeler in der Mitte aus und landete auf dem Hosenboden. Norwegen hatte freie Wurfbahn und nutzte diese kaltschnäuzig – der Ausgleich.

Es gibt Geschichten, die kann man nicht besser erfinden. Die Zuschauer in der Halle und wir alle wurden an diesem Abend Zeugen einer solchen Geschichte. Nach dem Ausgleichstreffer waren wir im Ballbesitz. Die Zeit lief herunter, jetzt rasend schnell. Noch sechs Sekunden waren zu spielen, als sich Kai Häfner erneut ein Herz fasste, in der Mitte durchmarschierte und alles in den Wurf legte, was er an Power noch zu geben hatte. Und der Ball landete im Netz! Und das Spiel war aus.

Zwei Tage später, am Sonntag, den 31. Januar 2016, das Finale, am selben Ort: Tauron Arena in Krakau. Fünfzehntausend Menschen auf den Rängen, kein Platz blieb leer. Wieder ging es gegen Spanien, wie am Anfang unserer Reise. Nur dass wir inzwischen wussten, was wir im ersten Spiel falsch gemacht hatten. Vielleicht klingt es seltsam, aber es gab niemanden in der Mannschaft, den die Auftaktniederlage noch bedrückte. Im Gegenteil, durch die Bank waren alle optimistisch und fest überzeugt, dass wir die Spanier schlagen würden.

Am Vortrag hatten wir noch eine lockere Trainingseinheit absolviert. Diesmal ganz in Ruhe in einer kleinen alten Halle, in der außer uns kein Mensch war. Ich mag solche Hallen, das alte Holz, das Geschichte atmet – wie im Kex, wo wir in einem Saal das Parkett eingebaut haben, auf dem ich bei Valur als Kind Handball spielen lernte. Schon beim Aufwärmen spürte man, dass keiner von den Jungs einen Rucksack mit sich herumschleppte. Alle waren ausgeschlafen und frisch. Die Physios hatten gute Arbeit geleistet. Als ich die Spieler so sah, dachte ich: Wir sind viel jünger als die Spanier, das wird ein Vorteil sein. Und wir haben mit Kai und Julius zwei Leute dabei, denen noch nicht so viele Spiele in den Knochen stecken. Ich sagte den Jungs, dass die Spanier schon dreimal im Finale gestanden, aber noch nie gewonnen hätten.

Unser taktischer Plan sah keine komplizierten Sachen vor. Wir wollten das Spiel einfach halten, kraftvoll in der Abwehr spielen und im Angriff mit schnellen Gegenstößen kontern, sobald sich die Gelegenheit bot. Falls nicht, sollten sie trotzdem ein hohes Tempo gehen, vorn mit zwei, drei Kombinationen agieren und den sicheren Abschluss suchen. Die Taktik der Spanier hatten wir ausgiebig studiert. Wir konnten davon ausgehen, dass sie ihren Erfolg über den Einsatz von zwei Kreisläufern und die beiden Außen suchen würden. Das waren ihre stärksten Waffen. Dem würde man am besten mit einer defensiven 6-0-Abwehr begegnen können, die aggressiv zu Werke ging, sich mit voller Wucht jedem Zweikampf stellte.

Bevor wir am Spieltag die Kabine in der Tauron Arena verließen, standen wir wie immer im Kreis zusammen. Finn Lemke haute seinen Spruch heraus: »Heute nicht! Heute kann uns niemand schlagen! Heute ist unser Tag!« Auch der war zu einem Ritual geworden, bevor unser Bad-Boys-Schlachtruf ertönte. Man sah es den Jungs an, sie brannten darauf, dieses Finale zu spielen. Sie sprühten vor Selbstbewusstsein. Sie waren hungrig. Sie waren heiß.

17.30 Uhr der Anpfiff. In Deutschland saßen fast dreizehn Millionen Menschen vor ihren Fernsehern, aber das sollten wir erst später erfahren.

Spanien begann. Der erste Torwurf landete in unserem Block, der zweite auch. Finn Lemke und Henrik Pekeler standen fest wie eine Mauer. Ihre hochgestreckten Arme schienen bis in den Himmel zu reichen. Keine Chance für die Spanier. Im Gegenzug fackelte Rune Dahmke nicht lange, ging frech in der Mitte durch und besorgte das erste Tor. Dann war wieder Spanien am Zug. Ihre schnelle Mitte stoppten wir. Bei der Abwehr verletzte sich Fabian Wiede. Nach zwei Minuten einen Spieler zu verlieren, das wünschte sich niemand. Er konnte später weitermachen, aber in dem Moment war es erst einmal ein Schreck. Die Spanier waren immer noch am Drücker, doch nicht mehr lange. Sie verwarfen, aber wir verwarfen auch. Arpad Šterbik, Spaniens Torhüter, der »serbische Bär«, ist auch kein schlechter. Es wäre nicht gut gewesen, ihn durch überhastete Würfe stark zu machen. Die Mechanismen sind bei allen Torhütern die gleichen: Zum Anfang ein paar gehaltene Bälle, und sie kommen gleich doppelt so gut ins Spiel.

Dann machte Kai Häfner, der für Fabian ins Spiel gekommen war, sein erstes Tor – und kurz darauf sein zweites und drittes. Den Spaniern war bis dahin erst eins gelungen, und auch nur durch einen Siebenmeter. Gerade einmal acht Minuten waren gespielt, als Spaniens Trainer die erste Auszeit nahm. Es stand 4:1. Das zeigte uns, dass sie nicht unbeeindruckt waren. Unsere Führung war die eine Geschichte, die ihnen nicht gefallen konnte. Aber noch mehr dürfte sie gewurmt haben, dass sie bisher kaum einen Wurf auf unser Tor hinbekommen hatten. Die Abwehr hatte fast alle Versuche abgeblockt.

Nach dem Time-out dauerte es noch einmal rund vier Minuten, ehe ihnen das erste Feldtor gelang. Ich konnte mich nicht erinnern, die Spanier im Angriff jemals so wirkungslos erlebt zu haben. Zum Teil war es ihrem Versagen, zu einem viel größeren jedoch der starken Leistung unserer Abwehr zuzuschreiben. Immer wieder scheiterten sie an Hendrik und Finn, unseren jungen Riesen. Und falls nicht an den beiden, dann an ihren Nebenmännern oder an Andreas Wolff im Tor. Er entschärfte in dem Spiel fast jeden zweiten Wurf, der ihn erreichte, zum Teil mit Paraden, die akrobatischer nicht sein konnten. Dafür ließen wir im Angriff zu viel aus. Selbst vom Siebenmeterpunkt scheiterten wir, was in dem Turnier so gut wie nie vorgekommen war. Trotzdem blieben wir vorn. Tobias Reichmann machte ein Tor, Jannik Kohlbacher und auch Steffen Fäth steuerte einen Treffer bei, der wie aus dem Nichts entstand.

Wenn ich heute an manche Szenen denke, erscheinen sie mir fast unwirklich. Eigentlich schade, dass ich das während eines Spiels nie genießen kann. Aber da geht alles immer rasend schnell. Vor allem ist der Kopf viel zu sehr damit beschäftigt, worauf ich in der nächsten Sekunde einwirken muss. Ganz abgesehen von der Anspannung, die einen sowieso in eine andere Sphäre der Wahrnehmung beamt. Kurz vor der Pause trugen sich noch Martin Strobel und Julius Kühn in die Torschützenliste ein. Als wir uns auf den Weg in die Kabine machten, stand es 10:6.

Man musste kein Handballexperte sein, um an dem tormageren Zwischenstand erkennen zu können, dass die Partie – wenn sie so weiterging – in der Abwehr entschieden würde. Und sie ging so weiter. Fast schon trotzig versuchten es die Spanier wie zuvor mit ihren zwei Kreisläufern. Doch Hendrik und Finn standen im Abwehrzentrum wie ein Bollwerk. Ihre Nebenleute erledigten den Rest. Oder Andreas im Tor, der sich sogar noch steigerte und mit Einlagen glänzte, die fast schon an Zauberei grenzten. Aufseiten der Spanier wäre ich allein wegen ihm verzweifelt. Wo er überall seine Arme, Hände, Beine und Füße hatte! Einmal kamen die Spanier mit einem ihrer Kreisläufer durch. Normalerweise eine tausendprozentige Chance. Nicht an dem Tag. Und nicht mit Andreas vor der Nase. Er warf sich dem Ball entgegen, der prallte an ihm ab, landete in Bruchteilen von Sekunden beim zweiten Kreisläufer der Spanier, der ihn augenblicklich wieder in Richtung Tor schickte. Wenn man so eine Szene beobachtet, spielen einem die Augen einen Streich. Man sah den Ball schon im Netz. Vermutlich weil jede Wahrscheinlichkeit dafür sprach. In Wirklichkeit kam er gar nicht dort an, denn Andreas ließ seiner ersten Parade blitzschnell eine zweite folgen, die nicht weniger genial war.

Langsam muss ich aufpassen, dass ich die Jungs nicht zu sehr lobe. Aber in der Abwehr machten sie es wirklich ausgesprochen gut. Nach vierzig Minuten waren auf unserer Seite gerade einmal acht Tore gefallen. Bei unseren Angriffen sah es etwas anders aus. Dort passierten einige technische Fehler, die uns in einem anderen Spiel durchaus das Genick hätten brechen können. Dadurch ging zu oft der Spielfluss verloren. Außerdem wurden manche Angriffe zu überhastet abgeschlossen, also ohne dass wir eine gute Wurfposition hatten. Das alte Lied, damit hatten wir es uns zuvor schon in einigen Partien schwer gemacht. Wir an der Seitenlinie versuchten darauf einzuwirken und Ruhe in die Aktionen zu bringen. Es klappte dann zunehmend besser, sodass wir auch mal längere Angriffe spielten. Jeder davon war wichtig.

Etwa zwanzig Minuten vor dem Ende sah man es den ersten Spaniern an, dass sie so recht nicht mehr daran glaubten, das Spiel noch drehen zu können. Zwar gelangen ihnen fast doppelt so viele Treffer wie in der ersten Hälfte, dennoch kamen sie uns nie bedrohlich nahe. Mit fünf Toren blieben wir immer in Führung, meistens waren es sechs, manchmal auch sieben. Als noch sieben Minuten zu spielen waren, stand es 21:13. Spaniens Trainer verschaffte seinen Spielern mit einer Auszeit etwas Luft. Inzwischen wirkten sie geradezu hoffnungslos. Ihre Körpersprache verriet, dass sie den Ausgang des Spiels ahnten.

Der Rest wird für ewig eine schöne Erinnerung bleiben. Spanien warf noch vier Tore, wir drei. Spannend war die Partie längst nicht mehr, aber ihr Ende ein großes Fest. Die Spieler jubelten, schrien ihre Freude heraus. Die Bad Boys, die in Wirklichkeit gut erzogene, sympathische Jungs sind, hatten geschafft, was zwei Wochen zuvor niemand für möglich gehalten hatte. Deutschland war Europameister. Und Island auch ein bisschen.

Der Abend dann eine einzige Party. Zumindest nachdem ich den Medienmarathon hinter mir hatte. Pressekonferenz und unzählige Interviews. Danach die Siegerzeremonie in der Halle. Wir alle auf dem Podest. Konfetti-Regen und »We are the champions«. Ein gigantischer Chor. Anschließend die Champagnerdusche in der Kabine. Die Jungs waren völlig aus dem Häuschen, tanzten, als hätten sie Energie für noch ein Spiel. Ich fühlte mich erschöpft. Allmählich fiel die Anspannung von mir ab. Vier intensive Wochen lagen hinter uns. Vier Wochen, in denen mir nichts anderes als Handball durch den Kopf geschwirrt war. Später im Hotel ein Anruf aus Berlin, die Bundeskanzlerin gratulierte persönlich. Das hatte sie nach dem Sieg im Halbfinale schon getan. Im Foyer lief mir Talant Dujshebaev über den Weg. Sein Sohn Alex hatte im spanischen Team gegen uns gespielt. Anerkennung von einem der besten Handballtrainer, die es gibt. Damit hätte der Abend zu Ende gehen können. Doch kurz darauf kamen die Jungs. Die versprochene Feier in einem italienischen Restaurant. Gegen zwei Uhr stieg ich ins Taxi. Auf dem Weg zum Hotel gönnte ich mir eine Siegerzigarre. Die Nacht war eigentlich keine, da ich, noch ehe es hell wurde, wieder vor Fernsehkameras stand. Ich hätte es nicht gebraucht, aber das gehörte nun einmal dazu.

Gegen Mittag flogen wir mit einer Sondermaschine nach Berlin zurück. Die Jungs waren noch immer im Feiermodus, blieben es auch in der Hauptstadt. Auf direktem Weg ging es zur Max-Schmeling-Halle. Fast zehntausend Menschen erwarteten uns dort. An einem ganz normalen Montag. Wieder Jubel und Standing Ovations. Das Fernsehen war live zugeschaltet. Als mir das Mikrofon entgegengehalten wurde, stammelte ich ein paar Sätze. Irgendwo in der Halle waren Sunna, Birta, Siggi und Ingi-

Feier mit der Mannschaft nach dem EM-Triumph von Polen

björg. Es machte mich glücklich, dass wir diesen Moment als Familie teilten. Ohne sie hätte ich nicht dort oben auf der Bühne gestanden.

Als der größte Trubel vorbei war, fuhren die Kinder nach Hause. Ingibjörg wartete auf mich. Gemeinsam schoben wir uns durch die Menschenmassen ins Freie. Draußen nahmen wir ein Taxi. Schlugen die Türen zu. Plötzlich war Stille. Endlich war Stille. Wir fuhren durch die Dunkelheit. Lichter huschten an uns vorüber. Ingibjörg und ich sprachen isländisch miteinander, wie wir das immer tun. Ich sagte ihr, wie erleichtert ich sei, dass der ganze Zirkus überstanden sei. Nun könnten wir wieder wie vorher durch die Straßen laufen, ohne dass uns jemand ansprach. Die Fahrt dauerte keine zehn Minuten. Das Ziel war ein Burgerladen an der Invalidenstraße in Berlin-Mitte. Dort gehen wir häufiger hin. Das Taxi stoppte direkt davor. Als wir ausstiegen, lächelte mich der Chauffeur im Rückspiegel an und sagte: »Herr Sigurðsson, es war mir eine große Ehre, Sie zu fahren.«

Verlängerung

Kurz nach dem Triumph von Krakau entstand die Idee zu diesem Buch. Zugegeben, es war nicht mein Einfall, aber ich fand ihn reizvoll. Mission Europameisterschaft, der Weg zum Titel – das war in etwa die Story, die mir vorschwebte. Die Geschichte der deutschen Bad Boys, ihr überraschender Erfolg. Allerdings fragte ich mich, ob es nicht zu früh war. Die Jungs hatten einen Titel geholt und nach vielen negativen Schlagzeilen den deutschen Handball wieder strahlen lassen – aber standen sie, standen wir als Team nicht erst am Anfang? Als ich Bundestrainer wurde, hieß das große Ziel Gold bei Olympia 2020. Das ist nach wie vor unser Leitgedanke. Doch die Ereignisse in Polen und nun in Rio haben gezeigt, dass die Jungs bereits jetzt zu Großem fähig sind. Warum also nicht diese Geschichte erzählen? Wenn später noch mehr Erfolge hinzukommen – umso besser.

So ein Buch ist wie eine Reise, auch zu sich selbst. Und wie im Leben gelangt man dabei an Weggabelungen, wo man entscheiden muss: In welche Richtung marschiert man weiter? Man kann nie alles erzählen. Vor allem ist das Erzählte so subjektiv, wie es nur sein kann. Auch wenn einige meiner Wegbegleiter wie Ólafur, Óskar Bjarni, Patrekur, Nonni, Kristinn, Andri, Þorbjörn, Viggó, Wolfgang, Bob, Alexander, meine Eltern und Brüder (ihnen allen, auch den Ungenannten, sei gedankt) uns mit ihren Erinnerungen unterstützten – es ist meine Sicht der Dinge.

Während wir Seite um Seite füllten, lief das Leben weiter. Mit dem EM-Titel hatten wir uns für die Olympischen Spiele in Rio qualifiziert. Im Unterschied zu anderen Sportarten jagt im Handball ein Höhepunkt den nächsten: Erst die Europameisterschaft, dann Olympia, und im Januar 2017 steht bereits die nächste Weltmeisterschaft an – drei Großereignisse in zwölf Monaten. Dazwischen müssen die Jungs in ihren Vereinen Ligaspiele absolvieren, Pokalwettbewerbe bestreiten, nationale und internationale, und manche von ihnen die Champions League. Eine enorme Belastung, die sich so in kaum einer anderen Sportart findet. Womit ich beim Thema Olympia wäre: Wie bereitet man Spieler auf ein solches Ereignis vor? Besonders angesichts der Tatsache, dass ihnen die EM in den Knochen steckte, die Bundesliga-Saison, die erst Anfang Juni endete, und all die anderen Wettbewerbe. Die Spieler waren platt und hatten vor allem eines nötig: Regeneration. Aus eigener Erfahrung wusste ich, dass es wichtig war, die Vorbereitung so kurz wie möglich zu halten. Die Jungs würden in Rio nicht nur drei Wochen aufeinander hocken müssen, sondern auch körperlich und mental extrem gefordert sein. Deshalb verzichteten wir auf längere Trainingslehrgänge, gaben stattdessen jedem Spieler einen Plan, nach dem er trainieren sollte – selbstständig und allein. Für manche mag das eine riskante Methode sein. Es gehört unglaublich viel Disziplin und ein starker Wille dazu, sich nach einer kräftezehrenden Saison sofort wieder aufzuraffen, während andere ihre Zeit im Urlaub verbringen. Aber ich vertraue den Jungs und weiß, dass man ihnen auch abseits des Spielfelds Verantwortung übertragen kann.

Wobei die Vorbereitung auf Rio viel früher losging, im Grunde direkt nach der EM. Nonni, mein Kumpel aus Reykjavík, zeigte mir damals eine Präsentation, die er für seinen Job entwickelt hatte. Auf einen Satz reduziert: Es ging darum, wie man den Mount Everest erklimmt. Nonni ist besessen vom Mount Everest. Für ihn ist er das Sinnbild für Erfolg und dafür, dass man es trotz Widrigkeiten bis nach ganz oben schaffen kann. Dieser Gedanke gefiel mir. Allerdings wandelte ich ihn etwas ab. Für unsere Aufgabe in Rio schien mir weniger der Weg zum Gipfel wichtig, als vielmehr das Trugbild zwischen verklärter Romantik und Realität. In der Präsentation, die ich für die Jungs bastelte, ist eine Person zu sehen, die durch schöne Natur geht und am Ende auf dem Gipfel ankommt. Alles sieht aus, wie man es sich in seinen Träumen vorstellt. Dass die nicht unbedingt mit dem übereinstimmen, was in der Wirklichkeit vorzufinden ist, zeigen die nächsten Bilder: Wanderer, die Schlange stehen, um auf den Berg geführt zu werden. Ein Basislager mit schäbigen Zelten, das an Flüchtlingscamps erinnert. Dazu ein Foto von der bescheidenen Essensversorgung, und auch die Tatsache, dass jedes Jahr am Mount Everest Menschen sterben, sparte ich nicht aus. Als ich der Mannschaft die Präsentation zeigte, sagte ich, dass es sich mit der Vorstellung von Olympia und der Realität, die sie dort erwartet, ähnlich verhält. Damit wollte ich den Jungs, von denen noch keiner Olympische Spiele erlebt hatte, nicht die Vorfreude verderben. Sie sollten nur wissen, was auf sie zukommt, dass Olympia zwar ein großes Fest sein mag für Sportler, die dort erfolgreich sein wollen, jedoch viele Tücken bereithält.

So war es auch. Der lange Flug, die Schlangen bei der Einreise, die sich ewig hinzog. Im olympischen Dorf noch mehr Ernüchterung. Eine Ansammlung von Betonriesen, die nie einen Architekturpreis kriegen würden. Das Essen nicht gerade sportlergerecht. Die Unterkünfte äußerst spartanisch. Zwei Spieler teilten sich ein Zimmer, in dem zwei Betten und ein kleiner Schrank Platz fanden, mehr nicht. Dazu kahle weiße Wände. Bäder und Toiletten auf dem Flur. Zwar verfügten die Klos über Wasserspülung, die funktionierte jedoch nur zuverlässig, solange man das benutzte Toilettenpapier anderweitig entsorgte. Das war schon grenzwertig, vor allem wenn man es drei Wochen ertragen muss. Genau deshalb wollte ich, dass die Jungs auf diese Umstände vorbereitet waren und sich davon nicht die Stimmung verderben ließen.

Ich kann ihr Verhalten in Rio nur loben. Anfangs verließen sie ein paarmal das olympische Dorf, um sich die Stadt anzugucken oder irgendwelche Events zu besuchen. Als sie merkten, wie aufwändig das war – der Transport und das ganze Drumherum, für alles brauchte man Akkreditierungen –, blieben sie im Dorf, um sich voll und ganz auf ihre Aufgabe zu konzentrieren. Man darf nicht vergessen, dass es genügend andere Sportler gab, die ohne Hoffnung auf Medaillen dorthin kamen und die Zeit genießen wollten. Genauso Tausende von Mitarbeitern der Länder-Delegationen. Wir dagegen hatten am ersten Tag der Spiele unser erstes Match und von da an jeden zweiten Tag eine neue Herausforderung zu bewältigen, bis zum Abschlusstag. Um unter diesen Bedingungen erfolgreich sein zu können, musste man enorm fokussiert sein, was über diesen langen Zeitraum alles andere als einfach war.

Mit den Siegen gegen Schweden und Polen erwischten wir gleich einen guten Start. Das war wichtig – fürs Selbstbewusstsein, aber auch, um den richtigen Spielrhythmus zu finden, gerade weil wir die Vorbereitung auf ein Minimum beschränkt hatten. Das dritte Spiel, gegen Gastgeber Brasilien, verlief dagegen enttäuschend. Der auf dem Papier vermeintlich leichteste Gegner spielte unkonventionell, aber stark, was uns aus dem Konzept brachte. Hinzu kam die Atmosphäre in der Future Arena. Es war, als hätte man ein gefülltes Fußballstadion in die Halle gepresst. Mit der Niederlage setzten wir uns selbst unter Druck. Unser Ziel war der Gruppensieg. Den machten wir dann in den nächsten beiden Spielen gegen Ägypten und Slowenien auch klar. Damit standen wir im Viertelfinale und trafen auf Katar. Die Kataris hatten uns 2015 bei der Weltmeisterschaft aus dem Turnier geworfen. Das ließen wir diesmal nicht zu. Wir machten unser bestes Spiel und gewannen klar, was uns ins Halbfinale beförderte. Leider gegen Frankreich. Die Franzosen lieferten in der ersten Halbzeit eine super Leistung, von der wir uns viel zu sehr beeindrucken ließen. Wir brauchten ewig, um ins Spiel zu kommen. Als wir in der zweiten Hälfte mit sieben Toren hinten lagen, war es eigentlich schon entschieden. Dass wir den Rückstand aufholten und beinahe eine Verlängerung erzwungen hätten, spricht für den Charakter der Mannschaft. Aber ich will nichts schönreden. Wir wollten gewinnen und ins Finale einziehen, das hat nicht geklappt. Eine bittere Niederlage, ein schlimmer Tag, eine Riesenenttäuschung. Doch es musste weitergehen. Gold hing zu hoch, aber Bronze war noch greifbar.

Nach dem Spiel erinnerte ich die Jungs an die Geschichte vom Mount Everest. Ich sagte ihnen: »Stellt euch den Typen dort oben vor. Er hält mit jedem Arm einen Menschen fest. Nur einen kann er retten, aber dafür muss er den anderen loslassen. So ist die Situation jetzt für uns. Wir müssen das Frankreich-Spiel loslassen, nur dann können wir Bronze holen …«

Das sogenannte kleine Finale, das Spiel um Platz drei – in diesem Fall gegen Polen –, ist das schwierigste, das man als Handballer haben kann. Man hat ein gutes Turnier gespielt, stand dicht vor dem Finale. Doch dann die große